MON

ED

ED

ED

H A R O L D   S C H E C H T E R

GEIN

MONSTROS REAIS **CRIME SCENE**®

Case No. ____________ **Inventory #** ______

Type of offense ______________________

Description of evidence ______________

X Edward Gein

Edward Theodore Gein

CRIME SCENE
DARKSIDE

Diretor Editorial
Christiano Menezes

Diretor de Novos Negócios
Chico de Assis

Diretor de Planejamento
Marcel Souto Maior

Diretor Comercial
Gilberto Capelo

Diretora de Estratégia Editorial
Raquel Moritz

Gerente de Marca
Arthur Moraes

Editora
Jéssica Reinaldo

Capa e Projeto Gráfico
Retina 78

Coordenador de Diagramação
Sergio Chaves

Designer Assistente
Jefferson Cortinove

Preparação
Karen Alvares

Revisão
Maximo Ribera
Retina Conteúdo

Finalização
Sandro Tagliamento

Marketing Estratégico
Ag. Mandíbula

Impressão e Acabamento
Braspor

DADOS INTERNACIONAIS DE CATALOGAÇÃO NA PUBLICAÇÃO (CIP)
Jéssica de Oliveira Molinari - CRB-8/9852

Schechter, Harold
Ed Gein: Silêncio Psicótico / Harold Schechter ; tradução de Gabriela Müller Larocca. — Rio de Janeiro : DarkSide Books, 2025.
320 p.

ISBN: 978-65-5598-525-2
Título original: Deviant: The Shocking True Story of the Original Psycho

1. Crimes e criminosos - Estados Unidos 2. Gein, Ed, 1906-1984
3. Assassinos em série - Estados Unidos
I. Título II. Larocca, Gabriela Müller

24-4911 CDD 364.152

Índice para catálogo sistemático:
1. Crimes e criminosos - Estados Unidos

[2025]

DarkSide® *Entretenimento* LTDA.
Rua General Roca, 935/504 — Tijuca
20521-071 — Rio de Janeiro — RJ — Brasil
www.darksidebooks.com

HAROLD SCHECHTER

Arquivo

Case No. __________ Inventory # ______

Type of offense ______________________

Description of evidence ______________

MONSTROS REAIS **CRIME SCENE®**

EDWARD T. GEIN

SILÊNCIO PSICÓTICO

TRADUÇÃO

GABRIELA MÜLLER LAROCCA

DARKSIDE

UMA NOTA SOBRE A PRONÚNCIA

Embora a grafia de Gein possa nos levar a crer que o nome rima com a palavra *quem*, na verdade, ele é pronunciado com um longo *i*, tal qual em *fim*.

"Quem se desvia do caminho do entendimento
repousará na congregação dos mortos."
Provérbios 21:16

SUMÁRIO

PARTE IV: ESCAVAÇÕES

CONCLUSÃO: O PSICOPATA

PRÓLOGO

Em 1960, um maníaco vestindo as roupas da mãe há muito tempo morta levou uma faca de cozinha até o banho de uma bela jovem e mudou para sempre a face do horror norte-americano. O assassinato aconteceu, é claro, em *Psicose*, de Alfred Hitchcock, um filme que não só ressignificou, para toda uma geração de cinéfilos, os momentos de solidão no chuveiro, como também deu origem a um novo tipo de bicho-papão cinematográfico. O monstro de *Psicose* não era um vampiro da Transilvânia ou uma criatura rastejante e tentacular do espaço sideral, mas sim um tímido e hesitante solteirão com um sorriso infantil, uma personalidade sem graça e o nome insosso de Norman Bates.

Embora Norman nunca tenha se casado, ele produziu uma infinidade de descendentes nas últimas décadas: uma raça inteira de psicopatas cinematográficos que, seguindo seus passos, perseguiram e assassinaram um número incontável de jovens vítimas em filmes com títulos como *Bloodthirsty Butchers, Poderes Ocultos* e *O Assassino da Furadeira*. No entanto, apesar de todo o seu gore extravagante, poucos (se é que existe algum) desses filmes são capazes de se igualar ao supremo e apavorante poder de *Psicose*.

Em grande medida, esse poder deriva da capacidade diabólica de Hitchcock para comprometer a fé que temos no equilíbrio essencial do nosso mundo. Assim como Marion Crane, a primeira vítima de Norman, somos lançados em uma viagem por uma estrada bastante traiçoeira, que inexoravelmente nos leva para longe das paisagens e letreiros familiares do mundo cotidiano até um reino sombrio, aterrorizante e irracional.

Antes que percebamos, chegamos a um lugar onde as situações e cenários mais comuns são de repente transformados na essência dos nossos medos mais profundos — onde, em um único e terrível instante, o banheiro de um motel se transforma em uma câmara de horrores; onde um sujeito afável e de aparência completamente inofensiva se transforma em um maníaco travestido empunhando uma faca; e onde uma indefesa senhora de idade se revela um cadáver malicioso adornado com um xale tricotado e uma peruca grisalha. Quando a viagem termina nos afastamos da tela com um sentimento de gratidão tal qual um sonhador que acabou de acordar de um pesadelo particularmente angustiante, gratos de que o tormento que acabamos de vivenciar foi apenas uma ficção e convencidos de que nada no mundo real jamais poderia se mostrar tão horrível quanto essa fantasia.

Entre todos os choques vinculados a *Psicose*, talvez o maior seja esse: o filme é baseado em uma história verídica. De fato existiu um Norman Bates.

O nome dele não era Norman, e ele não administrava um motel. Contudo, durante os dias insípidos e amenos da era Eisenhower, em uma isolada propriedade rural no coração dos Estados Unidos viveu um solteirão quieto e recluso, dono de um sorriso torto e de modos reservados. Durante o dia, os vizinhos o conheciam como um homem meio estranho, mas ainda assim atencioso, do tipo que sempre poderia ser considerado para ajudar com a debulha ou em alguma tarefa. Nunca ocorreu a nenhum deles que a vida desse homem fosse dominada pela presença esmagadora da falecida mãe ou que suas noites fossem dedicadas aos mais sombrios e chocantes rituais. Um ladrão de túmulos, um açougueiro de corpos femininos, um sujeito travestido que usava não as roupas, mas a própria pele de suas vítimas; ele passou anos realizando seus atos indescritíveis sem ser detectado. Quando as atrocidades foram enfim reveladas, elas desencadearam um surto de repulsa nacional cujos efeitos colaterais ainda são sentidos hoje em dia. Também inspiraram um escritor chamado Robert Bloch a utilizá-las como base de um romance chamado *Psicose*, o qual um ano depois seria transformado por Alfred Hitchcock no filme mais assustador já produzido. No entanto, comparado com o que de fato aconteceu em Wisconsin há tantas décadas, *Psicose* é tão reconfortante quanto um conto de fadas.

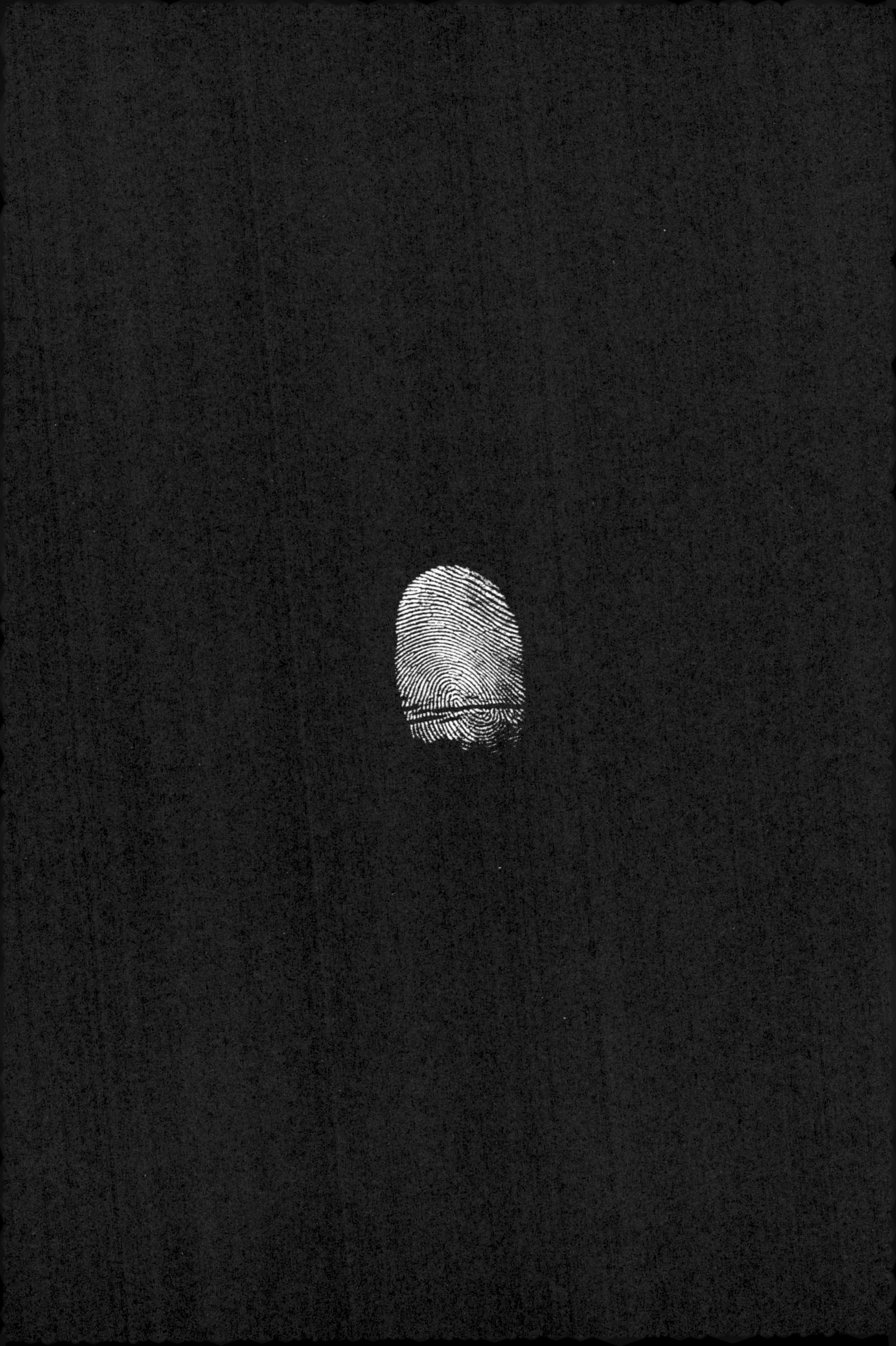

Type or Print in Permanent Black Ink

FORM No. VS-12
100M-REV. 1-78

STATE OF WISCONSIN
DEPARTMENT OF HEALTH AND SOCIAL SERVI[CES]

ORIGINAL CERTIFICATE OF DEA[TH]

LOCAL FILE NUMBER 1537

Reserved for Coding

DECEASED

1. DECEDENT NAME — First: Edward — Middle: — Last: GEIN (Gein)

4. RACE (e.g. White, Black, Hispanic, American Indian, etc.): White

5a. AGE Last Birthday (Years): 77

UNDER 1 YEAR: 5b. Mos. Days — UNDER 1 DAY: 5c. Hours Mins.

6. DATE OF BIRTH: Month 8

Race: 3

Institution

7. CITY, VILLAGE OR TOWNSHIP OF DEATH: Madison

7d. HOSPITAL OR OTHER INSTITUTION – Name (If none of the...): Mendota Mental

8. STATE OF BIRTH (If not in U.S.A., name country): Wisconsin

9. CITIZEN OF WHAT COUNTRY: USA

10. MARITAL STATUS: 1. Married / 2. Separated / 3. Divorced / 4. Never Married [X] / 5. Widowed

11. SURVIVI[NG SPOUSE]

13. SOCIAL SECURITY NUMBER: 388-28-8860

14a. USUAL OCCUPATION (Give kind of work done during most of working life, even if retired): Farming Labor

Occupation: 13

15a. RESIDENCE–STATE: Wisconsin

15b. COUNTY: Dane (~~Waushara~~)

15c. CITY, VILLAGE OR TOWNSHIP OF RESIDENCE: Madison (~~Plainfield~~)

15d. INSIDE CI[TY] VILLAGE: [X] Yes

Out of State Residence

PARENTS

16. FATHER NAME — First: George — Middle: — Last: Gein

17. MOTHER MAIDE[N NAME]

18a. INFORMANT NAME (Type or Print): William N Belter

above

18b. MAILING ADDRESS (Street or R.F.D. No.): P.O. Box 597 W...

BURIAL

19a. [X] 1. Burial / 2. Cremation / 3. Entombment / 4. Removal / 5. Other

19b. CEMETERY OR CREMATORY NAME: Plainfield Village

19c. LOCATION: Pl...

20a. FUNERAL SERVICE LICENSEE Or Person Acting As Such — Signature: William H. Bern

20b. NAME OF FACILITY: Gasperic F.H.

20c. ADDRESS: P.O....

CERTIFICATION

To be Completed by CERTIFYING PHYSICIAN Only

21a. To the best of my knowledge, death occurred at the time, date and place and due to the cause(s) stated.

Signature and Title: L. J. Ganser MD

21b. DATE SIGNED: Month 7 Day 26 Year 1984

21c. HOUR OF DEATH: 7:45 A.M.

21d. NAME OF ATTENDING PHYSICIAN IF OTHER THAN CERTIFIER (Type or Print)

To be Completed by MEDICAL EXAMINER or CORONER Only

22a. On ... time, da...

Signature

DATE S[IGNED]

22b. PRONO[UNCED]

22d.

23. NAME AND ADDRESS OF CERTIFIER (PHYSICIAN, MEDICAL EXAMINER OR CORONER) (Type or Print): Leonard Ganser MD 304 Troy Dr...

REGISTRAR

24a. Signature: Carol R. Mehnke

CAUSE

25. PART I — Conditions if any which gave rise to immediate cause stating the underlying cause last.

IMMEDIATE CAUSE — ENTER ONLY ONE CAUSE PER LINE FOR (a)...

(a) Respiratory failure

DUE TO, OR AS A CONSEQUENCE OF

(b) Carcinomatosis

DUE TO, OR AS A CONSEQUENCE OF

(c) Carcinoma of Colon Tum...

Sample UCOD

Accident UCOD

National Safety Council Codes

PART II — OTHER SIGNIFICANT CONDITIONS–Conditions contributing to death but not related to cause given in PAR[T I]: Schizophrenic Disorder Chronic Dem...

ACCIDENT

28a. 1. Accident / 2. Suicide / 3. Homicide / 4. Undet. / 5. Pend. Invest.

28b. DATE OF INJURY: Month Day Year

28c. HOUR OF INJURY: M

28d. DESCRIBE HOW IN[JURY OCCURRED]

28e. INJURY AT WORK: Yes / No

28f. PLACE OF INJURY At home, farm, street, factory, office building, etc. (Specify)

28g. LOCATION

PARTE I

LINHAGENS

1

O CORAÇÃO MORTO DE WISCONSIN

> "Ao final do século XIX, as cidades do interior haviam se tornado ossários e os condados que as cercavam tornaram-se lugares repletos de ossos secos."
> Michael Lesy, *Wisconsin Death Trip*
> [Viagem Mortal em Wisconsin]

Os nativos se vangloriam que Wisconsin é um estado-jardim, e ao seguir ao norte na rodovia que sai de Madison em um dia límpido de primavera, percebe-se na mesma hora que a afirmação é a mais pura verdade. Em ambos os lados, a estrada é ladeada por belas paisagens de cartões postais: celeiros vermelhos gigantescos, silos que remetem a balas de prata e casas brancas e pacatas de fazenda, aninhadas em densos bosques de árvores. As pastagens ricas e contínuas são pontilhadas por lagos, o gado pasta preguiçosamente nas encostas e o solo é escuro e argiloso. Um ar de prosperidade permeia a paisagem, tão palpável quanto o aroma do feno recém-cortado. Há cem anos, o escritor Hamlin Garland descreveu esta parte do estado como um "panorama de deleites", e atualmente a região continua tão pitoresca como antes. Este é o país da Kodak. Outdoors pintados com cores vivas convidam os viajantes a conhecerem restaurantes familiares, mercados de produtores e parques de *camping*. Um anúncio de beira de estrada do American Breeder's Service* fomenta negócios com o típico bom humor autozombeteiro do coração dos Estados Unidos: "Um boi me contou".

Cerca de cinquenta quilômetros mais ao norte, a paisagem muda. As fazendas diminuem; o campo parece desprovido de habitantes. De vez em quando, a estrada passa por uma cidade pequena aparentemente improvável, um vilarejo com uma única rua ladeada por uma loja de conveniência, um posto de gasolina, uma taverna, uma igreja e uma ou outra casa branca de madeira. Mesmo com a velocidade do carro reduzida para pouco menos de cinquenta quilômetros por hora, é possível percorrer toda a extensão do vilarejo em poucos segundos. Então chega-se ao campo mais uma vez, viajando por quilômetros sem passar por nenhum outro veículo ou avistar uma única criatura, com exceção, talvez, de um melro solitário de asas vermelhas pousando em uma estaca de cerca ou do cadáver rígido de um cervo atropelado, com as patas retesadas esparramadas à beira da estrada. Ainda assim, a paisagem é belíssima, talvez até mais tranquila e sedutora do que as terras agrícolas ao sul. Nesse trecho, Wisconsin parece mais um parque amplo e exuberante, uma extensão infinita de prados verdes brilhantes e colinas bastante arborizadas, do que um estado ajardinado ou uma vasta e próspera região leiteira.

Só depois de atravessar a planície centro-sul, cerca de 96 quilômetros ao norte da capital, é que dá para sentir que de repente se entrou em um mundo diferente — e bem menos hospitaleiro. Embora as placas ao longo do acostamento ofereçam uma variedade de saudações amigáveis — "O Clube 4-H do Condado de Marquette lhe dá as boas-vindas", "Bem-vindo a Waushara, a capital mundial da árvore de Natal" —, a área possui um ar solitário e nitidamente desolado. As poucas fazendas decrépitas pelas quais se passa parecem obsoletas há anos. Do outro lado de um quintal repleto de restos enferrujados de máquinas agrícolas, um homem velho e cansado, trajando uma jardineira esfarrapada e apoiado em um par de bengalas de madeira, caminha dolorosamente em direção ao celeiro em ruínas. Ali, o sentimento

* Empresa norte-americana de inseminação artificial que comercializa sêmen bovino congelado. [Todas as notas são da Tradução, exceto quando sinalizado]

de sofrimento e privação é tão tangível quanto a presunçosa prosperidade do sul. Cada parte da paisagem parece desolada e desgastada. A grama parece seca; o céu, mesmo em um dia perfeito de primavera, é esmagador; e o solo é de um rosa desbotado, a mesma cor enjoativa que os fabricantes de giz de cera (antes de alguém reconhecer o racismo inerente de tal rótulo) costumavam chamar de "cor de pele".

Para alguns moradores de Wisconsin, essa seção plana e infértil do estado é conhecida como "país de areia".

Outros a têm chamado de o "grande coração morto" de Wisconsin.

Nos últimos vinte anos, partes dessa região foram ressuscitadas por avanços na tecnologia agrícola. Equipamentos sofisticados de irrigação, em particular, deram um pouco de vida ao coração morto e o mantiveram batendo. Centenas de fazendas falidas e decrépitas foram demolidas, substituídas por plantações muito produtivas de batatas. Espalhadas pelo campo encontram-se modestas casas de fazenda, algumas com antenas parabólicas e piscinas no quintal. Ainda assim, essa sempre foi uma terra pobre e subpovoada, opressiva em seu vazio, onde a maioria dos habitantes tem lutado para sobreviver em comunidades agrícolas remotas e isoladas — lugares com nomes modestos e tipicamente norte-americanos: Friendship. Wild Rose. Plainfield.

Plainfield. O nome parece particularmente adequado para um lugar tão plano e inexpressivo que até mesmo um guia de viagem oficial do estado o caracteriza como completamente "sem graça". É surpreendente descobrir, então, que o nome não se refere de forma alguma à região. A denominação foi outorgada à cidade por um de seus pais fundadores, um transplantado da Nova Inglaterra chamado Elijah Waterman, que se estabeleceu no local em 1849, construiu um casebre quatro por dois, o qual serviu tanto como sua casa quanto como único hotel da região, e batizou a cidade em homenagem à sua cidade natal em Plainfield, Vermont. Em trinta anos, o pequeno vilarejo ostentava várias igrejas, um banco, um jornal semanal e uma variedade de negócios: três armazéns gerais, dois ferreiros, uma farmácia, uma alfaiataria, um armazém de implementos agrícolas e um moinho de grãos.

A população, no entanto, permaneceu pequena, nunca ultrapassando o número de oitocentos habitantes, a maioria agricultores pobres e batalhadores, que lutavam para arrancar o mínimo de subsistência do solo seco e pedregoso, cultivando um pouco de centeio, criando um pequeno rebanho e cultivando batatas que muitas vezes se revelavam inferiores demais para serem vendidas como alimento e precisavam ser transportadas em carroças até a fábrica local de amido. A terra zombava de seus esforços. Tudo nela parecia remeter a infertilidade e inutilidade, inclusive o grande lago situado a sudoeste do município, cujo nome refletia a esterilidade da paisagem circundante: Lago de Areia, como os colonos o chamavam.

Apesar de tudo que tiveram que enfrentar — a pobreza, o isolamento esmagador, a luta incessante contra a terra dura e inflexível —, o povo de Plainfield se orgulhava de sua comunidade. Era um lugar confiável, decente e amigável onde prevaleciam os valores à moda antiga, onde toda a cidade comparecia à opereta anual de Natal dos alunos da escola primária, onde o jantar comunitário da sra. Duane Wilson para as donas de casa de Plainfield era um evento especial e onde a viagem de Merle Beckley ao Congresso Nacional 4-H se tornaria manchete do jornal local. Até o tamanho minúsculo do vilarejo — uma pequena faixa de casas e lojas atravessadas por uma única estrada pavimentada — era fonte de um bom humor afetuoso. Uma coisa sobre Plainfield, brincavam os moradores, é que nunca é preciso se preocupar com crianças perambulando por cruzamentos de ruas. Afinal, não há cruzamentos na cidade.

Plainfield, diriam eles, era um bom lugar para se viver.

É claro que eles também tiveram sua cota de tragédias e desastres. Em diversas ocasiões, incêndios assolaram a cidade, consumindo grande parte das construções da Main Street. Ciclones, nevascas e violentas tempestades típicas do Centro-Oeste ceifaram vidas, mataram o gado e, às vezes, destruíram fazendas inteiras. Homens foram baleados em acidentes de caça, mutilados pelo maquinário agrícola e ficaram paralisados após suas picapes derraparem nas estradas congeladas ou colidirem com trens. O suicídio e o assassinato também cobraram um preço alto. Com efeito, por muitos anos, a pequena e agradável comunidade de Plainfield foi identificada pelos livros de história local como o cenário de um assassinato particularmente cruel, que ocorreu logo no início da existência da cidade.

Aconteceu em 1853, apenas cinco anos após o primeiro colono de Plainfield ter fundado a cidade marcando um pedaço de terra e construindo uma simples cabana de madeira. Um posseiro local conhecido como Firman estava viajando para Milwaukee, onde conheceu um nova-iorquino chamado Cartwright, o qual pretendia migrar para o Centro-Oeste com a família. O território ao redor de Plainfield, o Condado de Waushara, precisava muito de mais colonos, e Firman estava disposto a ceder dezesseis hectares da própria propriedade para Cartwright, visando assim atrair o homem para a área. Cartwright aceitou a oferta.

Por um curto período de tempo, os dois homens se deram bem. No entanto, Firman tinha um caráter volátil e, de acordo com relatos contemporâneos, fora da lei. Não demorou muito para que ele provocasse uma discussão com Cartwright motivada por algum assunto insignificante. A inimizade entre os dois se intensificou. Por fim, Firman tentou expulsar Cartwright e a família da propriedade, reivindicando-a como dele e acusando-os de invasão. A disputa acabou em litígio. No dia em que a questão seria resolvida, Firman não conseguiu comparecer ao tribunal. O caso foi então decidido a favor de Cartwright, que resolveu comemorar com uma parada no bar do Hotel Boyington em Wautoma, sede do condado. Lá ele encontrou Firman.

Os homens trocaram insultos raivosos até que Firman, atingido por uma ofensa particularmente cruel, atacou Cartwright e o derrubou da cadeira. Cartwright caiu para trás, atingindo um largo fogão à lenha, o qual tombou e espalhou brasas pelo chão. Ele se levantou depressa e fugiu do recinto, sendo perseguido por Firman, que o segurou pelo colarinho, jogou-o no chão e enfiou os polegares em seus olhos. Incapaz de escapar do controle de Firman, Cartwright tateou seu bolso de trás, puxou uma pistola e atirou no corpo de seu inimigo. No terceiro disparo, Firman emitiu um gemido profundo e caiu no chão. Ele morreu em menos de uma hora, e Cartwright foi preso em seguida.

Cartwright foi então mantido na prisão em Oshkosh até ser libertado sob fiança. Nesse meio tempo, os amigos de Firman — um grupo tão selvagem e desonesto quanto o falecido — prometeram linchar o assassino caso ele retornasse para o Condado de Waushara. Ignorando a ameaça, Cartwright voltou para casa. Na segunda noite após sua chegada, os amigos de Firman tentaram cumprir sua palavra e invadiram a residência de Cartwright. Armado com um rifle, Cartwright se acomodou no sótão, com a arma apontada em direção à escada. O primeiro membro da turba a colocar a cabeça acima do nível do chão foi baleado e morto no mesmo instante. O grupo então se retirou com pressa do local para realizar uma reunião. Decididos a queimar Cartwright vivo, começaram a acender uma fogueira em um dos cantos da residência. Eis que Cartwright na mesma hora enfiou o rifle através de uma fenda nos troncos da parede e derrubou outro membro do grupo.

Mais uma vez, a turba de linchadores recuou para realizar uma apressada reunião e elaborar, dessa vez, um plano diabólico. Um dos membros, um policial, foi enviado à casa de um juiz chamado Walker, que residia em Plainfield. Walker foi tirado da cama e informado sobre a situação. O policial traiçoeiro então apresentou a Walker uma oferta que, à primeira vista, parecia razoável. Se o juiz persuadisse Cartwright a se entregar, a turba iria se dispersar e Cartwright seria escoltado, sob proteção do policial, para a prisão de Oshkosh, onde permaneceria até ser julgado pelo assassinato de Firman. O desavisado Walker concordou em fazer o que fosse possível e se dirigiu até a residência de Cartwright. O homem sitiado ouviu o juiz, concordou com os termos, despediu-se da esposa e dos filhos e partiu.

Um livro de história do século XIX descreve o "terrível desfecho da tragédia". Cartwright, Walker e o policial "não haviam se afastado nem vinte metros da casa quando foram cercados pela turba. Cartwright foi afastado do policial, o qual não ofereceu nenhuma resistência, colocado em um trenó pelo grupo e logo conduzido a Plainfield, onde um mastro foi retirado do piso superior do celeiro de feno pertencente à taverna. Uma corda foi amarrada a ele e uma porção de telhas foram empilhadas para que Cartwright ficasse de pé em cima delas. Walker, que havia seguido a comoção e estava apelando para que a turba desistisse, foi informado de que, se não fosse embora, seria enforcado junto de Cartwright.

"A corda foi amarrada no pescoço de Cartwright, as telhas foram retiradas de debaixo de seus pés e o homem ficou pendurado até morrer. Em seguida, a corda foi desamarrada do mastro e presa à parte traseira do trenó, e o corpo de Cartwright foi sendo arrastado atrás do veículo até ser desovado na casa dele, onde a esposa e os filhos, horrorizados, haviam permanecido, imaginando qual teria sido o seu destino.

"Para a vergonha da boa reputação do Condado de Waushara, os demônios humanos que participaram desse crime ultrajante contra a lei e o direito nunca foram punidos, nem sequer foram processados, embora muitos deles não fossem conhecidos".

A história de Firman e Cartwright e o "terrível ápice" de sua rivalidade permaneceu, por muitos anos, como o episódio mais sensacionalista da história de Plainfield. Para muitos dos habitantes da cidade, parecia uma injustiça lamentável que seu pequeno e honesto povoado fosse associado a um evento tão infame.

Como poderiam saber que vivendo entre eles havia um "demônio humano" muito mais depravado do que qualquer turba de linchamento do século XIX, um homem que (para o desgosto permanente de seus habitantes) tornaria o nome de Plainfield, Wisconsin, para sempre sinônimo de escuridão, insanidade e de um horror inimaginável?

2

MAU AGOURO

"Embora seja a mãe quem mais contribua na produção das condições que vamos descrever, em geral encontramos na história de esquizofrênicos o fato de que ambos os pais falharam com a criança, muitas vezes por diferentes motivos. Com frequência, a combinação é a seguinte: uma mãe dominadora, ranzinza e hostil, que não dá à criança nenhuma chance de se impor, casada com um homem dependente e fraco, fraco demais para ajudar a criança. Um pai que não se atreve a proteger o filho... porque ele mesmo não é capaz de se opor à forte personalidade dela, é tão incapacitante para a criança quanto a mãe."
Silvano Arieti, *Interpretação da Esquizofrenia*

Desde o início, era uma família que o destino parecia ter escolhido para a tragédia.

A primeira ocorreu em 1879, o tipo de calamidade que pode arruinar a vida de um homem, envenenar seu futuro e, de fato, deixar sua marca funesta no destino dos filhos.

Na época, a família de George Gein morava em uma fazenda em Coon Valley, em Wisconsin, a cerca de 24 quilômetros de La Crosse. Em uma manhã nublada, a mãe, o pai e a irmã mais velha de George subiram na carroça e partiram em direção à cidade para realizar algumas tarefas.

Eles nunca mais voltaram.

O rio Mississippi estava com a maré alta e a carroça foi atingida por uma enchente repentina. O patriarca Gein, a esposa e a primogênita se afogaram nas águas escuras e implacáveis, e George ficou órfão e sozinho. Ele tinha 3 anos de idade.

Seus avós maternos, imigrantes escoceses austeros que viviam em uma fazenda próxima, levaram-no para a casa deles. Há poucos detalhes disponíveis sobre esta ou qualquer outra fase da vida de George Gein. Ele era, afinal de contas, apenas um provinciano desconhecido do Meio-Oeste, mais azarado que a maioria, alguém que a história não possui nenhuma razão para lembrar, a não ser como o pai de um autêntico monstro norte-americano. Na verdade, o fato mais notável sobre a vida de George Gein é o quão insignificante, o quão um zero à esquerda ele parecia ser, até mesmo (talvez ainda mais) aos olhos da família que mais tarde estabeleceu.

Após completar o ensino fundamental, George Gein se tornou aprendiz de um ferreiro local. Ele então passou vários anos trabalhando com a bigorna e a forja. Até que um dia, quando tinha vinte e poucos anos, deixou para trás a fazenda dos avós, e como tantas pessoas do interior antes e depois dele, foi em direção à cidade mais próxima.

Pouco tempo depois de sua chegada em Le Crosse, ele parecia ter estabelecido um padrão de não permanecer no mesmo trabalho por muito tempo. Vendeu seguros por um período, aventurou-se pela carpintaria e trabalhou em um curtume, na usina de energia da cidade e na Ferrovia Chicago, Milwaukee & St. Paul. Talvez sua dificuldade em permanecer em um emprego tenha algo a ver com seu crescente apego à garrafa de bebida. Cada vez mais, George se dirigia até um bar depois do trabalho e bebia grande parte do salário. Com os olhos vermelhos e perplexos, ele mergulhava em estados sombrios de raiva e vitimismo, ponderando sobre os infortúnios de sua vida. O mundo estava contra ele. Foi transformado em órfão quando era apenas um bebê e criado em uma casa cruel e sem amor. Foi o suficiente para fazer um homem perder a fé na bondade de Deus. Em outras ocasiões, ele embarcava em uma autocrítica amarga. Os infortúnios eram todos culpa dele. Ele nunca conquistaria nada. Era um inútil, um incompetente, um fracasso completo e irremediável tanto como trabalhador quanto como provedor e homem.

Dada as dificuldades genuínas que teve que enfrentar desde o momento em que era uma criança pequena, a maioria das pessoas consideraria a baixa autoestima de George Gein como fruto de um julgamento severo demais que fazia de si mesmo. No entanto, neste aspecto — assim como em tantos outros —, a esposa de George Gein não era como a maioria das pessoas.

O nome dela era Augusta, e ela fazia parte de uma grande família trabalhadora cujo patriarca, um homem austero e exigente, havia emigrado da Alemanha em 1870 e se estabelecido em La Crosse. George Gein tinha 24 anos quando a conheceu; Augusta tinha 19. Ainda assim, era uma pessoa a ser temida: uma mulher robusta e voluptuosa, de rosto largo e feições grosseiras que mantinham uma expressão permanente de determinação feroz e completa autoconfiança. Devota religiosa, quase fanática, ela havia sido criada para obedecer a um rígido código de conduta, o qual seu pai não hesitara em reforçar com surras regulares. Augusta vivia indignada com a imoralidade flagrante do mundo moderno. Para onde quer que olhasse, enxergava um comportamento negligente, o qual parecia escandalosa e pecaminosamente em conflito com os rígidos valores do Velho Mundo que dominavam sua casa. Ela sabia que a vida era negócio sério: uma questão de trabalho árduo sem fim, parcimônia inabalável e abnegação extrema.

Afinal de contas, ela era filha de seu pai: uma disciplinadora intransigente, moralista, dominadora e inflexível, que nunca duvidou, nem por um momento, da absoluta veracidade de suas crenças ou de seu direito de impô-las, por todos os meios possíveis, às pessoas a seu redor.

O que ela e George enxergaram um no outro se resume a uma mera questão de conjectura. George estaria se casando com alguém pertencente a uma família grande e, em muitos aspectos, unida. Augusta tinha meia dúzia de irmãos em casa, com outros parentes morando nas proximidades, incluindo um primo chamado Fred, que era colega de trabalho de George no Curtume David, Medary & Platz. Para um homem que havia sido privado da própria família em tão tenra idade, deve ter havido algo muito atraente em se tornar membro de um clã tão grande. E George dificilmente poderia ter deixado de ficar impressionado com a personalidade imponente de Augusta, sua energia formidável e a evidente capacidade de lidar com assuntos práticos.

Por sua vez, Augusta, que nunca havia sido cortejada por pretendentes, pode muito bem ter ficado impressionada pela aparência atraente de George. Ele era um homem forte e imponente, com modos reservados e até mesmo respeitáveis. De fato, mais tarde na vida, os vizinhos o confundiriam com um pastor aposentado. Assim como Augusta, ele era um luterano praticante (embora de um tipo com certeza menos fervoroso). Por sua postura bastante formal e comportamento tranquilo, ela não teria como saber de seus problemas crescentes com o álcool ou das feridas profundas e não cicatrizadas que o deixariam cada vez mais incapacitado. Ou, talvez, as fraquezas fundamentais de George fossem evidentes para ela e apenas servissem para torná-lo mais atraente. Pelos relatos, Augusta era uma mulher que provavelmente preferia o tipo de marido que pudesse ser facilmente submetido à sua vontade.

Eles se casaram em 4 de dezembro de 1899. Assim como quase tudo na vida desses indivíduos desafortunados, o casamento, segundo todas as evidências disponíveis, tinha o caráter de um pesadelo particularmente dilacerante.

Responsável pela própria casa e unida a um homem de caráter incompetente e cada vez menos confiável, Augusta logo assumiu o papel de tirana doméstica. Os próprios defeitos dela — a crueldade, a rigidez e a feroz intolerância — tornaram-se ainda mais evidentes. O marido era um inútil e não servia para nada. Ela zombava abertamente dele, chamando-o de preguiçoso e coisas piores. Apesar das costas largas e dos músculos de ferreiro, ele era um fracote com medo do trabalho árduo. Era ela quem possuía toda a força. George não tinha espírito, nem ambição. Para piorar, ele parecia incapaz de manter um emprego. E quando ela logo descobriu o quanto dos ganhos escassos do marido desapareciam nos bares locais, a fúria de Augusta — ainda mais inflamada por suas crenças religiosas — tornou-se imensurável. O marido se tornou indigno até mesmo de seu desprezo.

George respondeu ao ódio indisfarçado da esposa se isolando cada vez mais. Recusava-se a falar. Quando Augusta não estava lhe dando ordens ou ridicularizando suas imperfeições, prevalecia um silêncio tóxico na residência. No entanto, às vezes, após voltar do bar e ser recebido com uma bronca especialmente cruel, ele perdia o controle e atacava o rosto de Augusta, acertando-a repetidas vezes com as mãos. Augusta caía no chão, chorando e proferindo insultos. Depois, ela se ajoelhava e orava com fervor pedindo pela morte do marido.

Talvez, pensou ela, uma criança a confortasse em suas provações, e até mesmo servisse como aliada nos confrontos com George. Acerca de questões sexuais, as opiniões de Augusta eram tipicamente extremas. O sexo não santificado pelo casamento era um pecado imperdoável, uma abominação. Entre marido e mulher, as relações carnais eram um dever abominável que deveria ser tolerado em nome da procriação. A mera ideia do ato a deixava revoltada. Cada vez mais, as percepções que Augusta tinha do mundo estavam se tornando distorcidas, transformadas em algo muito semelhante à loucura. O mundo era um poço de corrupção e La Crosse, uma cidade de excessos babilônicos. As mulheres que via nas ruas, com seus ares insolentes e sorrisos descarados, não eram melhores do que prostitutas. Ainda assim, ela ansiava pelo consolo na forma de uma criança. E então permitiu que seu desprezível marido frequentasse sua cama.

O fruto dessa união sem amor foi um menino robusto, Henry, nascido em 17 de janeiro de 1902. A vida dele seria difícil e isolada, e a morte, quarenta anos depois, no auge da virilidade, se tornaria apenas um entre os muitos mistérios sombrios que cercariam a prole de George e Augusta Gein.

Mais uma vez, George se viu sem emprego. Augusta decidiu então que havia apenas uma solução possível, uma chance para a família evitar o desastre econômico: George deveria trabalhar para si mesmo. Dois de seus irmãos eram comerciantes bem-sucedidos em La Crosse, fornecedores de “mantimentos básicos e sofisticados”. Os negócios cresciam a cada ano e a cidade poderia acomodar com facilidade outra loja desse tipo. Em 1909, George Gein se tornou proprietário de um pequeno armazém de carnes e mantimentos na Caledonia Street, número 914.

No entanto, não demorou muito para que os problemas se manifestassem. George claramente não conseguiria alcançar o sucesso por conta própria. Augusta sabia o que precisava ser feito. Ela já possuía o controle completo da vida doméstica do casal. Agora deveria assumir o controle total dos negócios. Os registros nos diretórios da cidade de La Crosse em 1909 e 1911 dizem muito, não só sobre a posição cada vez mais lamentável de George no mundo, mas também sobre a natureza de seu relacionamento com Augusta. No primeiro volume, George Gein é listado como o proprietário da loja. Dois anos depois, Augusta é registrada como a proprietária. Junto ao nome de George Gein lê-se "funcionário".

Enquanto isso, o casal teve outro filho. Embora Augusta não se sentisse especialmente próxima do primogênito, ela atribuía seu distanciamento ao gênero da criança. Era, afinal de contas, um menino. As coisas seriam diferentes com uma filha. E assim, ela cerrou os dentes e permitiu que o marido cometesse mais uma vez aquele ato abominável contra ela. Durante as semanas seguintes, ela orou todas as noites para que o Senhor a abençoasse com uma garotinha.

Em 27 de agosto de 1906, Augusta deu à luz seu segundo filho. Era um menino, e eles o chamaram de Edward Theodore. Quando soube que tinha parido um segundo filho, Augusta se sentiu amargurada, traída. Mas ela não era do tipo que se entregava ao desespero. Era feita de um material muito mais forte que isso. Foi assim que tomou o recém-nascido nos braços e fez um voto sagrado.

Este não seria igual a todos os outros. Homens. Criaturas lascivas, suadas e malcriadas que faziam uso dos corpos das mulheres de maneiras tão imorais. Este, prometeu ela, seria diferente.

Augusta se encarregaria disso.

3

AUGUSTA GEIN: A MÃE

"O melhor amigo de um rapaz é sua mãe."
Norman Bates em *Psicose*, de Alfred Hitchcock

Anos mais tarde, ele ouviria a mesma pergunta repetidas vezes: "Conte-nos algo sobre ela, Eddie. Como era sua mãe?".

Assim que começava a pensar nela, os olhos se enchiam de lágrimas e a garganta ficava tão inchada que ele tinha problemas para engolir. Ela era pura bondade, enfim diria ele. Não era como os outros. Esses tiveram o que mereceram. Mas ela não merecia tanto sofrimento.

Durante toda a vida, ela trabalhou com afinco, orando e lutando para salvá-lo dos males desse mundo. Ele tentou ser o melhor possível. Mas, de alguma forma, sempre parecia falhar com ela.

Ele se lembrou da vez em que ela lhe dera algumas moedas e o instruíra a comprar um pedaço de pão na padaria alemã localizada a um quarteirão de casa. Eles ainda viviam em La Crosse, então ele não poderia ter mais de 7 anos. Contudo, de alguma forma, quando chegou à loja, as moedas haviam desaparecido. Durante muito tempo ele permaneceu parado na esquina da rua, lutando contra as lágrimas, morrendo de medo de voltar para casa. Quando enfim encontrou a coragem de retornar e confessar, a voz convulsionada por soluços, ela olhou para ele com aquela mistura de amargura e sofrimento que sempre o enchia com o mais profundo ódio de si mesmo.

"Sua criança terrível", disse ela com uma voz tranquila e inconsolável, mais terrível do que qualquer grito. "Só uma mãe poderia te amar."

Ela nunca teria cometido um erro tão estúpido e imperdoável. Não importava o que precisasse ser feito, sempre se podia contar com Augusta Gein para fazer o que era certo, sem erros ou reclamações. Ela era de longe a mais capaz na família. E a mais forte.

Quando se lembrava da infância, ele costumava imaginar a mãe de pé na antiga mercearia da família, uma presença imensa e imponente que realizava quase todo o trabalho: atendia os clientes, cuidava da caixa registradora, tratava da contabilidade. Enquanto isso, seu projeto malfadado de marido, o pai de Eddie, se arrastava pela loja daquele jeito encolhido e derrotado dele, reorganizando os produtos nas prateleiras de acordo com as instruções de Augusta e de vez em quando entregando compras.

Se Augusta possuía algum defeito, seu filho caçula não tinha consciência dele. Eddie sabia que até mesmo pensar nisso poderia ser considerado um sacrilégio, mas a seus olhos, ela não era menos infalível que Deus. Ele se lembrou de uma ocasião (na verdade, sua lembrança mais antiga dela) em que era apenas um bebê aprendendo a andar. Ele estava parado no topo da escada da antiga casa da família na Gould Street. De alguma forma, perdeu o equilíbrio e sentiu ser puxado — ou empurrado? — por uma força poderosa ao longo dos degraus de madeira da escadaria íngreme. O pânico transformou suas entranhas em gelo. De repente, sentiu um aperto esmagador no braço direto. A mãe estava atrás dele, com uma expressão desvairada no rosto, sacudindo-o e gritando. Dominado por uma onda de emoções violenta e conflitante — medo, alívio, culpa —, ele caiu em um choro clamoroso. Por que ela estava tão brava com ele? Ele não fazia ideia, mas sabia que devia ter feito algo terrível para deixá-la tão furiosa, e a tristeza tomou conta de si. Era tudo sua culpa.

Daquele ponto em diante, até mesmo em idade madura, ele depositou toda a confiança nela. Apenas ela poderia salvá-lo dos perigos da vida.

Também possuía outra memória da infância em La Crosse.

Atrás do armazém de carnes e mantimentos havia uma dependência sem janelas, feita de madeira, onde ele era proibido de entrar. Como resultado, isto exerceu um enorme fascínio nele. Já havia visto animais sendo conduzidos para os fundos do barracão — novilhos de olhos grandes e porcos grunhindo — e em diversas ocasiões havia ouvido berros terríveis que vinham por trás das tábuas curvadas. A curiosidade ardia dentro dele.

Um dia, quando os pais não estavam por perto, ele saiu pela porta dos fundos do armazém e se dirigiu depressa até o lugar proibido. A porta estava entreaberta o suficiente para que pudesse dar uma espiada.

Ali, pendurado de cabeça para baixo por uma corrente no teto, estava um porco abatido. O pai estava de pé ao lado do animal, segurando-o com firmeza, enquanto a mãe deslizava uma longa lâmina pela barriga do porco, abrindo a carne, enfiando a mão no interior e trabalhando nas entranhas brilhantes, as quais escorregavam para fora da carcaça e caíam em um balde grande de metal no chão. Os pais vestiam longos aventais de couro salpicados de sangue.

Ele deve ter feito algum tipo de barulho, pois a mãe se virou para olhá-lo.

Pelo resto da vida, ele se lembrou daquele momento com uma clareza inquietante: o animal pendurado, a carcaça aberta, as tripas caindo no chão; a mãe parada ao lado do bicho morto, com sangue e gosma espalhados por todo o corpo.

Anos mais tarde, quando lhe perguntavam sobre Augusta, ele dizia: "Não há ninguém no mundo igual a ela".

Então, como os cadáveres apodrecidos e reanimados das revistas de terror que ele tanto gostava de ler, seu desespero ressurgia, vindo de algum lugar profundo e enterrado dentro de si mesmo. E, embora já fosse um homem de cinquenta e poucos anos, começava a chorar tão alto e desamparado quanto um bebê.

4

INFÂNCIA NAS SOMBRAS

"Atraídas pelo baixo preço das terras, as pessoas da cidade vinham em busca de novas oportunidades. [...] Quando chegavam, em vez da vida pastoral que haviam imaginado, encontravam apenas um trabalho interminável e ininterrupto extraindo madeira, cortando cepos, trabalhando com pedras, esgotos e cercas e preparando a terra para construções. A região exige um tributo de pelo menos um fracasso a cada pedaço de terra cultivado com sucesso. Das terras relativamente pobres restantes, grande parte poderia ser vendida e revendida, arruinando assim colono após colono, sem nunca se tornarem mais produtivas do que uma duna de areia."
Wisconsin: A Guide to the Badger State
[Wisconsin: Um Guia para o Estado do Texugo]

Quando Eddie tinha 7 anos, Augusta se tornou a incontestada chefe da família — a força motriz responsável por todas as decisões — e, em 1913, ela decidiu que os Gein se tornariam agricultores. Os anos difíceis de trabalho no armazém, labutando dia e noite e de olho em cada centavo, valeram a pena. Ela conseguiu economizar dinheiro suficiente para uma fazenda modesta. Dessa forma, os Gein se tornariam proprietários de terra, pessoas de posses. Seria possível ter uma vida boa com vacas leiteiras e centeio. Augusta também tinha outro motivo: ela estaria afastando a si mesma, assim como a família, em especial o pequeno Eddie, das más influências da cidade.

Mais tarde naquele mesmo ano, os Gein se mudaram para uma pequena fazenda de laticínios nas planícies perto de Camp Douglas, 64 quilômetros a leste de La Crosse. Por motivos desconhecidos, permaneceram no local por menos de um ano. Talvez Augusta, sempre à procura de uma forma de melhorar a situação financeira da família, tenha tido a oportunidade de adquirir um pedaço ainda maior de terra. Ou quem sabe ela sentisse que, mesmo àquela distância, ainda estavam vivendo perto demais de La Crosse, que, em seu crescente fanatismo religioso, passou a ser considerada por ela como uma Sodoma moderna.

Seja qual tenha sido o caso, em 1914, a família Gein fez sua segunda — e última — mudança para uma fazenda de 79 hectares em Plainfield, conhecida pelos habitantes locais como a antiga propriedade de John Greenfield. Em uma época em que a posse da propriedade ficava quase sempre nas mãos de homens, os registros de terras mostram que a fazenda Plainfield foi comprada e transferida não para George, mas para Augusta Gein.

Augusta estava satisfeita com a nova propriedade que, a bem da verdade, era um lugar considerável, em especial para os padrões daquela área desfavorecida. A casa em si era uma construção elegante de dois andares, uma residência branca em forma de L com uma sala de estar, uma cozinha, dois quartos no andar térreo e mais cinco cômodos no andar de cima. As dependências externas ainda incluíam um celeiro de tamanho razoável, um galinheiro e um galpão de equipamentos. Havia também uma cozinha externa, com estrutura de galpão, acoplada a uma das extremidades da casa, com uma porta que a conectava à cozinha principal.

Augusta logo começou a arrumar os quartos com o mobiliário escasso, mas maciço, que havia adquirido aos poucos durante os anos de casamento. As melhores peças foram reservadas para a sala de estar, que continha uma bela cômoda de madeira de cerejeira, cuja frente era decorada com um desenho simples de folhas; uma robusta cadeira de balanço de madeira com braços esculpidos em ricos detalhes; uma pequena estante de pinho com cinco prateleiras estreitas com pilhas cuidadosas de livros encadernados em couro; um grande tapete oriental, um tanto puído, mas com um rico padrão geométrico; e uma série de quadros nas paredes, incluindo retratos de família em pesadas molduras douradas e, a favorita de Augusta, uma reprodução de Cristo olhando em direção ao céu para um anjo.

Ela era, claro, uma dona de casa meticulosa que insistia que sua residência fosse mantida, como ela mesmo dizia, "um brinco de tão limpa". Tinha muito orgulho de seu perfeccionismo. Poderiam existir pessoas mais ricas no mundo, mas nenhuma delas mantinha uma casa tão arrumada. A residência dos Gein não era nenhuma mansão, mas nunca estaria nada menos do que absolutamente limpa e organizada; pelo menos, não enquanto Augusta estivesse viva.

Havia outra característica da nova propriedade que Augusta começou a apreciar à medida que os Gein se adaptavam à nova vida: o isolamento extremo. A fazenda estava situada quase dez quilômetros a oeste do vilarejo de Plainfield, uma distância bastante significativa na época das estradas de terra e das viagens de carroça, quando era raro que os agricultores se aventurassem para além de suas casas e a viagem mensal ao armazém geral da cidade era um grande acontecimento. Os vizinhos mais próximos eram a família Johnson, cuja fazenda ficava a um pouco menos de quatrocentos metros adiante. Fora isso, os Gein estavam cercados por nada além de prados, pântanos, agrupamentos dispersos de árvores e hectares e mais hectares de solo pálido e arenoso.

O isolamento da fazenda combinava muito bem com Augusta. Não demorou muito para que ela concluísse que os padrões religiosos e morais de Plainfield eram um escândalo de tão baixos. Em sua visão cada vez mais distorcida, os decentes habitantes da cidade, trabalhadores e tementes a Deus, eram um grupo desonesto e indigno de confiança. Augusta achava que era boa demais para eles. Quanto menos tivesse a ver com eles, melhor. Como Plainfield ostentava uma igreja católica, uma metodista e uma batista, mas nenhuma luterana, havia ainda menos motivos para se misturar com os vizinhos. Ela mesma cuidaria da formação moral e religiosa dos filhos. Nas raras ocasiões em que se via obrigada a viajar para a cidade, conseguia sentir o ressentimento que emanava dos comerciantes com quem lidava e das pessoas com quem cruzava na rua. Talvez eles pudessem sentir sua superioridade simplesmente pela maneira como ela se portava. Ou quem sabe, depois de passarem por sua fazenda, ficassem com inveja de como a propriedade era bem-cuidada.

Augusta não se importava de ser rejeitada pelo povo de Plainfield. Na verdade, era ela quem não queria fazer parte de uma comunidade apóstata e propensa aos vícios. Seus meninos forneceriam toda a companhia de que precisava. A fazenda seria seu próprio mundinho independente.

Por mais que quisesse, Augusta não conseguia manter os filhos completamente isolados do mundo. Quando Eddie estava com 8 anos, ele começou a frequentar a escola primária Roche-a-Cri, uma construção minúscula de uma sala com uma dúzia de alunos ao todo. Mais tarde, a Roche-a-Cri fundiu-se com outra escola rural, a White School, e foi lá que Eddie Gein completou sua educação formal aos 16 anos, após concluir o oitavo ano. Embora não fosse nada fora do comum, Eddie era um aluno capaz que se saía bem em todas as matérias. (Anos mais tarde, em seus primeiros dias de fama, quando foi colocado sob intenso escrutínio psiquiátrico e submetido a uma bateria de testes, seu Q.I. seria registrado como mediano.) Ele era, em especial, um bom leitor. De fato, ao longo da vida, Eddie se ocupou com livros e revistas sobre assuntos variados e, por vezes, bastante inusitados.

Ele acreditava que livros eram uma boa maneira de relaxar. E que também era possível aprender muitas coisas com eles.

No entanto, embora Eddie tivesse se saído razoavelmente bem nos estudos, seus anos escolares não foram tão felizes. Ele se sentia bastante sozinho e irremediavelmente isolado dos colegas. Eles se conectavam com tanta facilidade — reclamando dos afazeres, trocando fofocas locais que haviam ouvido na mesa do jantar, conversando com animação sobre o grande incêndio no Armazém Conover ou sobre a próxima Corrida de Burros no Auditório de Plainfield.

Ansioso para ser aceito, ele observava como os colegas agiam e tentava imitar o comportamento deles. Mas de alguma forma nunca conseguia se encaixar.

Em algumas ocasiões durante a infância e a adolescência, ele parecia estar perto de estabelecer uma conexão de verdade. No entanto, assim que voltava para casa e contava à mãe sobre seu novo amigo, ela começava a levantar objeções na mesma hora. A família do menino tinha uma reputação ruim. Corriam rumores sombrios sobre o passado do pai, e a mãe era conhecida por ser uma mulher de virtudes questionáveis. Augusta não permitiria que um filho dela convivesse com gente assim. Como Eddie podia se comportar dessa maneira? A essa altura, a voz teria se transformado em um grito. Ela estaria criando um tolo?

Eddie começava então a choramingar e se retirava para o quarto. No dia seguinte, ele ia para a escola e evitava até mesmo olhar para o outro garoto.

Do ponto de vista dos colegas, com certeza havia algo um pouco diferente em Eddie Gein. No entanto, em nenhum momento de sua vida — não até que a psicose latente irrompesse em uma verdadeira insanidade — alguém percebeu que ele poderia ser um indivíduo perturbado de uma maneira perigosa. E, de fato, teria sido necessário um olhar bastante sofisticado para enxergar no comportamento do jovem Eddie — em sua incompetência social, por exemplo, e no crescente isolamento — os sinais de uma loucura incipiente. Mas existiam coisas em Eddie que definitivamente pareciam peculiares a seus colegas de escola: a maneira como os olhos se movimentavam sempre que ele tentava falar com alguém; o sorriso estranho e desengonçado que sempre exibia, até mesmo quando a conversa tinha a ver com o acidente durante a caçada a um cervo que matou Eugene Johnson ou com o ataque cardíaco do velho Beckley; o hábito de rir em momentos inapropriados, como se estivesse ouvindo alguma piada estranha e particular que ninguém mais conseguia escutar.

Às vezes, uma das garotas se virava em seu assento e o flagrava a encarando com uma expressão de intensidade tão peculiar que, mesmo em uma idade tão tenra, ela se sentiria vagamente suja, violada. Então, havia momentos em que alguns dos meninos se reuniam, sussurrando sobre sexo. Eddie, aproximando-se do grupo e entreouvindo a conversa, ficava vermelho de vergonha e se afastava o mais rápido que podia.

Essa era outra característica de Eddie que seus colegas da escola, meninos e meninas, reconheceram desde cedo. Ele não parecia ser como os outros meninos. Havia algo em seus maneirismos — a suavidade da voz, a postura dócil, os movimentos nervosos e agitados das mãos enquanto falava — que fazia com que parecesse distintamente feminino. Ele também tinha outra característica que divergia do padrão masculino esperado. Eddie chorava com muita facilidade. Com certeza, não sabia lidar com uma piada. Eles se lembravam da vez em que Eddie foi provocado por causa do olho. Ele tinha uma protuberância grande e carnuda no canto da pálpebra esquerda. Não era algo desfigurante de fato, mas fazia a pálpebra ficar caída. Certa vez, um dos garotos fez um comentário sobre isso: nada maldoso, na verdade, apenas uma piada sobre o "olho flácido e frouxo" de Eddie. O sorriso forçado de Eddie se dissolveu no mesmo instante, e, na frente de todos, ele começou a soluçar como uma criancinha.

Para Eddie, todas essas coisas envolvendo colegas de escola — as provocações, a insensibilidade e, em especial, as conversas obscenas — apenas confirmavam a sabedoria de sua mãe. Ela estava certa a respeito de tudo. Fora dos limites íntimos da família, o mundo era um lugar duro e cruel.

Não que as condições dentro da família Gein fossem menos difíceis. Por mais que trabalhassem incansavelmente, a fazenda humilde mal produzia alimentos suficientes para a subsistência da família. A batalha infrutífera contra o solo era um trabalho extenuante, em especial porque não se podia mais contar com George para realizar sua parte. Na época em que Eddie se tornou adolescente, as principais ocupações do pai pareciam ser vadiar, consumir bebidas alcoólicas e agredir a esposa e os filhos. Ele costumava chicotear os meninos quando ficava embriagado. Mas, a essa altura, por mais que Eddie e Henry fossem rapazes pequenos e franzinos, os dois já estavam grandes demais para levarem surras. No entanto, George ainda era capaz de reclamar e ter acessos de fúria. Durante uma das crises de alcoolismo, chegou a acusar a esposa de adultério. Considerando o puritanismo patológico das atitudes sexuais de Augusta — isso sem mencionar sua recusa em conviver com qualquer um dos vizinhos — parecia evidente que a condição mental de George, naquele momento, não era mais estável do que a da esposa.

Mesmo que quisesse, Augusta dificilmente teria tempo para se entregar à infidelidade, pois, além das obrigações domésticas, ela tivera que assumir algumas das tarefas que o marido não se dignava mais a fazer. Aliás, com os meninos crescidos o suficiente para viajar até a cidade e comprar os suprimentos mensais, ela não deixava a fazenda de forma alguma. A vida em Plainfield revelou-se um negócio brutal, mas Augusta se recusava a abandoná-la. O divórcio era algo impensável, uma violação fundamental de suas crenças religiosas. Se o Senhor tinha a intenção de fazê-la carregar o fardo de um marido bestial e uma vida de trabalho incessante, então ela não iria contra a Sua vontade.

Isolado de todo convívio social, afastado por completo da vida em comunidade, condenado a uma existência de pobreza esmagadora em uma região remota e desolada com dois pais atormentados e hostis, Eddie, que nunca foi emocionalmente forte para começo de conversa, começou a se isolar cada vez mais em um mundo privado de fantasia. A fazenda Gein pode não ter sido produtiva, mas estava se provando um terreno fértil para a loucura.

À medida que Eddie e Henry entravam na idade adulta e George afundava cada vez mais no abismo sombrio da melancolia, Augusta começou a insistir, com uma frequência crescente e obsessiva, em um único e estridente tema: a maldade das mulheres modernas. Por meio de fotos de jornais e ilustrações de revistas, ela sabia como elas se vestiam, com saias curtas, batons e pó de arroz. Eram criaturas corrompidas, decaídas, e as mulheres de Plainfield, advertia Augusta aos filhos, eram as piores.

Quando chovia forte e era impossível trabalhar ao ar livre, ela se acomodava em sua cadeira de balanço, na sala de estar úmida e mal iluminada, e com os meninos a seus pés contava a história de Noé, profetizando a vinda de outro dilúvio para purificar os pecados das mulheres. Ou então se agarrava à pesada Bíblia da família, colocava-a no colo e abria o Livro do Apocalipse para ler:

> O anjo me transportou, no Espírito, a um deserto, e vi uma mulher montada numa besta escarlate, besta repleta de nomes de blasfêmia, com sete cabeças e dez chifres. A mulher estava vestida de púrpura e de escarlate, enfeitada com ouro, pedras preciosas e pérolas, tendo na mão um cálice de ouro transbordante de abominações e das imundícias da sua prostituição. Na sua testa estava escrito um nome, um mistério: "Babilônia, a Grande, a Mãe das Prostitutas e das Abominações da Terra".

Em outras ocasiões, com os olhos apertados e a voz trêmula, ela começava a se balançar para a frente e para trás na cadeira, recitando passagens dos Provérbios, que havia memorizado:

> Porque os lábios
> da mulher imoral destilam mel,
> e as suas palavras são mais suaves
> do que o azeite;
> mas o seu fim é amargo como fel,
> e cortante como uma espada
> de dois gumes.
>
> E agora, meu filho,
> escute o que eu digo
> e não se desvie
> das palavras da minha boca.
> Afaste o seu caminho
> dessa mulher;
> não se aproxime
> da porta da casa dela.

Meu filho, por que você andaria
cego atrás de uma estranha
e abraçaria os seios de outra?

O que lhe direi, meu filho,
filho do meu ventre?
Que lhe direi,
ó filho dos meus votos?
Não dê às mulheres a sua força,
nem os seus caminhos
às que destroem os reis.

Então, abaixando-se e pegando cada um dos meninos pela mão, ela os fazia jurar que não seriam contaminados pelas mulheres. Se seus desejos carnais se tornassem tão urgentes que não pudessem resistir, ela diria que até mesmo o pecado de Onã era preferível à imundice da formicação.

Embora Henry, ao que tudo indicava, lutasse um pouco contra os ensinamentos de Augusta, seria difícil para qualquer criança resistir a um abuso tão constante. Em algumas ocasiões durante sua adolescência, ele fez diversas tentativas frustradas de socializar com as garotas locais. Mas sua vontade não era páreo para a da mãe. Por fim, ele se resignou ao celibato, condição que parecia ser característica dos familiares masculinos de Augusta. Como vários dos irmãos dela, que nunca se casaram, os dois filhos de Augusta permaneceriam solteiros — ligados a nenhuma outra mulher além da mãe — enquanto vivessem.

No caso de Henry, não seria por muito tempo.

5
SOLIDÃO

"Você não pode fazer nada para trazer os mortos de volta à vida, mas pode fazer muito para salvar os vivos da morte."

Guia médico da família encontrado entre os pertences de Edward Gein

Eles partiram um atrás do outro de forma rápida e surpreendente.

Quando George completou sessenta e poucos anos, as feridas que havia suportado durante toda a vida — algumas autoinflingidas, outras resultado de sua falta de sorte e do casamento catastrófico — tinham causado um impacto devastador em sua saúde. Todos os anos de bebedeira, os tempos difíceis e a infelicidade doméstica, deixaram-no destroçado de corpo e alma. Em 1937, ele era um homem destruído, um enfermo indefeso, dependente por completo da família que o detestava e temia.

Três anos mais tarde, quando George tinha 66 anos, sua vida difícil e melancólica chegou ao fim. O funeral foi realizado em 4 de abril de 1940, na combinação de loja de móveis e casa funerária de R. A. Goult, com o reverendo Wendell Bennetts da Igreja Metodista de Plainfield oficializando a cerimônia.

O obituário publicado nos jornais locais era um modelo de sentimentalismo pós-morte, concentrando-se nos comoventes fatos da orfandade de George e concluindo com uma homenagem emocionante ao querido falecido que, dada a realidade da vida familiar de George Gein, parecia uma piada particularmente cruel:

> MORRE GEORGE GEIN
> George Gein, de 66 anos, nasceu em 4 de agosto de 1873 e faleceu em 1º de abril de 1940.
>
> A mãe, o pai e a irmãzinha o precederam na morte. Eles foram para a cidade e ele ficou em casa devido à maré alta, pois o rio Mississipi estava subindo. O pai, a mãe e a irmã nunca mais voltaram, deixando-o órfão. Esta inundação aconteceu no Condado de Vernon há muitos e muitos anos.
>
> Morou em La Crosse até 1914, mudando-se mais tarde para Plainfield, onde residia desde então.
>
> Deixa a esposa e dois filhos, Henry e Edward.
>
> Havia sofrido consideravelmente nos últimos três anos, mas seus sofrimentos foram aliviados por sua fé em Deus.
>
> Era um bom marido e pai, e todos que o conheceram vão sentir sua falta.

A morte de George não representou uma grande perda para sua família. Muito pelo contrário. No que dizia respeito aos filhos, isso os liberava de uma tarefa particularmente irritante. Desde que se lembravam, o velho não servia para muita coisa (exceto para beber e praticar crueldades), e, nos últimos anos de vida, havia aumentado suas demandas ao exigir cuidados contínuos.

Mas mesmo sem o fardo de um pai doente e não amado para cuidar, a vida continuava difícil para os Gein. Seus esforços para sobreviver na fazenda eram incessantes e quase completamente inúteis. Em todos os anos que viveram lá, a família não conseguiu juntar dinheiro suficiente para bancar uma única melhoria no local. Em essência, a casa permanecia a mesma desde 1914, sem eletricidade ou encanamento interno. A única grande mudança era a deterioração de seu exterior outrora elegante. Com a pintura cinzenta descascada, os degraus da frente lascados, o telhado mal remendado e a varanda caída, a casa da qual Augusta tanto se orgulhava parecia desgastada pelo tempo e cada vez mais decadente.

A essa altura, a guerra mais devastadora da história da humanidade estava em andamento, mas nenhum dos irmãos estava envolvido com ela. Henry já era velho demais para o serviço militar. Eddie ainda era elegível para o recrutamento, mas quando viajou para Milwaukee em 1942 para realizar o exame físico, foi rejeitado pelo exército devido à protuberância na pálpebra esquerda, a qual prejudicava em parte sua visão.

Ele tinha 36 anos na época e a viagem de 209 quilômetros até Milwaukee foi o mais distante que já havia ficado de casa. Ou que ficaria em toda a vida.

Após a morte do pai, os irmãos passaram a realizar diversos bicos fora da fazenda para conseguir um pouco de dinheiro extra. Eddie encontrava trabalhos pontuais na vizinhança de Plainfield como faz-tudo: pendurando janelas, remendando telhados, pintando casas e consertando cercas. Ele também trabalhava um pouco como babá. As crianças sempre ficavam felizes em vê-lo. Eddie fazia bagunça com os meninos e realizava truques de mágica bobos para as meninas, ou contava histórias assustadoras sobre caçadores e canibais que tirava das revistas de aventura que lia o tempo todo. No inverno, ele participava das guerras de bolas de neve e no verão os agradava com sorvete.

Quando jovem, ele nunca se sentiu à vontade com os colegas. Mas depois de adulto, sentia-se confortavelmente mais próximo das crianças do que de outras pessoas de sua idade, das quais se sentia constrangido e inseguro. Não sabia bem como agir ou o que dizer a elas, principalmente às mulheres.

Segundo as pessoas que o contratavam, Eddie Gein, ao contrário de sua mãe santinha e cheia de si, era um bom vizinho. É verdade que ele tinha suas peculiaridades. Não falava muito e era sempre difícil saber o que ele estava pensando, já que seus lábios constantemente formavam aquele sorriso sorrateiro e desconcertante. Mas dado seu histórico familiar, algumas excentricidades eram esperadas. Na maioria das vezes, eles consideravam o solteirão de voz suave um sujeito decente: um pouco tolo, talvez, mas ainda assim um indivíduo educado e de confiança.

Dos dois irmãos, Henry era considerado o mais trabalhador. Ele sempre foi mais independente do que Eddie, e durante o início dos anos 1940 encontrou cada vez mais empregos fora da fazenda da família. Trabalhou para um empreiteiro rodoviário, instalou postes e fios para uma empresa de energia elétrica e, em dado momento, foi contratado por um vizinho para atuar como supervisor de uma equipe de trabalhadores agrícolas vindos da Jamaica.

Eddie possuía uma profunda admiração pelo irmão mais velho. "Ele é o único homem na região que consegue lidar com esses caras", dizia aos vizinhos quando eles perguntavam se Henry estava tendo problemas para gerenciar os jamaicanos. Henry e Eddie sempre tiveram um bom relacionamento, dividindo tarefas, pescando juntos e caçando coelhos e esquilos em sua propriedade. Claro, eles tiveram sua cota de discussões, mas quais irmãos não têm? Uma questão sensível em particular tinha a ver com a mãe. Em mais de uma ocasião, Henry sugeriu que a ligação de Eddie com Augusta era próxima demais. Ele nunca falou de forma desrespeitosa da mãe deles, mas Eddie sentia que Henry tinha alguns questionamentos bastante sérios sobre o poder que ela exercia sobre o filho caçula.

Eddie ficou surpreso. Ele sempre acreditou que Henry compartilhava de sua visão sobre Augusta como uma mulher infalível e impecável, uma santa na Terra. As críticas implícitas de Henry a Augusta foram um verdadeiro choque para Eddie. Era algo que ele simplesmente não conseguia entender.

E também algo que nunca iria esquecer.

O único fato indiscutível acerca da súbita morte de Henry Gein aos 43 anos é que ela aconteceu em uma terça-feira, no dia 16 de maio de 1944, enquanto ele e Eddie combatiam um incêndio descontrolado que se alastrou em um terreno pantanoso perto de casa. Segundo alguns relatos, o fogo foi acidental. De acordo com outros, foi iniciado de propósito para queimar a grama seca. Mais tarde, Eddie alegaria que o incêndio foi ideia de Henry. "Eu tentei persuadi-lo e mantê-lo em casa", disse Eddie durante um interrogatório anos depois da tragédia. "Mas ele ficou insistindo até que eu o levasse até lá." Porém, na época em que isso aconteceu, os jornais noticiariam que foi Eddie quem insistiu em queimar o pântano naquele dia e que Henry apenas tinha ido ajudar.

No entanto, é óbvio que a grande questão em torno da tragédia é a maneira exata como Henry morreu.

Como Eddie contou mais tarde, quando um vento forte soprou de repente e o fogo ficou fora de controle, ele logo foi até uma extremidade do pântano, lutando para extinguir as chamas antes que alcançassem um bosque de pinheiros no perímetro do campo. Após ter extinguido o fogo, ele voltou em busca do irmão, mas já havia escurecido e ele não conseguiu localizar Henry. Eddie então reuniu um grupo de busca, que incluía o xerife Frank Engle, e os levou de volta para o pântano.

Assim que chegaram lá, Eddie os conduziu diretamente para o lugar onde seu irmão mais velho estava caído de bruços, obviamente morto. Inúmeras coisas estranhas chamaram a atenção do grupo na mesma hora. Para começar, embora o cadáver estivesse estirado sobre um pedaço de terra queimada, não havia sinais de que Henry tivesse sido ferido pelas chamas. As roupas estavam cobertas de fuligem, mas, fora isso, sem nenhum dano, e as partes expostas do corpo também estavam livres de queimaduras. Além disso, quando os homens se curvaram para olhar com mais atenção para Henry, notaram o que pareciam ser alguns hematomas estranhos em sua cabeça.

No entanto, o mais estranho de tudo foi a maneira como Eddie os guiou diretamente ao local do óbito, embora, ao que tudo indicava, não tivesse sido capaz de localizar seu irmão antes disso. Quando mencionaram isso a Eddie, ele apenas deu de ombros e concordou com eles. "É engraçado como são as coisas", observou.

Logo em seguida, foram chamados ao local o promotor público, Earl Kileen, o legista do condado, George Blader, e o médico de Plainfield, dr. Ingersoll. Como noticiou o jornal semanal *Waushara Argus* em sua edição de quinta-feira, 18 de maio: "Foi determinado pelas autoridades médicas presentes que a morte ocorreu por asfixia. Após uma investigação por parte do legista, foi decidido que não era necessária a abertura de um inquérito, pois não há indícios de crime na morte do sr. Gein".

É evidente que ninguém em sã consciência poderia imaginar que Henry tivesse sido vítima de um assassinato; pelo menos, ninguém poderia imaginar isso na época. É claro que, anos mais tarde, quando a verdadeira natureza de seu irmão fosse revelada a um mundo horrorizado, as circunstâncias mais que peculiares que cercavam a morte de Henry seriam lembradas no mesmo instante, e a expressão "Caim e Abel" seria usada por muitas pessoas em Plainfield.

No entanto, por ora, o assunto foi considerado encerrado. De acordo com alguns, Henry teria sido simplesmente subjugado pela fumaça e pelo calor e batido a cabeça em uma pedra quando caiu no chão. Ele com certeza não seria o primeiro fazendeiro de meia-idade naquela região a sucumbir lutando contra um violento incêndio nos pântanos. Outros afirmaram que Henry tinha problemas no coração e a batalha contra as chamas havia provocado um ataque cardíaco. Embora alguns tenham criticado Eddie por sua reação estranha e insensível, em nenhum momento alguém acreditou que ele fosse culpado de alguma forma. Ele poderia ser um pouco estranho, mas a ideia de que aquele homenzinho manso era capaz de machucar alguém, ainda mais matar, era boba demais para ser levada a sério.

E assim, na terceira semana de maio de 1944, a casa funerária de Goult ganhou mais um cliente, e Eddie Gein ficou com a mãe só para ele.

Mas não por muito tempo.

Durante toda a vida adulta, Augusta não foi apenas a chefe da família, mas também seu alicerce. Sozinha, ela manteve a casa em perfeito estado, educou os dois filhos nos princípios de sua fé e administrou os negócios da família. Ela até mesmo realizava as tarefas masculinas da fazenda. Para Eddie, ela era um milagre de perseverança física e espiritual. Mesmo então, com trinta e tantos anos, sempre que pensava ou sonhava com ela, Augusta aparecia em sua mente como um ser imponente e gigante, uma figura de incomensurável força e determinação.

Dessa maneira, foi um enorme choque para ele quando, pouco depois da morte de Henry, Augusta de repente começou a se queixar de uma terrível fraqueza e náusea. Ela precisava de um médico. Quando a picape de Eddie parou no hospital Wild Rose, ela estava tão fraca que teve que ser transportada para a sala de exames em uma cadeira de rodas. Eddie sentou-se em um banco no corredor, torcendo nas mãos o boné xadrez de caçador e piscando, nervoso. Após uma espera agonizante, um médico apareceu e lhe informou, sério, que a mãe de Eddie havia sofrido um derrame.

Durante a hospitalização, Eddie ficou ao lado da cama dela todos os dias, por quantas horas fossem permitidas. Por fim, ela recebeu alta. Eddie, cujo corpo franzino e pequeno não dava nenhuma indicação real de sua força considerável, levou Augusta para casa, carregando-a para dentro da residência e deitando-a na cama. Quando ele enfim olhou para o rosto tenso e retorcido da mãe, foi tomado por uma onda de piedade e horror. Nunca a tinha visto tão frágil e devastada. Mas, ao mesmo tempo, sentiu um estranho entusiasmo com o desamparo de Augusta. Ela estava inteiramente sob seus cuidados. Depois de todos esses anos, ele enfim teria a chance de provar seu valor a ela, que talvez até reconhecesse seus esforços. Eddie a imaginou estendendo a mão para abraçá-lo, agarrando-o em seu peito com gratidão e amor. Ele não conseguia se lembrar de nenhum momento em que ela o tivesse abraçado com tanta força.

Ele atendia todas as necessidades de Augusta. Ela nunca reclamava, apenas ficava deitada na cama, dizendo a ele, da melhor forma que conseguia, qual o trabalho que precisava ser feito. À noite, ele se sentava ao lado dela e lia algo à luz de uma lamparina. Com frequência, ela lhe dizia para recitar o Salmo 6:

> Senhor, não me repreendas
> na tua ira,
> nem me castigues no teu furor.
> Tem compaixão de mim, Senhor,
> porque eu me sinto debilitado;
> sara-me, Senhor, porque
> os meus ossos estão abalados.
> Também a minha alma está
> profundamente perturbada;
> mas tu, Senhor, até quando?
> Volta-te, Senhor, e socorre-me;
> salva-me por tua graça.

Pois, na morte,
não há recordação de ti;
no sepulcro, quem te dará louvor?
Estou cansado de tanto gemer;
todas as noites faço nadar
o meu leito,
de minhas lágrimas o alago.
De tristeza os meus olhos
se consomem,
envelhecem por causa de
todos os meus adversários.
Afastem-se de mim, todos vocês
que praticam a iniquidade,
porque o Senhor ouviu
a voz do meu lamento;
o Senhor ouviu a minha súplica;
o Senhor acolhe a minha oração.

Aos poucos, ela começou a recuperar a força. Em meados de 1945, estava pronta para tentar caminhar. Eddie ficou perto da cama e ofereceu a mão, mas ela o empurrou — "Se afasta, garoto, eu consigo me virar" — e ficou em pé com dificuldade.

Eddie estava eufórico ao vê-la outra vez de pé, embora tenha ficado um pouco cabisbaixo pelo fato de Augusta não ter reconhecido o cuidado que ele ofereceu durante sua longa recuperação. No entanto, o mais importante era vê-la saudável e ter sua mãe de volta.

E então algo horrível aconteceu.

Era o inverno de 1945. A fazenda Gein ainda possuía um pouco de gado, e Augusta anunciou que eles precisavam de palha para a forragem. Eddie iria até um vizinho chamado Smith para providenciar a compra, e a mãe o acompanharia para supervisionar a transação.

Mais tarde, toda vez que Eddie contava essa história, sua voz tremia de fúria e tristeza.

Enquanto Eddie e Augusta entravam pelo quintal, Smith, um sujeito carrancudo e briguento com um temperamento notoriamente explosivo, estava agredindo um cachorrinho vira-lata com uma vara pesada. Enquanto o cachorro guinchava de dor, a mulher com quem Smith morava — fora do casamento, segundo Augusta — apareceu na varanda e começou a gritar com Smith, gesticulando freneticamente e implorando para que ele parasse. Smith continuou batendo no filhote até que ele caísse morto a seus pés, tudo isso enquanto a mulher chorava e proferia xingamentos contra ele.

Augusta ficou abalada com a cena. O curioso é que foi a aparição da mulher — a "prostituta de Smith", como Augusta a chamava — o que pareceu ter lhe perturbado mais.

Menos de uma semana após o incidente na fazenda Smith, Augusta sofreu um segundo derrame. Eddie a levou às pressas de volta para o hospital, mas em 29 de dezembro de 1945, aos 67 anos, ela faleceu.

A frieza de seu obituário no *Plainfield Sun* sugere algo acerca dos sentimentos da comunidade em relação a Augusta. A morte de Henry tinha sido notícia na primeira página e até mesmo George havia recebido uma despedida respeitosa. Por outro lado, o obituário de Augusta dizia: "A sra. Augusta Gein morreu no hospital Wild Rose em 29 de dezembro devido a uma hemorragia cerebral. O corpo foi levado para a casa funerária Goult, onde os serviços religiosos foram realizados em 31 de dezembro pelo reverendo C. H. Wiese como oficiante. Ela deixa um filho, Edward, que mora na fazenda da família a sudoeste daqui".

Vários dos irmãos de Augusta compareceram ao funeral, mas ninguém da cidade, além de Eddie, apareceu. Eddie não deu a mínima. Na verdade, estava feliz por ter tão poucas pessoas presentes. Chorou como uma criança — o rosto borrado por lágrimas e ranho — e teria ficado envergonhado se os vizinhos o vissem em um estado tão miserável. Ele simplesmente não conseguia controlar sua dor. Havia perdido sua única amiga e seu único e verdadeiro amor.

E estava absolutamente sozinho no mundo.

Para milhões de compatriotas de Eddie, aquela era uma época de gratidão e celebração. Apenas alguns meses antes, a longa e terrível guerra enfim havia terminado. Olhando para o futuro, os Estados Unidos não viam nada além de dias brilhantes pela frente e, de fato, os próximos anos seriam uma época especialmente ensolarada na vida da nação.

Mas, para Eddie Gein — e para a cidadezinha de Wisconsin que o abrigava — a escuridão estava apenas começando a cair.

STATE OF WISCONSIN
DEPARTMENT OF HEALTH AND SOCIAL SERVICES

ORIGINAL CERTIFICATE OF DEATH

STATE FILING DATE

STATE DEATH AUG 9 84 0

1537

First: Edward
Middle:
Last: GEIN Gein

SEX: ☒ Male ☐ Female

DATE OF DEATH: Jul

AGE Last Birthday: 77
UNDER 1 YEAR: Mos. Days
UNDER 1 DAY: Hours Mins.

DATE OF BIRTH: Month 8 Day 26 Year 06

COUNTY OF DEATH: Dane

TOWNSHIP OF DEATH

HOSPITAL OR OTHER INSTITUTION - Name ☐ Hospital ☐ Nursing home ☒ Other instit. (If none of these, give street and number)

Mendota Mental Health Institute

CITIZEN OF WHAT COUNTRY: USA

MARITAL STATUS: ☐ 1. Married ☐ 2. Separated ☐ 3. Divorced ☒ 4. Never Married ☐ 5. Widowed

SURVIVING SPOUSE (If wife, give maiden name): None

NUMBER: 8860

USUAL OCCUPATION (Give kind of work done during most of working life, even if retired): Farming Labor

KIND OF BUSINESS OR INDUSTRY: Agri-Busi[ness]

COUNTY: Dane

CITY, VILLAGE OR TOWNSHIP OF RESIDENCE: Madison

INSIDE CITY OR VILLAGE LIMITS: ☒ Yes ☐ No

STREET AND NUMBER: 301 Troy Dri[ve]

First: George Middle: Last: Gein

MOTHER MAIDEN NAME: First: Augusta Middle: Last:

(Type or Print)

MAILING ADDRESS: Street or R.F.D. No.: P.O. Box 843 City or Village: Wautoma, Wisconsin

☐ Removal ☐ Other

CEMETERY OR CREMATORY NAME: Plainfield Village

LOCATION: City or Village: Plainfield, Wisco[nsin]

LICENSEE or Person Acting As Such

NAME OF FACILITY: Gasperic F.H.

ADDRESS OF FACILITY: Street or R.F.D. No.: P.O. Box 336 City or Village: Plainfield

... of my knowledge death occurred at the time, date and place and due to the ... stated.

[signature] MD

22a. On the basis of examination and/or investigation, in my opinion death occurred at the time, date and place and due to the cause(s) stated.

Signature and Title

UNCERTIFIED
Not Valid for Identification

DATE SIGNED: 7 26 1984 (Month Day Year)

HOUR OF DEATH: 7:45 A.M.

22b DATE SIGNED: Month Day Year

HOUR OF DEATH

PRONOUNCED DEAD: 22d Month Day Year

To be Completed by MEDICAL EXAMINER or CORONER Only

ATTENDING PHYSICIAN IF OTHER THAN CERTIFIER (Type or Print)

ADDRESS OF CERTIFIER (PHYSICIAN, MEDICAL EXAMINER OR CORONER) (Type or Print)

[...]and Gonser MD 301 Troy Drive Madison, Wisc[onsin]

[signature]

DATE RECEIVED BY REGISTRAR: JUL

IMMEDIATE CAUSE — ENTER ONLY ONE CAUSE PER LINE FOR (a), (b), AND (c)

(a) Respiratory failure

DUE TO, OR AS A CONSEQUENCE OF

(b) Carcinomatosis

DUE TO, OR AS A CONSEQUENCE OF

(c) Carcinoma of Colon Metastasis to Liver and Lungs

OTHER SIGNIFICANT CONDITIONS - Conditions contributing to death but not related to cause given in PART I (a)

Schizophrenic Disorder Chronic Dementia

AUTOPSY: ☐ Yes ☒ No

WAS CASE REFERRED TO MEDICAL EXAMINER

DATE OF INJURY: Month Day Year

HOUR OF INJURY

DESCRIBE HOW INJURY OCCURRED

PLACE OF INJURY At home, farm, street, factory, office building, etc. (Specify)

LOCATION: Street or R.F.D. No. City or Village

PARTE II

A CASA DA MORTE

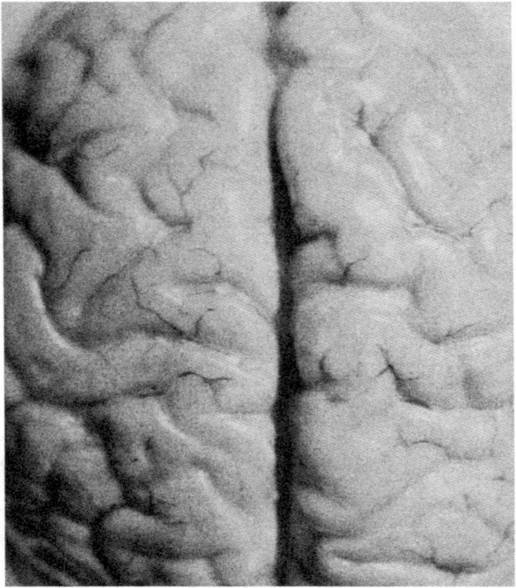

6
MUDANÇAS INTERNAS

> "Talvez seja válido acrescentar aqui que nem todos aqueles que sofrem de psicose típica, mesmo quando o transtorno é grave, transmitem uma impressão óbvia de desordem mental."
> Hervey Cleckley, *A Máscara da Sanidade*

A vida em uma cidade pequena é conhecida pela falta de privacidade. Quando alguém reside em uma comunidade cuja população poderia ser alojada com facilidade em um único prédio de apartamentos na cidade de Nova York, provavelmente sentirá que cada um dos vizinhos está a par dos fatos mais íntimos de sua vida pessoal, e que está igualmente familiarizado com os detalhes das deles. Algumas pessoas diriam que morar em Plainfield era como dividir a cama com todos os homens, mulheres e crianças da cidade. Não existem muitos segredos que permaneçam escondidos por muito tempo.

Essa imagem de uma intimidade intensa e, muitas vezes, opressiva da vida em uma cidade pequena contém, é claro, muita verdade. Mas também é verdade que muitas pessoas que de fato compartilham a mesma cama — homens e mulheres que estão casados há tanto tempo que seus rostos começam a ficar parecidos — conseguem esconder segredos importantes uns dos outros, muitas vezes durante grande parte da vida. Acontece também que, precisamente por viverem tão próximos, os habitantes de cidades pequenas mantêm um grau necessário de privacidade ao firmarem um acordo tácito para evitar saber certas coisas uns sobre os outros. A negação é, afinal, um mecanismo psicológico básico que opera até mesmo nas mentes dos mais dedicados bisbilhoteiros e fofoqueiros. Tal qual o pai que se recusa a encarar os sinais mais perturbadores de desajuste no filho favorito, os moradores de cidades pequenas muitas vezes conseguem ignorar, minimizar ou fazer vista grossa para as peculiaridades mais exageradas dos vizinhos.

Além disso, apesar de toda a genuína cordialidade e hospitalidade, os habitantes do Centro-Oeste tendem a ser um grupo reservado, considerando certos assuntos pessoais como temas inapropriados para conversas ou investigações. Eles também possuem uma tendência acentuada — e bastante norte-americana — de julgar as pessoas pela aparência e prestar o mínimo de atenção possível ao lado mais sombrio da natureza humana.

Tudo isso talvez ajude a explicar como um solteirão de meia-idade conseguiu viver em uma comunidade tão unida, composta por pouco mais de seiscentas pessoas, todas as quais o conheciam pelo nome, e, por mais de uma década, escapar impune de assassinato — e de coisas piores.

Há outro fator também. A partir de 1945 e durante os doze anos seguintes, Plainfield foi apenas um dos lugares habitados por Eddie Gein. Durante grande parte desse tempo, ele residiu em um mundo tão remoto e aterrorizante que nenhuma pessoa normal poderia ter conhecido sua existência ou adivinhado seus terríveis segredos.

Até onde os cidadãos de Plainfield conseguiam notar, a morte de Augusta Gein não havia mudado muito Eddie. Ele era o mesmo indivíduo afável e tranquilo de sempre, um pouco esquisito perto das pessoas, mas um sujeito educado e acolhedor que nunca diria não a um vizinho que precisasse de ajuda para serrar lenha, transportar grãos ou consertar um celeiro. Quando o carro de Bob Hill estragava ou George Forster tinha que sair para resolver algo e precisava de alguém para cuidar dos filhos, sempre se podia contar com Eddie. Ele faria de tudo para ajudar seus conterrâneos.

É verdade que havia algumas diferenças perceptíveis em Eddie. A aparência dele, que para começo de conversa nunca tinha sido muito bem-cuidada, tornara-se visivelmente mais desleixada. O queixo costumava ficar coberto por barba por fazer de uma semana inteira e era evidente para qualquer um que estivesse a um braço de distância que ele precisava tomar banho com muito mais frequência do que estava tomando. De fato, Eddie tinha pouca serventia para os lojistas da cidade, os quais costumavam menosprezar os "caipiras" da zona rural. James Severns, por exemplo, o proprietário da barbearia de Plainfield, olhava para Eddie com um desdém indisfarçado. Aos olhos do barbeiro, o homenzinho com barba grisalha e corte de cabelo caseiro e irregular era uma visão lamentável, uma "coisa imunda".

Para quem teve a oportunidade de passar pela propriedade de Eddie, era evidente que a aparência da fazenda Gein também sofrera um declínio acentuado desde a morte de Augusta. Após ficar sozinho, Eddie simplesmente parou de cuidar do lugar. O jardim da frente estava coberto de ervas daninhas e as pastagens se transformavam em mato. As cabeças de gado restantes foram vendidas por Eddie para pagar o funeral da mãe. Peças de equipamentos agrícolas não utilizados — cultivador, máquina de debulha e distribuidor de esterco — foram deixadas para enferrujar no celeiro.

As necessidades de Eddie eram tão mínimas que ele conseguiu se sustentar arrendando alguns hectares de terra para fazendeiros vizinhos e realizando trabalhos braçais. Durante algum tempo, ele trabalhou para o município, removendo arbustos das margens das estradas durante o verão e neve durante o inverno. Como suas terras estavam em pousio, ele também tinha direito a um pequeno subsídio governamental concedido através de um programa estatal de conservação do solo.

Embora alguns moradores da cidade vissem a negligência de Eddie para com a fazenda um sinal de indolência, a maioria dos vizinhos o considerava alguém de mãos capazes e trabalhador. Quando chegava a época da debulha, Eddie era contratado com frequência para integrar a equipe. Apesar da aparência frágil, ele tinha força e resistência resultantes de uma vida inteira de trabalhos braçais. Floyd Reid, que trabalhou muitas vezes ao lado de Eddie em equipes de debulha e na serraria local, era um dos que considerava Gein "a pessoa mais confiável do condado". Ao contrário de outros homens, Eddie nunca falava palavrões ou conversava fora de hora. Ele sempre foi quieto e bem-educado.

Um exemplo é como ele se comportava durante as refeições. Quando um fazendeiro reunia uma equipe de debulha para ajudar na colheita, era responsabilidade da esposa fornecer aos trabalhadores uma boa refeição ao meio-dia: carne assada, feijões cozidos, purê de batata, picles, condimentos, pãezinhos quentes, manteiga fresca, queijo cottage caseiro, geleias, compotas e diversas tortas e bolos de frutas, tudo regado com leite fresco, chá gelado ou um café forte e fumegante. Enquanto os homens entravam na casa pela porta da cozinha, sacudindo a poeira das pesadas jardineiras ou limpando o rosto com os lenços vermelhos desbotados que mantinham amarrados no pescoço, Eddie ficava esperando, aguardando até que o último integrante da equipe estivesse sentado para então encontrar um lugar para si.

Muitas vezes, quando a refeição terminava e todos os homens tinham saído para deitar um pouco na grama, relaxar e fumar, Eddie permanecia à mesa, com o olhar fixo na esposa e nas filhas do fazendeiro enquanto elas realizavam as tarefas na cozinha. Muitas dessas mulheres — até mesmo as mais novas — se sentiam um pouco desconcertadas pela forma como Eddie ficava sentado as examinando, os lábios torcidos naquele sorriso estranho e lascivo. No entanto, elas também não podiam deixar de sentir um pouco de pena. A vida dele era terrivelmente solitária. E ele nunca pareceu querer lhes fazer mal ou desrespeitá-las com seus olhares. Na verdade, se uma das moças olhasse de volta, ele pularia da cadeira na mesma hora e levaria seu prato, talheres e copo para a pia, uma cortesia que nenhum dos outros homens jamais achou adequado fazer. Na época do Natal, algumas esposas de fazendeiros, comovidas pela educação de Eddie e pela terrível solidão de sua existência, resolviam assar uma fornada extra de biscoitos natalinos para o solteirão desamparado e entregá-los em pessoa na casa dele.

Contudo, poucos fazendeiros compartilhavam da visão sentimental que suas esposas tinham de Eddie. Embora de fato o considerassem um trabalhador bastante capaz, alguns dos homens o tratavam como um pateta, a vítima perfeita para uma pegadinha. Em geral, após a colheita do dia ter sido realizada, a equipe relaxava com um barril de cerveja gelada. Em algumas ocasiões, um dos rapazes entregava a Eddie uma garrafa preenchida até a metade com conhaque. Sem perceber a diferença, ele bebia depressa, e em instantes, sua pálpebra caída ficava ainda mais caída.

Depois houve a vez em que alguém plantou uma bomba de fumaça sob o capô da picape de Eddie. Mesmo os homens que não aprovavam tais atitudes infantis — homens como Floyd Reid, que sentia pena de Gein e considerava seu comportamento estranho uma consequência inevitável de sua criação triste e desfavorecida — não conseguiram deixar de sorrir ao ver a expressão no rosto de Eddie quando ele saiu cambaleando do veículo logo após a bomba de fumaça explodir.

Apesar de toda a energia que demonstrava no trabalho, havia algo visível e desagradavelmente feminino a respeito do solteirão pequeno e tímido — "atuação fraca", como chamava Gyle Elis, enquanto Oto Frank tinha a tendência a pensar em Eddie como "outro Casper Milquetoast".* Eddie afirmava, por exemplo, ter aversão a sangue — embora costumasse caçar coelhos e esquilos na companhia de Bob Hill e outros rapazes locais com quem tinha feito amizade — e declarava que nunca mataria um veado porque não suportaria vê-lo sendo eviscerado.

A declarada aversão de Eddie ao derramamento de sangue era peculiar não apenas porque ele havia passado a maior parte da vida em uma fazenda, onde o abate de animais era uma parte comum da existência, mas também porque ele parecia bastante preocupado com a violência. Eddie era um leitor voraz e tinha uma afeição especial por revistas de crimes reais, daquelas de capas sinistras com garotas seminuas sendo atacadas por homens musculosos com sobretudos e máscaras de couro preto. Eddie não se cansava dessas publicações e sempre contava, para quem quisesse ouvir, sobre alguma morte especialmente picante movida à luxúria que acabara de ler na última edição da *Inside Crime* ou da *Startling Detective*. Assassinato era um de seus assuntos favoritos em uma conversa. Na companhia de homens, também

* Personagem criado por H.T. Webster em 1925 para sua tira de quadrinhos *The Timid Soul*. Com o tempo, o personagem se tornou um símbolo cultural e passou a ser usado para descrever pessoas muito tímidas, medrosas e submissas.

tendia a falar de mulheres, embora seus comentários — como Irene Hill estava fofa ou como Bernice Worden tinha se tornado "bonita e rechonchuda" — parecessem mais declarações de um garoto do que respostas de um homem de 40 anos.

É claro que Eddie não era encontrado na companhia de homens com muita frequência. Embora as pessoas com quem entrou em contato — fazendeiros, donas de casa e comerciantes de Plainfield — não conseguissem perceber, no início da década de 1950, Eddie estava se afastando por completo da sociedade, da realidade e da própria sanidade. Cada vez mais seu tempo era passado na escuridão de sua casa decadente. Antes, ele passava algum tempo na sorveteria de Plainfield de vez em quando ou em alguma grande pista de patinação coberta na cidade vizinha de Hancock. Com o passar do tempo, se não fosse para realizar aqui e ali algum trabalho ou tarefa, era raro que fosse a qualquer lugar. Na verdade, parecia existir apenas um estabelecimento na área que ele continuava a visitar com certa regularidade: a taverna de Mary Hogan.

Situado na pequena cidade de Pine Grove, a cerca de onze quilômetros de Plainfield, o estabelecimento de Hogan era um lugar de aparência estranha. Construído com blocos de concreto e um telhado semicilíndrico feito de metal corrugado, o edifício parecia mais um depósito, coroado com um letreiro da cerveja Blatz, do que uma taverna à beira da estrada.

Tendo sido criado por um pai abusivo e alcoólico junto de uma mãe moralista e fanática que via a bebida como algo apenas um pouco menos desprezível do que o sexo, Eddie não era muito de beber. No entanto, de vez em quando, ele desfrutava de uma cerveja. Porém, seu verdadeiro motivo para visitar o estabelecimento de Mary Hogan não era para beber ou socializar — ele poderia cumprir esses objetivos em diversas tavernas mais próximas de casa —, mas para observar a proprietária. Eddie estava fascinado por ela.

Uma mulher de meia-idade formidável, que pesava quase noventa quilos e falava com um forte sotaque alemão, Mary Hogan tinha — pelo menos aos olhos de Eddie — uma semelhança inconfundível com a própria mãe dele. O que a tornava tão fascinante, porém, não eram apenas as semelhanças, mas, ainda mais, as diferenças gritantes entre as duas. Augusta havia sido uma santa na Terra, a mulher mais pura e devota do mundo. Hogan, por outro lado, era uma taberneira boca-suja com um passado suspeito e até sinistro. Poucos fatos são conhecidos sobre ela, mas, segundo rumores, Hogan se divorciara duas vezes, tinha conexões com a máfia (ela havia se mudado de Chicago para a zona rural de Wisconsin alguns anos antes) e até possuía a reputação de ter sido uma cafetina na cidade grande. Para Eddie, ela era como uma espécie de imagem perversa e espelhada de Augusta, sua maldade sendo proporcional à bondade da mãe dele.

Pensar nas duas juntas dessa forma deixava Eddie tonto. Como Deus poderia ter permitido que sua mãe definhasse e morresse, enquanto deixava que uma criatura como Hogan vivesse? Ele não conseguia entender.

No entanto, uma coisa era certa. Deus não poderia permitir que tal injustiça gritante continuasse por muito tempo. No fundo, Eddie sabia que isso era verdade.

7
NOITE ADENTRO

"O vínculo entre mãe e filho com frequência está além da compreensão: uma leve e inesperada agitação no berçário do bebê pode despertá-la do sono mais profundo, quase um sexto sentido que alerta para o perigo iminente de seu pequeno. Mas será que a sensação de perigo termina com o que é considerado pela maioria como a morte? Ou será que uma mãe pode se comunicar com o filho mesmo quando se encontra no túmulo?"
Beth Scott e Michael Norman, *Haunted Heartland*
[Meio-Oeste Assombrado]

É o fim da tarde de um dia chuvoso de outono, vários anos após a morte de Augusta Gein. Seu filho solteiro, agora com quarenta e poucos anos, acaba de voltar para casa após passar o dia realizando um serviço para os vizinhos, Lester e Irene Hill, proprietários de uma pequena loja de conveniência em West Plainfield. Os Hill compram suas provisões em um armazém em Wisconsin Rapids, a cerca de trinta quilômetros de Plainfield, e Eddie, que não tem muito o que fazer com seu tempo, com frequência se voluntaria para fazer a viagem até a cidade quando os Hill estão ocupados demais para buscar seus suprimentos.

Uma rajada de vento frio sopra a chuva no rosto áspero de Eddie enquanto ele atravessa a varanda irregular dos fundos de casa, as tábuas deformadas e desgastadas pelo tempo rangendo sob seus pés. Ele abre a porta da cozinha externa, úmida e sem luz, deixando os olhos azuis lacrimejantes se acostumarem com a escuridão. Por um momento, ouve os ratos à medida que eles correm para os cantos. Acima de sua cabeça, teias de aranhas trepidam na escuridão entre o teto e as vigas. Nada mais neste lugar se movimenta. Além dos roedores e das aranhas, Eddie se encontra sozinho.

Movendo-se com cuidado pelo chão cheio de entulho — com caixas de lixo doméstico em decomposição, pilhas de sacos apodrecidos de ração e alguns colchões malcheirosos e mofados —, ele vai até a porta pesada de madeira localizada na parede oposta, entra na cozinha e acende com um fósforo a lamparina sobre a mesa. O objeto ganha vida sob a janela da cozinha, ficando claramente visível atrás de uma cortina tão puída e esfarrapada que mais parece transparente. Eddie olha para as janelas, mas o vidro está coberto por uma camada tão grossa de sujeira que não produz nenhum reflexo.

Está frio dentro da casa, e Eddie continua com a jaqueta xadrez de flanela e o boné de caçador enquanto prepara sua refeição da noite. Jogando alguns gravetos de lenha no antigo fogão, ele acende uma pequena chama, grande o suficiente para aquecer seu jantar habitual composto de carne de porco e feijões. Não há necessidade de uma panela. Eddie simplesmente abre a lata e a coloca no fogão.

Enfiando a mão na boca, ele remove o pedaço úmido de chiclete que estava mascando e com cuidado o adiciona à sua coleção, a qual guarda em uma lata de café Maxwell House, situada em uma prateleira junto de seus outros tesouros cobertos por poeira. Uma máscara de gás. Vários frascos de remédio usados. Três rádios antigos (mas ainda funcionando, embora de uso limitado em uma casa sem eletricidade). Uma caixa cheia de apitos de plástico, aviões de brinquedo e outros brindes oriundos de cereais. Uma bola de borracha em decomposição. Dois conjuntos de dentaduras amareladas. Uma bacia cheia de areia. Suas tigelas especiais feitas à mão.

Eddie enfia o dedo nos feijões e, satisfeito com a temperatura, despeja-os em uma das tigelas. Ele vasculha a confusão de utensílios sujos na pia e pega uma colher. Então, levando a colher e a tigela em uma das mãos e a lamparina na outra, ele sai da cozinha.

O chão está tão cheio de lixo — restos de comida, excremento de roedores, trapos encardidos, latas de comida e recipientes de aveia vazios, caixas de papelão lotadas de revistas criminais, um saco de gesso meio vazio, uma túnica de pele de cavalo enrijecida e infestada de insetos — que até mesmo durante o dia Eddie não consegue transitar com facilidade. Agora, no tênue círculo de luz emitido pela lamparina, ele não consegue deixar de pisar em uma pilha de cinzas ou bater as canelas em um balde de metal enferrujado cheio de pedaços de barbante, roupas de criança esfarrapadas e cacos de porcelana quebrada.

À medida que ele atravessa a cozinha, sua sombra percorre os itens que havia pregado em uma das paredes sujas e descascadas. Uma dúzia de calendários promocionais, alguns datados da década de 1930. Um retrorrefletor de automóvel com a inscrição "Acidentes acabam com a diversão". Um cartão da companhia telefônica onde se lê "Em caso de incêndio, ligue para 505", o serviço de emergência. (Eddie não possui telefone.)

Então, passando por baixo de um par de chifres de veado, uma ferradura enferrujada e uma guirlanda de Natal seca, todos amontoados na porta e repletos de teias de aranha, ele entra em seu quarto.

Esse é o único outro cômodo da casa em que Eddie entra. Para além dele, fica o Lugar Sagrado, isolado por Eddie anos antes. O andar de cima é visitado apenas uma vez ou outra por um esquilo que desce pela chaminé.

Eddie coloca a lamparina e a tigela feita à mão em um caixote de madeira. A parte inferior do móvel é tão irregular (Eddie até tentou lixar algumas saliências, mas obteve sucesso limitado) que a tigela ameaça tombar e Eddie leva um momento para equilibrá-la no topo. Então, pegando alguns gravetos do chão, ele acende o fogo no antigo forno à lenha perto da cama.

O quarto, como se isso fosse possível, é ainda mais sujo do que a cozinha: um caos de latas de alimento descartadas, caixas vazias, jornais amassados, ferramentas manuais corroídas, instrumentos musicais antigos (incluindo um acordeão quebrado e um violino sem cordas) e uma pilha de quase um metro de macacões esfarrapados. Um varal cheio de lenços sujos está pendurado acima da cama de ferro de Eddie. Em meio à desordem e imundice, os únicos objetos que parecem ter sido tratados com cuidado são as armas de fogo de Eddie: dois rifles calibre .22, uma pistola calibre .22, uma Mauser de 7,65 milímetros e uma espingarda calibre .12.

Lá fora, a chuva parou de cair, entretanto, por mais que a lua cheia tenha surgido por trás das nuvens, nenhuma luz entra no cômodo. Ambas as janelas foram forradas com papel alcatroado.

Sentando-se no colchão irregular e manchado de gordura, Eddie vasculha uma pilha de livros e periódicos que estão a seus pés e seleciona a leitura da noite: uma revista pulp intitulada *Man's Action*, cuja capa traz a pintura sinistra de uma loira de seios incrivelmente fartos, vestida com um uniforme da Gestapo, dando chicotadas nas costas nuas de um prisioneiro de campo de concentração. Eddie então pega a comida, dá uma colherada na mistura viscosa, abre a revista no colo e começa a ler.

Nos últimos tempos, ele tem estudado relatos das barbáries nazistas e, esta noite, enquanto dá colheradas no jantar, Eddie se debruça sobre uma história que relata em detalhes as atrocidades cometidas por Ilse Koch, a infame "Bruxa de Buchenwald", acusada de colecionar cabeças humanas e utilizar a pele tatuada das vítimas em abajures e encadernações de livros. Ele também gosta de ler sobre os feitos de Irma Grese, a carcereira da SS de 19 anos e aparência angelical, que usava uma jaqueta azul-celeste combinando com a cor de seus olhos, mantinha um chicote preso em uma das botas e cumpria sua função principal com zelo e prazer incomuns: selecionar mulheres e crianças debilitadas para extermínio nos campos de concentração de Auschwitz e Belsen.

Os gostos de Eddie, é claro, não se limitam às histórias de terror do nazismo. Ele possui um carinho especial pelas histórias de aventura dos Mares do Sul, em especial as relacionadas a canibais e caçadores. Há pouco tempo, Eddie encontrou uma narrativa supostamente verídica que não saía de sua cabeça. Era sobre um homem que assassinou um conhecido rico e escapou em sua embarcação, apenas para naufragar em uma ilha da Polinésia, onde foi capturado, torturado e esfolado pelos nativos. Eddie se interessava em particular pela descrição explícita do processo utilizado para encolher e preservar a cabeça da vítima, embora também tenha apreciado a parte sobre o tambor, feito com a pele do abdômen do morto, a qual foi esticada sobre uma cabaça oca.

Histórias sobre exumações também estão entre as favoritas de Eddie. Ele leu tudo que conseguiu encontrar sobre os "ressurreicionistas" ou "ladrões de corpos" ingleses, que vendiam cadáveres às escolas de anatomia do século XIX. Outra história ambientada na Grã-Bretanha do século XIX, sobre um clube de jovens aristocratas depravados que desenterravam cadáveres de belas mulheres e os submetiam a ações indescritíveis, deixou uma marca igualmente duradoura na vida de fantasia de Eddie.

Nos últimos tempos, a imaginação de Eddie tem sido estimulada por uma história surpreendente que vem se desdobrando em jornais e semanários de todo o país. Um ex-soldado norte-americano, um jovem bonito da cidade de Nova York, viajou para a Dinamarca e passou por uma operação que o transformou em uma mulher. Eddie estava fascinado por essa história. Desde a infância, ele com frequência sonhava em se tornar uma menina e imaginava como seria ter órgãos sexuais femininos em vez de um pênis. Durante muito tempo, é claro, seu conceito de órgãos sexuais femininos foi bastante impreciso, baseado por completo em uma ilustração rudimentar de órgãos reprodutivos encontrados em um livro de medicina que havia comprado em Wisconsin Rapids. No entanto, recentemente, ele pôde estudar em primeira mão as partes íntimas de diversas mulheres. Enquanto Eddie reflete sobre essas experiências maravilhosamente íntimas e emocionantes, a expressão em seu rosto é uma mistura perfeita de perversidade e satisfação.

Quando Eddie não consegue encontrar um artigo interessante sobre canibalismo, roubo de túmulos, crimes de guerra nazistas ou mutilação sexual, ele recorre aos jornais locais para se divertir — em especial, o *Wisconsin Rapids Daily Tribune* e o *Plainfield Sun* —, pesquisando em suas páginas histórias sobre assassinatos, acidentes de carro, suicídios ou desaparecimentos inexplicáveis.

Há ainda outro tipo de notícia que ele analisa com muito cuidado e satisfação.

Eddie sempre faz questão de ler e, em alguns casos, arrancar as páginas e guardar os obituários.

Depois de raspar as sobras de carne de porco e feijões do interior da tigela, Eddie deixa a revista cair no chão e olha para seus troféus pendurados na parede oposta. A presença deles o conforta um pouco. Ainda assim, está se sentindo muito sozinho esta noite. Sente falta da mãe.

Ele fecha os olhos e tenta escutá-la. Em diversas ocasiões desde a morte dela, Eddie ouviu com bastante clareza a voz de Augusta lhe dizendo para ser bom. Mas, esta noite, ele escuta apenas o barulho dos galhos ao vento e dos ratos correndo pelo chão da cozinha.

A vida em Plainfield tem sido dolorosamente vazia para Eddie desde que a mãe foi tirada dele. Ele sente raiva e fica ressentido com os vizinhos, os quais retribuem sua bondade com crueldade e trapaças: zombam dele, enganam-no na hora de pagar o salário, pegam seu equipamento emprestado e nunca lhe devolvem. É claro que há exceções. Algumas mulheres em particular, como Irene Hill, às vezes lhe tratam bem, oferecendo-lhe uma refeição e deixando-o se sentar um pouco na sala de estar com a família para assistir Red Skelton* na televisão. Mas, na maior parte do tempo, Eddie se sente sem amigos e amargamente sozinho.

Aliás, durante algum tempo após a morte da mãe, ele pensou seriamente em vender a fazenda e ir para o mais longe possível. Não tinha mais vontade de trabalhar no local. Pensou em deixar o terreno se reflorestar sozinho, conseguir todo o dinheiro que pudesse com isso e se mudar para uma parte diferente do país, talvez até mesmo uma parte diferente do mundo. Mas, no final, não teve a energia nem a vontade para fazer qualquer uma dessas coisas.

Desde que ela se foi, nada parece real para Eddie. Muitas vezes, ele se sente como se estivesse vivendo um sonho.

Ele, de fato, teve uma série de experiências estranhas nos últimos anos: vendo, ouvindo e até cheirando coisas tão peculiares que às vezes pensa que andou imaginando tudo isso. Como na primavera passada, quando estava caçando esquilos em sua propriedade. De repente, Eddie teve a forte sensação de que alguém — ou alguma coisa

* Um dos mais populares e influentes comediantes dos Estados Unidos, Red Skelton ficou conhecido por sua comédia física, personagens memoráveis e pantomima. Entre 1951 e 1971, apresentou o *The Red Skelton Show* na televisão.

— o observava. Quando olhou para as árvores, todas as folhas haviam desaparecido e, curvado em cada galho havia um urubu preto, com o pescoço flácido, que o encarava com olhos vermelhos.

Em outra ocasião, enquanto caminhava pelo campo, Eddie olhou para uma pilha de folhas amarelas e enxergou um monte de rostos humanos espiando através dela. Eles sorriram com maldade para ele que, ao se virar e sair correndo, pôde escutar suas risadas zombeteiras.

E então há o miasma que sobe do chão e enche suas narinas com um fedor estonteante.

Eddie fica absolutamente imóvel e tenta visualizar o rosto da mãe. Por alguma razão, não consegue se lembrar de como ela era quando mais jovem. Agora, sempre que pensa em Augusta, ele a imagina como a viu pela última vez, no caixão.

Por muito tempo, esteve convencido de que poderia recuperá-la, de que a força de vontade da mãe era o suficiente para ressuscitá-la do túmulo. Em diversas noites, enquanto o restante do mundo dormia, ele dirigiu até o cemitério de Plainfield e tentou fazer isso. Mas seus esforços não obtiveram sucesso.

Existiam as outras, é claro: as mulheres que haviam se tornado uma parte tão importante de sua vida. No entanto, elas não eram substitutas à altura de sua mãe.

Estendido em seu colchão surrado e desarrumado, ele sabe o que está por vir. Quando a sensação o atinge, seu corpo inteiro começa a tremer e ele tem dificuldade para recuperar o fôlego.

Ele pula da cama e sai correndo da casa da fazenda.

Lá fora, a chuva deixou um aroma limpo, quase primaveril no ar. Mas não é isso que Eddie cheira.

Nesse momento, ele mal consegue se controlar, tão poderoso é seu desejo. É claro que já faz muito tempo desde sua última visita.

As pequenas cidades do Centro-Oeste não são famosas por sua vida noturna, mas Eddie conhece pelo menos três lugares próximos onde as mulheres estão sempre disponíveis e esperando.

Ele entra em sua picape e sai pela noite.

8

PESSOAS DESAPARECIDAS

"O que aconteceu com Mary Hogan?"
Manchete do *Plainfield Sun*

Durante um período de dez anos, iniciado no final dos anos 1940, as autoridades policiais de Wisconsin ficaram desconcertadas a respeito de alguns misteriosos desaparecimentos.

Uma menina de 8 anos chamada Georgia Weckler foi a primeira. Em uma tarde ensolarada de quinta-feira, no dia 1º de maio de 1947, a pequena Georgia recebeu uma carona, sendo levada da escola primária em Jefferson, Wisconsin, até sua casa por uma vizinha, a sra. Carl Floerke, que a deixou na estrada vicinal de oitocentos metros que ligava a Highway 12 à fazenda Weckler. A sra. Floerke observou quando a menina parou na beira da estrada para abrir a caixa de correio da família e retirar uma pilha de correspondência. Então Georgia deu um último aceno para se despedir da sra. Floerke e pegou o caminho em direção à casa.

Ela nunca mais foi vista.

Ao anoitecer, quando a menina não apareceu em casa, os policiais locais foram chamados e logo deram início a uma busca que durou toda a noite e se mostrou infrutífera. Na sexta-feira, centenas de moradores da área se juntaram às buscas, vasculhando 25 quilômetros quadrados da área rural sem encontrar um único vestígio da menina desaparecida. Fazendeiros e comerciantes de todo o condado também contribuíram com mais de 8 mil dólares como recompensa por qualquer informação que levasse à recuperação da menina Weckler.

A única pista para seu desaparecimento era um sedã preto da Ford, visto saindo da estrada vicinal dos Weckler logo após a sra. Floerke ter deixado Georgia na altura da caixa de correio. O xerife George Perry, da cidade de Jefferson, descobriu profundos sulcos no cascalho, claramente causados pela rápida rotação dos pneus do automóvel, o que indicava que o Ford havia fugido com pressa.

Na segunda-feira à noite, o pai de Georgia — um respeitado membro da comunidade que havia servido como tesoureiro da cidade — foi à rádio apelar pela libertação da filha. No entanto, quando uma semana se passou sem uma palavra dos sequestradores, os pais e vizinhos de Georgia só puderam presumir o pior. Como dizia a matéria principal da edição de 8 de maio de 1947 do *Jefferson Banner*: "A falta de qualquer esforço por parte dos sequestradores para entrar em contato com os pais deu origem a temores de que seu desaparecimento possa ter sido obra de uma mente pervertida".

O mesmo tipo de mente voltou a entrar em ação no caso de uma bela adolescente chamada Evelyn Hartley, filha de um professor de biologia da Faculdade Estadual de Wisconsin, em La Crosse. Com 15 anos, Evelyn era uma aluna exemplar na Central High School e de vez em quando trabalhava como babá para amigos da família. Às 18h30 da tarde de um sábado, dia 24 de outubro de 1953, ela chegou à casa do colega de seu pai, o professor Viggo Rasmussen, para cuidar de Janis, a filha de 20 meses dos Rasmussen, enquanto os pais compareciam ao jogo de boas-vindas da faculdade.

Evelyn trabalhava como babá havia apenas um ano e tinha o costume de conversar com os pais por telefone em algum momento da noite. Contudo, na noite em questão, eles não tiveram nenhum sinal dela. Pouco antes das nove, Richard Hartley pegou o telefone e tentou contatar a filha. Ela não respondeu. Preocupado, ele dirigiu depressa os dois quilômetros e meio que separavam sua casa da residência dos

Rasmussen e bateu na porta. Outra vez, nenhuma resposta. Olhando através de uma janela, ele avistou os óculos da filha e um de seus mocassins de lona caídos no meio do chão da sala.

A essa altura, sua preocupação se transformara em desespero. Ele procurou uma maneira de entrar, mas as portas e janelas do primeiro andar estavam todas trancadas. Então, Hartley avistou uma janela aberta no porão. Foi assim que também viu outra coisa: pegadas embaixo da janela. E manchas de sangue se afastando da casa.

Hartley rastejou pela janela e encontrou o outro sapato da filha caído no chão do porão. No andar de cima, na sala de estar, os tapetes estavam desarrumados, como se tivessem sido mexidos durante uma briga. Hartley logo avisou a polícia.

Durante a busca que se seguiu, a polícia e os agentes do xerife descobriram mais sangue no gramado, assim como várias outras manchas do mesmo fluido, incluindo uma impressão da palma da mão na casa de um vizinho. Cães de caça foram trazidos para seguir o rastro que levava para longe da janela do porão, mas os cães perderam o cheiro a cerca de dois quarteirões de distância. Pelo visto, a menina havia sido forçada a entrar em um carro naquele local.

Pelas poucas evidências que conseguiram reunir, a polícia teorizou que Evelyn tinha ouvido um barulho no porão e foi até o topo da escada para investigar. Ao ver o intruso subindo, ela se virou e tentou fugir. Havia indícios de que ela havia conseguido chegar à porta da frente quando foi alcançada. Os vizinhos relataram ter ouvido um único grito por volta de 19h15, mas na hora não deram muita importância, presumindo ser apenas o som de crianças brincando.

Como no caso Weckler, não se teve nenhuma palavra do sequestrador. O delegado, George Long, relatou aos repórteres naquela noite que acreditava que a menina havia sido sequestrada. "Mas não com o objetivo", acrescentou ele, sinistro, "de pedir o resgate."

Nos dias seguintes, foram conduzidas buscas massivas; "a varredura mais intensa" já realizada na região, de acordo com o delegado Long. Pelo menos mil voluntários, entre eles agricultores, membros de organizações de veteranos, escoteiros, grupos religiosos, estudantes e professores da Faculdade de Wisconsin, se juntaram aos agentes da lei em uma busca por um raio oitenta quilômetros que se estendeu até o estado de Minessota. Patrulhas fluviais dragaram os cursos d'água, um helicóptero da Força Aérea vasculhou falésias e bosques, assim como cada pântano, desfiladeiro, aqueduto e caverna foi explorado.

Na terça-feira, o paradeiro de Evelyn permanecia um mistério, embora os investigadores tivessem localizado diversas evidências que pareciam confirmar as suspeitas do delegado. Duas peças de roupa íntima manchadas de sangue — uma calcinha branca e um sutiã idênticos aos usados pela vítima — foram encontrados perto da Highway 14, a cerca de três quilômetros ao sudeste de La Crosse. Cerca de seis quilômetros ao sul, perto de um lugar chamado Sportsview Inn, a polícia encontrou calças masculinas manchadas de sangue.

Na noite de terça-feira, o sr. Hartley fez um apelo emocionado pelo retorno da filha. A esposa, com os lábios apertados e olhos cheios de lágrimas, recusou-se a falar com os repórteres. "Respondi a todas as perguntas que pude", disse ela aos jornalistas. "Não quero mais pensar nisso. É terrível. É quase insuportável." Enquanto isso, as equipes de buscas começaram a usar varas longas para explorar os montes de terra macia localizados nos campos ao redor da casa dos Rasmussen. Nessa altura, como relatou o *Milwaukee Journal*, "todos os indícios eram de que a busca estava direcionada para encontrar um cadáver".

Mas o corpo nunca foi encontrado.

Mais três pessoas desapareceram nesse período. Enquanto os raptos de Weckler e Hartley foram cometidos a mais de 160 quilômetros de distância um do outro, esses outros três desaparecimentos ocorreram na mesma vizinhança.

Todos eles aconteceram ao redor de Plainfield.

Em 1º de novembro de 1952, um fazendeiro de 43 anos chamado Victor Travis, conhecido como "Bunk" e residente do Condado de Adams, a oeste de Plainfield, despediu-se da esposa e foi caçar cervos na companhia de um conhecido de Milwaukee chamado Ray Burgess. Em algum momento no final da tarde, os dois pararam para beber algumas no Mac's Bar em Plainfield, onde permaneceram bebendo e conversando por várias horas. Por volta de 19h, os dois saíram do bar, entraram no carro de Burgess e foram embora.

Essa foi a última vez em que foram vistos. Os dois caçadores, além do carro que Burgess dirigia, simplesmente desapareceram. Um mês depois, os policiais locais ainda procuravam os dois homens, mas sem muita esperança de encontrá-los.

"O que aconteceu com Travis?", questionou o editor do jornal do condado, o *Waushara Argus*. "Por que ele deixaria sua jovem e linda esposa, com quem se casou há dois meses, ou sua mãe, sem dizer a ela que não pretendia voltar dentro de poucas horas? Essas perguntas estão mexendo com a imaginação dos habitantes do Condado de Adams, o qual possui milhares de hectares de natureza intocada. Uma região selvagem que raramente é percorrida, a não ser de forma limitada durante a temporada de caça aos cervos.

"É uma terra selvagem", concluía o artigo. "Uma terra que pode esconder a violência por anos e talvez nunca revelar seu segredo."

De certa forma, o último desaparecimento também foi o mais difícil de explicar. Afinal, o rapto de crianças por psicopatas desconhecidos é o pior pesadelo de todos os pais, sendo uma ocorrência comum o suficiente para se tornar um medo legítimo. Também se sabe que caçadores armados até os dentes que passam boa parte da tarde bebendo cerveja em uma taverna antes de se aventurarem de volta à floresta são conhecidos por terem finais trágicos.

Porém, para o povo de Plainfield, o desparecimento de Mary Hogan — a taberneira de noventa quilos, boca-suja e passado misterioso — parecia especialmente desconcertante. E sinistro.

Quando um fazendeiro do Condado de Portage chamado Seymour Lester entrou na taverna de Mary Hogan na tarde de quarta-feira, 8 de dezembro de 1954, ele ficou impressionado na mesma hora ao ver como o lugar parecia silencioso e vazio. Então o homem notou a poça de sangue no chão. Correndo pela estrada até a fazenda mais próxima, ele primeiro telefonou para Villas Waterman, presidente do conselho municipal de Pine Grove, e depois notificou o gabinete do xerife da cidade de Stevens Point.

Em pouco tempo, Waterman e o xerife Harold S. Thompson, acompanhados de vários policiais, chegaram ao local e em um piscar de olhos viram que Hogan havia sido vítima de um crime violento. Um cartucho de calibre .32 usado estava no chão, próximo a uma grande mancha de sangue seco. A mancha estava estriada, como se um corpo tivesse sido arrastado por ela. Um rastro de sangue levava para o lado de fora da taverna, até uma área no estacionamento onde o corpo aparentava ter sido carregado em uma caminhonete.

Percebendo que precisava de mais ajuda, Thompson contatou o laboratório criminal estadual em Madison, cujos investigadores vasculharam o estabelecimento à procura de impressões digitais e outras pistas. Uma verificação de fazenda em fazenda foi feita em Portage e nos condados vizinhos, e um alerta foi transmitido à polícia de Chicago, antigo local de residência de Hogan. Mas as autoridades não conseguiram encontrar uma única pista.

Em 8 de dezembro de 1955, no aniversário do desaparecimento de Hogan, Ed Marolla, editor do jornal semanal de Plainfield, o *Sun*, publicou uma coluna na primeira página intitulada: "O que aconteceu com Mary Hogan?". Um ano depois, na edição de 15 de dezembro de 1956, ele ainda fazia a mesma pergunta:

> Após completar dois anos, um grande mistério cerca o desaparecimento de Mary Hogan, que aparentemente foi baleada e arrastada de sua taverna em Pine Grove no dia 8 de dezembro de 1954.
>
> Nada, absolutamente nada, veio à tona, e as questões relativas ao paradeiro do corpo de Mary Hogan continuam tão desconhecidas hoje como eram naquele sombrio dia de dezembro, quando um vizinho entrou na taverna e encontrou o estabelecimento estranhamente silencioso e manchas de sangue no chão. [...]
>
> Após o desaparecimento de Mary Hogan, uma série de crimes ocorreu na área de Almond, alguns quilômetros a leste, mas ao longo da mesma rodovia. Outros crimes foram cometidos em Wild Rose e Plainfield. Alguns deles foram em parte solucionados pelas confissões de um homem residente na cidade de Almond.

Contudo, no que diz respeito ao caso de Mary Hogan, ainda permanece um grande e sombrio mistério. Existem muitas especulações sobre o que aconteceu e as pessoas ainda conversam sobre Mary Hogan. Foi algo de seu passado que a alcançou? Ou foram apenas arruaceiros locais que perpetraram o crime?

O corpo de Mary Hogan foi levado e cremado em algum lugar, como algumas pessoas supõem, ou o corpo de Mary Hogan está apodrecendo em alguma cidade solitária da região de Pine Grove ou em algum túmulo nas redondezas?

As autoridades não sabem. Ninguém sabe, a não ser os próprios assassinos.

9

DECORAÇÃO MACABRA

"Wisconsin contém, se as histórias servem como indício, mais fantasmas por quilômetro quadrado do que qualquer outro estado do país."
Robert E. Gard e L. G. Sorden, *Wisconsin Lore* [Tradições de Wisconsin]

Entre os homens que às vezes empregavam Eddie Gein como trabalhador braçal, estava Elmo Ueeck, fazendeiro local e proprietário de uma serraria. Como muitos conhecidos de Eddie, Ueeck de vez em quando ridicularizava a relação do pequeno e dócil solteirão com as mulheres.

Um dia, pouco tempo depois do desaparecimento de Mary Hogan, Ueeck e Gein estavam batendo papo, quando a conversa se desviou — como acontecia com frequência em Plainfield naquela época — para o assunto da taberneira desaparecida.

"Eddie", disse Ueeck. "Se você tivesse passado mais tempo cortejando a Mary, ela estaria cozinhando para você em vez de estar desaparecida."

Ueeck nunca esqueceria a resposta de Eddie. Como ele lembrou anos mais tarde, Eddie "revirou os olhos e mexeu o nariz tal qual um cachorro farejando um gambá". Então ele sorriu e disse: "Ela não está desparecida. Está em casa agora".

Vindo de qualquer outra pessoa, tal comentário poderia parecer questionável, até mesmo bastante suspeito. Mas Eddie sempre falava essas coisas malucas, então Ueeck não deu muita importância.

Ninguém que ouviu Eddie fazer o mesmo comentário deu muita importância. Eddie tinha se tornado cada vez mais recluso, mas toda vez que se encontrava na companhia de outros homens e a questão do paradeiro de Mary Hogan surgia, ele sempre contava a mesma piadinha estranha. "Ela está na fazenda agora", dizia Eddie, abrindo aquele sorriso inquietante que lhe era característico. "Eu a coloquei na minha picape e a levei para casa."

Os homens davam uma risada dissimulada ou balançavam a cabeça diante da tentativa esfarrapada de Eddie de ser engraçado.

Ninguém prestou muita atenção. Era o tipo de comentário estúpido que se esperaria de um esquisitão como Eddie Gein.

Foi nessa época que um estranho boato sobre Eddie começou a circular por Plainfield.

De acordo com alguns jovens locais, que afirmaram ter visto os objetos em questão com os próprios olhos, havia cabeças encolhidas na casa de Eddie Gein.

Bob Hill estava entre os que juraram ter visto as cabeças. Filho adolescente de Irene e Lester Hill, os comerciantes de West Plainfield, Bob era o mais próximo que Eddie tinha de um amigo. Bob caçava coelhos com o homem mais velho, acompanhava-o em sessões de cinema e em ocasionais jogos de beisebol do colégio, sendo um dos poucos indivíduos que já estivera dentro da residência escura e decrépita de Gein.

Foi em uma dessas visitas, declarou o adolescente, que Eddie trouxe e lhe mostrou duas cabeças humanas preservadas: coisinhas assustadoras, com pele coriácea, cabelos longos e emaranhados e órbitas oculares vazias. Quando Bob perguntou a Eddie de onde elas vieram, o homenzinho respondeu que eram autênticas cabeças encolhidas dos Mares do Sul, enviadas por um primo que havia lutado nas Filipinas durante a guerra.

Diversos outros jovens de Plainfield também viram as cabeças. Não muito longe da fazenda de Eddie vivia uma família com dois filhos: um adolescente e o irmão de 8 anos. De vez em quando, a dupla vinha fazer uma visita. Eddie e o menino mais velho jogavam cartas na cozinha, enquanto o menino de 8 anos se divertia com alguns dos objetos intrigantes espalhados pelo chão de Eddie.

Anos mais tarde, já um homem de meia-idade, o mais novo dos dois irmãos, contaria um episódio particularmente inquietante que ocorreu em uma dessas ocasiões. "As cartas não me fascinavam naquela época em particular, mas Eddie tinha outras coisas, como uma ferramenta que fazia furos no couro ou no papel. Eu passava meu tempo fazendo isso enquanto meu irmão e ele jogavam cartas.

"Em uma dessas ocasiões, quando estávamos lá, fiquei sem papel e perguntei a Eddie onde poderia conseguir mais. Ele me disse para ir ao quarto dele. Quando fui até lá, havia três cabeças penduradas na porta. Apenas as cabeças; os rostos estavam secos, e elas possuíam cabelos. Lembra aqueles filmes africanos com as cabeças encolhidas? Era isso que elas pareciam. Mas não encolhidas de verdade. Preciso dizer que elas eram do tamanho real de uma cabeça. Mas com pele, cabelo, todas essas coisas.

"Eu não falei nada. Quando estávamos voltando para casa, perguntei ao meu irmão o que poderiam ser aquelas cabeças e ele me disse que deveriam ser fantasias de Dia das Bruxas. E eu era jovem o suficiente para acreditar naquilo.

"Nunca perguntei a Eddie sobre isso. Mas, daquele momento em diante ou pouco tempo depois, Eddie não nos deixou mais entrar na casa."

Em uma cidade tão pequena e isolada como Plainfield, a fofoca se espalha como a gripe, e não demorou muito para que toda a comunidade tivesse escutado os relatos sobre os pertences peculiares de Ed Gein. Ainda assim, ninguém ficou especialmente perturbado ou mesmo surpreso com a história. Um conjunto de cabeças encolhidas como souvenir do Pacífico Sul era bem o tipo de item colecionável que se esperaria que alguém como Eddie Gein possuísse.

De fato, o boato sobre as cabeças de Eddie Gein tornou-se uma espécie de piada em Plainfield. Em algum momento durante esta época, Eddie teve a ideia de se mudar de sua antiga fazenda e abordou dois de seus vizinhos, Donald e Georgia Foster de West Plainfield, com uma proposta. De acordo com a sra. Foster, que mais tarde descreveu o episódio para os repórteres, "Ed apareceu e queria saber se gostaríamos de trocar nossa casa pela fazenda dele. Temos cerca de apenas meio hectare de terra aqui e achamos que valia a pena considerar a ideia, então fomos dar uma olhada na casa dele.

"Examinamos todos os cômodos, menos o quarto da frente e o cômodo à direita do que suponho ser originalmente a sala de jantar, mas que Ed usava como quarto e sala de estar. Ele mantinha a porta daquele quarto fechada. Disse que era apenas uma despensa velha e cheia de lixo.

"Não vimos nada que nos deixasse desconfiados. O lugar estava muito sujo e cheio de coisas empilhadas por todo o chão. Estava bem escuro também. Ele tinha aquelas cortinas velhas e sujas nas janelas, então não conseguíamos enxergar muito.

"As crianças sempre contavam histórias sobre ele ter cabeças encolhidas lá. Então, quando estávamos no andar de cima da casa, brinquei com Ed sobre isso. Apontei para um dos quartos e disse: 'É aí que você guarda suas cabeças encolhidas?'. Ele me lançou um olhar engraçado. Meu marido também me olhou e desejei não ter dito isso. Mas então Ed deu aquele sorrisinho dele e apontou para o outro cômodo.

"'Não' respondeu ele, 'elas estão neste outro quarto aqui.'

"As pessoas sempre brincavam com Ed sobre coisas assim."

Por inúmeros motivos — a crescente estranheza de Eddie, a história das cabeças encolhidas e a aparência cada vez mais decadente da propriedade —, a antiga fazenda Gein aos poucos desenvolveu entre as crianças de Plainfield a reputação de ser uma casa mal-assombrada.

Em especial ao anoitecer, quando a escuridão começava a se reunir em torno daquele lugar sombrio e solitário e a única luz que se via na casa de Eddie era o brilho lúgubre da lamparina por trás das cortinas apodrecidas da cozinha, era fácil acreditar que o mal de fato vivia dentro daquelas paredes. Roger Johnson, filho do vizinho mais próximo de Eddie, lembra bem como, ao voltar da casa de um amigo ao entardecer pela estrada que passava pela fazenda

Gein, ele "economizava toda a sua energia para os últimos cem metros" e depois "corria como nunca" até que estivesse bem longe daquela propriedade.

"Não é como se eu tivesse medo de Eddie", explicaria Roger mais tarde. "Eu tinha medo da casa."

Os adultos, é claro, ouviam esses medos e sorriam. Afinal de contas, toda cidadezinha nos Estados Unidos tem a própria casa mal-assombrada, algum lugar em ruínas, habitado por um velho inofensivo e excêntrico, transformado pela imaginação fértil das crianças da vizinhança em um monstro, um demônio ou um ogro de contos de fadas, o tipo de criatura que se esconde na escuridão de sua sala de estar, de facão em mãos, apenas esperando que uma criança desavisada bata na porta.

Mas todos os pais sabem que essa é apenas uma das muitas fantasias às quais as crianças são propensas. Na vida real, tais criaturas simplesmente não existem.

Uma coisa é certa: se os jovens vizinhos de Eddie ficavam assustados com a simples aparência da velha e sombria casa de fazenda, eles tiveram a sorte de não estarem por perto nas noites em que uma visão muito mais medonha podia ser vista em seu jardim: a figura do que parecia ser uma mulher idosa e nua, de cabelos grisalhos e duros, pele manchada, seios murchos e rosto cadavérico.

De fato, ao ver essa aparição grotesca, alguém poderia muito bem ter imaginado (caso soubesse da crença de Eddie no poder de sua vontade) que seus esforços para ressuscitar a mãe haviam sido enfim bem-sucedidos e que a criatura que saltitava de maneira obscena ao luar era a própria Augusta Gein, trazida de volta à vida.

Era uma visão que teria proporcionado uma vida inteira de pesadelos a qualquer um dos impressionáveis jovens vizinhos de Eddie. Poderia até mesmo ter convencido os pais deles de que as histórias sobre a casa de horrores de Eddie Gein eram muito mais do que meras fantasias infantis.

10

ENCONTRO MARCADO

"Nem a morte nem a prisão de mármore onde dorme meu amor
Manterão seu corpo afastado dos meus braços."
Anônimo, *The Second Maiden's Tragedy*
[A Tragédia da Segunda Donzela]

O nome dela é Eleanor Adams, de 51 anos. Esposa de Floyd Adams de Plainfield e mãe de dois filhos adultos, George e Barbara.

Essa noite, ainda que sua família não faça ideia, ela está sozinha com Eddie Gein.

Eddie a conhece de vista há muitos anos, embora nunca tenha trocado uma palavra com ela. Porém, nessa agradável noite de agosto, movido por aqueles impulsos desesperados que parecem vir de fora, tal qual os estímulos de um espírito maligno, ele foi buscá-la e a trouxe para sua remota e decadente fazenda.

Neste momento, ela está deitada no colchão sujo dele, as feições iluminadas pelo brilho sombrio da lamparina. Embora esteja cercada de souvenirs de outras conquistas de Eddie, Eleanor não tem como saber o que está prestes a acontecer com ela.

Eddie paira sobre a cama, admirando seu prêmio. Há algo na sra. Adams que sempre o lembrou de Augusta. Mas a excitação que cresce dentro dele enquanto olha para a mulher é diferente de tudo que já sentiu pela mãe.

Um arrepio de prazer percorre seu corpo quando começa a despi-la. A sra. Adams não oferece nenhuma resistência. Quando sua pele lisa é deixada à vista, ele levanta a lamparina e a move devagar por toda a extensão do corpo feminino dela.

Ele já ouviu outros homens se referirem às mulheres como "bonecas", e é exatamente desse jeito que Eddie enxerga a sra. Adams: como uma boneca. Mas só meninas brincam de boneca, reflete Eddie. O pensamento o faz sorrir.

Parado ao pé da cama, ele afasta as pernas da mulher e, com a lamparina em uma das mãos, se aproxima para enxergar melhor. De repente, ele recua, enojado pelo cheiro dela. A sra. Adams permanece absolutamente imóvel.

Em uma mesa próxima estão todos os instrumentos de Eddie. Ele pousa a lamparina, pega uma das ferramentas e então, voltando-se para sua convidada, inicia o trabalho.

Seu entusiasmo é tão intenso que faz suas mãos tremerem. No entanto, ele prossegue em um ritmo tranquilo. Não há necessidade de pressa. A noite apenas começou.

E a sra. Adams, como Eddie sabe por experiência própria, nunca fará falta.

Type or Print in Permanent Black Ink

FORM No. VS 12
100M REV. 1-78

STATE OF WISCONSIN
DEPARTMENT OF HEALTH AND SOCIAL SERV

ORIGINAL CERTIFICATE OF DE

Reserved for Coding

LOCAL FILE NUMBER 1537

DECEASED

1. DECEDENT NAME First: Edward Middle: Last: GEIN

4. RACE (e.g. White, Black, Hispanic, American Indian, etc.): White

5a. AGE Last Birthday (Years): 77

UNDER 1 YEAR: 5b. Mos. / Days — UNDER 1 DAY: 5c. Hours / Mins.

6. DATE OF BIRTH Month 8

Race 3

7. CITY, VILLAGE OR TOWNSHIP OF DEATH: Madison

7d. HOSPITAL OR OTHER INSTITUTION – Name (If none of th…): Mendota Mental

Institution

8. STATE OF BIRTH (If not in U.S.A., name country): Wisconsin

9. CITIZEN OF WHAT COUNTRY: USA

10. MARITAL STATUS: 1 Married, 2 Separated, 3 Divorced, 4 Never Married (X), 5 Widowed

11. SURVIV…

13. SOCIAL SECURITY NUMBER: 388-28-8860

14a. USUAL OCCUPATION (Give kind of work done during … life, even if retired): Farming Labor

Occupation

15a. RESIDENCE-STATE: Wisconsin

15b. COUNTY: Dane

15c. CITY, VILLAGE OR TOWNSHIP OF RESIDENCE: Madison

15d. INSIDE C… VILLAG… X Yes

Out of State Residence

PARENTS

16. FATHER-NAME First: George Middle: Last: Gein

17. MOTHER-MAID…

18a. INFORMANT-NAME (Type or Print): William N Belter

18b. MAILING ADDRESS Street or R.F.D.: P O Box 897

BURIAL

19a. 1 Burial (X), 2 Cremation, 3 Entombment, 4 Removal, 5 Other

19b. CEMETERY OR CREMATORY NAME: Plainfield Village

19c. LOCATION

20a. FUNERAL SERVICE LICENSEE Or Person Acting As Such, Signature: William H …

20b. NAME OF FACILITY: Gasperic F.H.

20c. ADDRESS P…

CERTIFICATION

To be Completed by CERTIFYING PHYSICIAN Only

21a. To the best of my knowledge death occurred at the time, date and place and due to the cause(s) stated.

Signature and Title: L. J. Ganser MD

21b. DATE SIGNED Month: 7 Day: 26 Year: 1984

21c. HOUR OF DEATH: 7:45 A.M.

21d. NAME OF ATTENDING PHYSICIAN IF OTHER THAN CERTIFIER (Type or Print)

To be Completed by MEDICAL EXAMINER or CORONER Only

22a. … time, …

Signature

DATE

22b. PRONO…

22d.

23. NAME AND ADDRESS OF CERTIFIER (PHYSICIAN, MEDICAL EXAMINER OR CORONER) (Type or Print): Leonard Ganser MD 308 Troy Dr…

REGISTRAR

24a. Signature: Carol R. Mehnke

CAUSE

25. PART I — Conditions if any which gave rise to Immediate Cause stating the underlying cause last

ENTER ONLY ONE CAUSE PER LINE FOR…

(a) IMMEDIATE CAUSE: Respiratory failure

(b) DUE TO, OR AS A CONSEQUENCE OF: Carcinomatosis

(c) DUE TO, OR AS A CONSEQUENCE OF: Carcinoma of Colon …

PART II — OTHER SIGNIFICANT CONDITIONS – Conditions contributing to death but not related to cause given in PAR…: Schizophrenic Disorder Chronic Dem…

Sample UCOD

Accident UCOD

National Safety Council Code

ACCIDENT

28a. 1 Accident, 2 Suicide, 3 Homicide, 4 Undet., 5 Pend. Invest.

28b. DATE OF INJURY Month Day Year

28c. HOUR OF INJURY M

28d. DESCRIBE HOW I…

28f. INJURY AT WORK: Yes / No

28g. PLACE OF INJURY At home, farm, street, factory, office building, etc. (Specify)

28h. LOCATION

PARTE III

O AÇOUGUEIRO DE PLAINFIELD

11
TEMPORADA DE CAÇA

"Era uma vez Ed, um sujeito solteirão,
Que não levava mulher para a cama, não.
Quando tinha vontade de brincar,
Cortava ao meio, sem se demorar.
E o resto pendurava no galpão."
Limerique popular, Wisconsin, por volta de 1958

O outono de 1957 foi um período difícil para os Estados Unidos, uma época de crise. No final de setembro, a nação foi abalada por tumultos raciais em Little Rock, no Arkansas, onde paraquedistas federais, a mando do presidente, entraram em confronto com uma multidão de caipiras empenhados em bloquear a integração das escolas públicas da cidade. Menos de duas semanas depois, o orgulho pós-guerra que os Estados Unidos tinham em sua supremacia militar e científica foi abalado pelo lançamento bem-sucedido do Sputnik-1, o primeiro satélite feito pelo homem a orbitar a Terra. Mais tarde, naquele mesmo outono, o país recebeu outra notícia chocante quando a Casa Branca anunciou que durante as cerimônias de boas-vindas a um dignitário visitante, o presidente Eisenhower sofrera um acidente vascular cerebral.

Foi um ano em que *singles* melosos como "Tammy", de Debbie Reynolds, "Young Love", de Tab Hunter, e "Don't Forbid Me", de Pat Boone, atingiram o primeiro lugar nas paradas musicais. No entanto, no outono de 1957, um tipo estranho de música também estava sendo tocado. Em sua edição de 28 de outubro, a revista *Time* noticiou o lançamento de um álbum com humor doentio que continha letras como essas:

I love your streak of cruelty, your psychopathic lies,
The homicidal tendencies shining in your eyes.
Don't change your psychic structure,
Weird as it may be...
Stay, darling, stay way under par...
*Stay as sick as you are.**

Apenas uma semana antes, a *Time* havia publicado uma coluna sobre a febre nacional por um tipo de humor ainda mais mórbido, piadas macabras conhecidas como "Bloody Marys":

— Sra. Jones, o Johnny pode sair para jogar beisebol?
— Você sabe que ele não tem braços nem pernas.
— Tudo bem. Nós queremos usá-lo para marcar a segunda base.

— Mamãe, por que eu fico andando em círculos?
— Cala a boca ou vou pregar seu outro pé no chão.

Há a tendência de mitificar os anos 1950, de lembrá-los como uma época de ouro de simplicidade e inocência: a era dos bailes só de meias, dos milkshakes depois da escola na sorveteria e dos bonés de pele de guaxinim à la Davy Crockett.† Tempos felizes. Mas, em muitos aspectos, a era Eisenhower também foi uma época de ansiedade, marcada pelo

* *Amo seu traço de crueldade, suas mentiras psicopatas,/ As tendências homicidas brilhando em seus olhos./ Não mude sua estrutura psíquica,/ Por mais estranha que possa ser.../ Continue, meu bem, continue bem abaixo da média.../ Continue tão doentio quanto você já é.* "Stay as Sick as You Are", de Katie Lee. [Nota da Edição]

† Personagem icônico da história norte-americana, Crockett foi um político, militar e herói nacional, símbolo do espírito pioneiro dos Estados Unidos. Ficou conhecido por suas habilidades como caçador e atirador, sendo comumente referido como o "Rei da Fronteira".

medo da bomba atômica e assombrada pelo pesadelo ainda recente dos horrores dos campos de concentração. Nas bancas de jornal e nas lojas de doce de esquina, histórias em quadrinhos diretas e simples como *Archie* e *Luluzinha* competiam por espaço nas prateleiras com publicações como *The Vault of Horror* e *Tales From the Crypt*, fantasias sangrentas nas quais cadáveres putrefatos retornavam do túmulo para se vingar de seus assassinos e açougues ofereciam cortes de carne humana a clientes desavisados.

As crises que ocorreram no outono de 1957 — a violência em Little Rock e o salto repentino da Rússia para o espaço — abalaram o sentimento de confiança e autoestima nacional. E em meados de novembro daquele ano, o país seria abalado de novo, dessa vez por um crime tão terrível, que, em um sentido muito real, a cultura norte-americana ainda não se recuperou do choque.

Os bosques de Wisconsin são um lugar perigoso para se estar durante a temporada de caça de nove dias do estado — e não apenas para os cervos. No domingo, 24 de novembro, último dia da temporada de 1957, o número de mortos era de 40 mil cervos e corças e treze caçadores. Dois homens sofreram ataques cardíacos fatais enquanto caminhavam pelas florestas congeladas. Os outros onze foram mortos por balas perdidas, em geral disparadas por estranhos afobados, embora Eskie Burgess, de 44 anos, natural de Chicago, e George Schreiber, de 64, de Stratfort, tenham morrido pelas mãos dos próprios filhos. Outros caçadores escaparam com mais facilidade, sofrendo ferimentos graves, mas não letais, de balas (alguns deles autoinfligidos) em várias partes do corpo: pernas, ombros, pescoço e virilha.

O primeiro final de semana da temporada é uma época particularmente movimentada e mortal. Apenas durante os primeiros três dias, o número de mortes da temporada de 1957 atingiu o número de 28.675 cervos. Muitos dos caçadores que se aventuram pela região selvagem central de Wisconsin vêm de Milwaukee e Chicago. O restante são caçadores locais, que invadem as florestas em tal profusão que suas cidadezinhas rurais ficam praticamente despovoadas de homens capazes de manejar um rifle.

É claro que tentar capturar um cervo com chifres pontiagudos no frio do Centro-Oeste é uma tarefa difícil, e muitas vezes frustrante, de forma que vários caçadores buscam refúgio temporário na taverna mais próxima, fortalecendo-se com algumas bebidas fortes antes de retornar à floresta e descarregar sua exasperação em quase qualquer coisa que se mova. "É melhor trancar o gado", brincam os agricultores locais quando começa a temporada de caça, e, no Condado de Marquette, eles gostam de contar a história do guarda florestal que parou um grupo de caçadores embriagados que traziam uma vaca leiteira amarrada no carro.

Quando uma caça legal é realizada, o cervo é preparado no campo — aberto e eviscerado —, etiquetado e levado ao local de inspeção mais próximo, o qual pode ser um escritório do governo ou, em comunidades menores, uma taverna ou posto de gasolina, designado pelo estado como um posto de controle oficial. Em meados de novembro, uma pessoa que viaja pela zona rural de Wisconsin verá evidências da caça por todos os lados: para-choques e tetos de carros cobertos com o troféu do dia e postos de gasolinas enfeitados com carcaças abertas.

Uma garoa gelada caía no sábado, 16 de novembro, e a terra estava soterrada por cerca de sete centímetros de neve. Contudo, as condições climáticas adversas não interfeririam na caçada — algo que com certeza deveria estar passando na cabeça de Eddie Gein enquanto ele se sentava em sua cozinha precária naquela manhã e planejava as atividades do dia. Eddie era um dos poucos homens adultos que não se aventuraria pela floresta. Ele não era um caçador de cervos, e a presa que procurava não seria encontrada na floresta.

Ela seria encontrada em Plainfield. E, naquele dia, o início da temporada de caça ao cervo de 1957, Eddie imaginou que Plainfield estaria praticamente deserta.

Quando Eddie terminou o café da manhã, a chuva havia parado de cair. Ele vestiu a jaqueta e o boné xadrez de caçador, colocou uma lata de combustível e uma jarra grande de vidro em seu sedã marrom, um Ford 1949, e dirigiu-se para a cidade. Era pouco depois das 8h.

A primeira parada de Eddie foi no posto Standard local, onde encheu a lata com querosene. Então ele voltou para o Ford e, momentos depois, parou em frente a seu destino final: a Loja Worden de Ferragens e Ferramentas, situada entre um prédio vazio e uma casa desocupada perto do extremo leste do distrito comercial de Plainfield. Eddie estacionou o carro e, carregando a jarra de vidro, entrou na loja.

A Worden, que começou como uma loja de arreios na década de 1890, era um dos estabelecimentos comerciais mais antigos de Plainfield. Durante a maior parte dos anos 1920, a loja pertenceu a dois homens, Leon Worden e Frank Conover, que também eram genro e sogro, já que Worden havia se casado com a filha mais nova de seu sócio, Bernice. Em 1929, ele comprou a parte de Frank e, quando morreu dois anos depois, sua jovem viúva assumiu a titularidade e operação da loja.

Embora alguns dos vizinhos — talvez por inveja de sua suposta riqueza — considerassem Bernice Worden um pouco arrogante e de língua afiada, ela era tida em alta consideração por grande parte da comunidade. De fato, em julho de 1954, ela foi a primeira mulher a ser homenageada na primeira página do jornal local como "Cidadã da Semana" de Plainfield. Uma viúva de 58 anos, de aparência agradável e saudável, Bernice Worden era uma metodista devota, uma avó amorosa e uma mulher de negócios muitíssimo competente, que havia comprado o prédio de esquina que abrigava seu estabelecimento, ampliado seu estoque para incluir equipamentos agrícolas modernos e eletrodomésticos, e que por muitos anos se destacou como a única mulher revendedora de produtos da International Harvester na região. Embora a maior parte de seu tempo fosse dedicada aos negócios, ela de vez em quando reservava um tempo para desfrutar de sua paixão pela pesca.

No entanto, nem mesmo uma pessoa tão diligente como Bernice Worden era capaz de administrar todo o trabalho sozinha (além de ser a principal fornecedora de ferragens, eletrodomésticos e equipamentos agrícolas da região, a loja Worden servia como depósito de carga e escritório telegráfico da cidade). Por esse motivo, ela era auxiliada na maioria dos dias pelo filho, Frank, que claramente havia herdado a formidável energia dos pais. Além de seu trabalho no negócio da família, ele atuou por um tempo como policial da cidade e, mais tarde, como bombeiro municipal e assistente do xerife.

Entretanto, em 16 de novembro de 1957, Frank não estava por perto. Como grande parte da população masculina de Plainfield, ele estava na floresta, caçando, exatamente como dissera a Eddie Gein quando o homenzinho lhe perguntara no dia anterior.

Como resultado, quando Eddie entrou na loja Worden naquela manhã de sábado, a proprietária de 58 anos estava sozinha no estabelecimento — assim como Eddie esperava.

A sra. Worden não teria ficado surpresa ao ver Eddie, já que ele havia passado por lá no dia anterior para verificar o preço do anticongelante. Mas ela pode não ter ficado muito feliz com sua presença. Nos últimos tempos, Eddie vinha visitando a loja com cada vez mais frequência e estava começando a se tornar uma espécie de praga. Em uma ocasião recente, ele teve a ousadia de convidá-la para "experimentar o piso" do novo ringue de patinação em Hancock. O homenzinho de olhos claros parecia considerar a oferta uma piada — ele estava exibindo aquele seu sorrisinho inquietante quando lhe perguntou —, mas a sra. Worden não achou graça nenhuma. Como a maioria dos comerciantes de Plainfield, ela enxergava Eddie Gein como nada mais do que o simples bobão da cidade.

Ainda assim, os Gein eram bons clientes há muitos anos e a sra. Worden não estava disposta a tratar Eddie com nada menos do que educação e cordialidade. Quando ele explicou que estava lá para comprar anticongelante, ela encheu a jarra dele com a substância armazenada em um barril de aço em seu escritório, pegou o dinheiro, preencheu um recibo de venda e observou enquanto ele saía pela porta.

Momentos depois, Eddie voltou a entrar na loja.

Ele explicou que estava pensando em trocar seu rifle Marlin — o qual disparava apenas calibre .22 curto — por um que pudesse acomodar todos os três tipos de calibre .22: curto, longo e rifle longo. Ele apontou para um dos Marlins alinhados na prateleira de armas da loja e perguntou se poderia examiná-lo.

"Claro", respondeu a sra. Worden. "Esse é o meu tipo favorito de rifle."

Eddie estendeu a mão e tirou a arma da corrente que a pendurava na frente do suporte. Então começou a examinar o rifle.

A sra. Worden foi até a janela e olhou para fora. Do outro lado da rua, em frente ao Armazém dos Gamble, estava o novo Chevrolet vermelho de seu genro.

"Vejo que Bud está de carro novo", disse ela em voz alta, mais para si mesma do que para Eddie. "Não gosto de Chevrolets."

Parada de costas para Eddie, ela não tinha como saber que, naquele exato momento, ele estava colocando a mão no bolso do macacão em busca de uma bala calibre .22. Ou que, em sua crescente loucura, ele começara a enxergar a viúva de 58 anos como uma criatura perversa e merecedora do castigo divino. Uma antítese maligna de sua santa mãe — tal qual Mary Hogan, outra empresária local de meia-idade que não muito tempo antes tivera um desfecho trágico. Um desfecho muito trágico.

Naquele dia, o sr. Bernard Muschinski estava trabalhando nas bombas de gasolina de seu posto Phillips 66, do outro lado da rua da loja Worden. Enquanto cuidava dos negócios, ele teve oportunidade de sobra para observar as idas e vindas que ocorriam na loja de ferragens naquela manhã: a sra. Worden voltando com sua correspondência por volta das 8h15 e um caminhão de entregas descarregando poucos minutos depois.

Em algum momento entre as 8h45 e as 9h30, Muschinski viu o furgão da loja Worden sair da garagem pelos fundos do prédio e seguir em direção ao leste. Muschinski não sabia quem estava ao volante, mas tinha a certeza de que o motorista era um homem. Ainda assim, não havia nada de incomum nisso. Os Worden com frequência contratavam ajuda local para transportar cargas e fazer entregas, então Muschinski não pensou duas vezes no assunto. Assim como não ficou muito surpreso quando, mais tarde naquele dia, atravessou a rua e encontrou a porta da frente trancada. Como outras pessoas que passaram pela loja naquele sábado e perceberam que estava vazia, Muschinski imaginou que a sra. Worden simplesmente havia decidido fechar o estabelecimento no dia de abertura da temporada de caça, quando muitos de seus clientes estariam na floresta.

No entanto, *havia* algo fora do lugar. As luzes. Parecia estranho para Muschinski que a sra. Worden fechasse as portas durante o fim de semana e as deixasse acesas.

Elmo Ueeck, o fazendeiro de Plainfield que brincara com Eddie acerca do desaparecimento de Mary Hogan, teve sorte naquele dia, capturando um cervo poucas horas após o início da temporada. Ele sentiu uma pontada de culpa por ter acertado o animal em cheio nas terras de Eddie Gein. Elmo sabia que Eddie odiava que caçassem em sua propriedade sem sua permissão. Mas o que os olhos não veem, o coração não sente, e não havia nenhuma razão para que Eddie descobrisse a pequena transgressão de Elmo.

Por sorte, Elmo estava saindo da propriedade com sua caça amarrada no carro quando avistou o Ford marrom de Eddie vindo pela estrada em sua direção. Ueeck ficou surpreso com a velocidade do carro de Gein. Em geral, Eddie dirigia tão devagar que era quase possível despistá-lo. Como Ueeck não podia mais manter seu crime em segredo, pelo menos não com aquele cervo enorme de chifres pontiagudos pendurado bem ali em seu capô, ele pensou que precisava dar algumas explicações.

No entanto, para sua surpresa (e alívio), Eddie nem se deu ao trabalho de diminuir a velocidade. Ele apenas colocou a mão para fora da janela do carro e acenou alegremente enquanto passava em alta velocidade. Porém, à medida que o dia transcorria, Elmo ficou cada vez mais desconfortável em deixar as coisas daquele jeito. Então, no meio da tarde, por volta das 15h, ele decidiu fazer uma visita à casa de Eddie e pedir desculpas por ter atirado no cervo nas terras dele. Chegando à fazenda Gein, encontrou Eddie ajoelhado ao lado de seu Ford, trocando os pneus. Não havia nada de incomum nisso, a não ser o fato de que, ao se aproximar, Elmo descobriu que Eddie estava substituindo as correntes de neve por pneus normais, algo muito peculiar de se fazer com sete centímetros de neve no chão e com o inverno apenas começando. Ainda assim, Elmo não prestou muita atenção à ação de Eddie.

Agora, se outra pessoa removesse os pneus de neve naquela época do ano, pensou Elmo, diriam que ela estava louca ou que talvez estivesse tentando encobrir seus rastros. Mas não Eddie Gein. Ele sempre estava fazendo coisas estranhas como essas.

Elmo tentou pedir desculpas, mas Eddie parecia absorto demais para se importar. Então, depois de ficar batendo papo por um tempo, Elmo voltou para o carro e foi para casa.

• • •

Algumas horas depois, Eddie recebeu mais dois visitantes na fazenda: seu amigo adolescente, Bob Hill, e a irmã do rapaz, Darlene. Eddie, que estava alegremente ocupado dentro de casa quando a dupla chegou, correu para encontrá-los no quintal.

O carro dos Hill não pegava, e Bob estava pensando se Eddie não se importaria de dirigir até a cidade para comprar uma bateria nova.

"Claro", disse Eddie. "Só deixe eu me limpar." Suas mãos estavam cheias de sangue, explicou ele, por ter eviscerado um cervo.

A declaração de Eddie não causou nenhuma estranheza na cabeça do jovem Bob. Afinal, o menino havia atirado em coelhos e esquilos-vermelhos com o homem mais velho muitas vezes e pelo jeito não sabia que Eddie nunca caçava cervos. Ou que Gein alegava nunca ter matado um animal de grande porte, já que a mera visão de sangue supostamente o fazia desmaiar.

Já estava ficando bem tarde quando Eddie enfim voltou para a casa dos Hill com a bateria nova e ajudou a instalá-la no carro. Por isso, Irene convidou o solteirão para ficar para o jantar.

Eddie aceitou de bom grado. Irene preparou uma refeição farta — costeletas de porco, batatas cozidas, macarrão com queijo, picles, café e biscoitos —, e o homenzinho comeu tudo com muito gosto. Ele teve um dia agitado, produtivo e muito empolgante e estava com uma fome infernal.

12

SUSPEITO EM POTENCIAL

"Edward Gein tinha duas faces. Uma ele mostrava aos vizinhos. A outra ele mostrava apenas aos mortos."
Stevens Point Daily Journal, 25 de novembro de 1957

Durante a temporada de cervos, o posto de gasolina de Muschinski servia como centro oficial de verificação, onde os caçadores traziam suas presas abatidas para serem pesadas e computadas. Por volta das 17h daquele sábado cinzento e amargo, quando Frank Worden voltou — de mãos vazias — da floresta, o pátio do posto de gasolina já estava com uma corda de carcaças penduradas e enrijecidas. Embora Worden não tivesse voltado para casa com uma presa, a temporada ainda contava com mais oito dias pela frente, e ele não estava desanimado. Na verdade, havia dirigido diretamente até o estabelecimento de Muschinski para lhe fazer uma pergunta sobre a competição anual da cidade pelo maior cervo.

Na mesma hora, Muschinski mencionou que havia visto o furgão Worden sair da cidade naquela manhã e que a loja estava fechada desde então. Será que a mãe de Frank, imaginou Muschinski, também havia decidido ir caçar?

Worden ficou perplexo. Até onde sabia, a mãe pretendia manter a loja aberta o dia todo. Preocupado, atravessou a rua para tentar abrir a porta e descobriu que ela estava, de fato, trancada. Como não possuía uma chave, Worden correu para casa para buscar uma e logo voltou para o estabelecimento.

Assim que entrou, percebeu que algo estava muito errado.

A caixa registradora havia desaparecido do balcão. E o chão estava salpicado de manchas marrom-avermelhadas que formavam uma trilha até a porta dos fundos e que Worden na mesma hora reconheceu como sangue. Muito sangue.

Correndo para os fundos, ele olhou para a garagem. Muschinski tinha razão. O furgão da loja havia sumido.

Worden ficou alarmado, mas não entrou em pânico. Ele era assistente do xerife há quase um ano e sabia como proceder. Pegou o telefone e ligou para o xerife Art Schley em seu escritório em Wautoma, sede do condado que ficava a cerca de 25 quilômetros de distância. Schley percebeu a agitação na voz de Worden enquanto ele relatava o que havia encontrado dentro da loja.

Schley, que havia se tornado xerife há pouco menos de um mês, telefonou de imediato para a casa de seu chefe adjunto, Arnie Fritz, e transmitiu a notícia, um tanto angustiado. Em poucos minutos, a dupla estava acelerando em direção a Plainfield.

Quando os dois chegaram, Worden já tivera a oportunidade de examinar a loja em busca de pistas. "Ele fez algo com ela", deixou escapar assim que viu os dois oficiais. Quando Fritz perguntou a quem ele se referia, o filho da mulher desaparecida — agora muito abalado — respondeu com amargura e sem nenhuma hesitação.

"Eddie Gein", declarou.

Mantendo o controle de suas emoções, Worden explicou por que suspeitava de Gein. "Ele tem andado muito por aqui ultimamente, incomodando minha mãe para andar de patins, dançar e ir ao cinema." No dia anterior, continuou Worden, Gein havia passado na loja para verificar o preço do anticongelante. Enquanto estava lá, ele perguntou de um jeito bem casual se Frank pretendia caçar no sábado. Frank, sem atribuir nenhum significado especial à pergunta, havia confirmado que pretendia estar na floresta logo pela manhã.

Frank então mostrou a Schley e Fritz algo que havia descoberto enquanto aguardava a chegada da dupla: um pedaço de papel com a letra de sua mãe. Ela havia aberto o estabelecimento naquela manhã. Para Frank, tratava-se de uma evidência que apontava diretamente para Gein. Era um recibo de venda de anticongelante.

Os três homens decidiram que Gein deveria ser localizado de imediato. Enquanto isso, Fritz tinha lançado um pedido de reforços. Em pouco tempo, agentes da lei de toda a região e de locais distantes como Madison — xerifes, ex-xerifes, assistentes de xerifes, delegados municipais, agentes de trânsito, investigadores do Laboratório Criminal do Estado e muito mais — estavam indo em direção a Plainfield. Entre os primeiros a chegar ao local estavam o delegado Leon Murty, conhecido como "Specks", do povoado de Wild Rose; os xerifes Wanerksi, Searles e Artie, dos condados de Portage, Adams e Marquette; o agente de trânsito Dan Chase; os policiais Arden Spees, o "Poke", e Virgil Batterman, o "Buck"; e o capitão Lloyd Schoephoerster, do Departamento de Polícia do Condado de Green Lake.

Às 19h, a rua em frente à loja de ferragens estava lotada de viaturas, com luzes vermelhas giratórias piscando na multidão reunida de vizinhos de Bernice Worden. Oficiais uniformizados e fazendeiros com as feições tensas se juntaram na noite gelada de outono, suas respirações condensando enquanto, angustiados, comentavam sobre o destino da viúva — outra mulher raptada de seu meio, assim como Mary Hogan. Só que, dessa vez, havia um nome associado ao misterioso sequestrador. O nome de Eddie Gein.

Na residência dos Hill, Gein estava se aquecendo com os últimos goles do café de Irene. Na verdade, ele parecia estar com frio a noite toda, e nem o calor do fogão da cozinha nem do aquecedor a querosene dos Hill pareciam fazer qualquer diferença. Irene pensou se o solteirão estaria ficando gripado.

Eddie havia se deslocado para o sofá e estava brincando com um dos filhos mais novos dos Hill quando Jim Vroman, genro de Irene, entrou correndo na casa e começou a falar com entusiasmo sobre o desaparecimento de Bernice Worden e a comoção no centro da cidade. Eddie ficou ouvindo, atento, até Vroman terminar de falar e então balançou a cabeça, dizendo: "Deve ter sido alguém de sangue muito frio".

Irene olhou para Eddie e de repente se lembrou de como ele estava jantando na casa dela alguns anos antes quando a notícia do sequestro de Mary Hogan havia chegado até eles. "Ed", disse ela, "por que toda vez que alguém leva uma pancada na cabeça e é levado para longe você está por perto?"

Eddie apenas sorriu daquele seu jeito típico e deu de ombros.

Como qualquer adolescente que acabara de ouvir a notícia de algum grande problema local, Bob Hill estava ansioso para ver a comoção com os próprios olhos e perguntou se Eddie poderia levá-lo ao centro da cidade.

Eddie, sempre prestativo, concordou.

Os Hill mantinham sua loja aberta até tarde da noite e era hora de Irene substituir o marido, que estava cuidando dos negócios enquanto o resto da família jantava. Quando Gein e Bob se preparavam para sair, Irene se despediu do visitante e atravessou com pressa o quintal coberto de neve até a pequena mercearia. Ela tirou o casaco e mandou Lester voltar para casa e ir jantar.

Ela estava no local há poucos minutos quando a porta da frente se abriu, deixando entrar uma rajada de vento congelante junto a dois homens de feições pouco amigáveis: o agente de trânsito Dan Chase e o policial Poke Spees.

Chase havia sido enviado para encontrar o suspeito e, após fazer uma rápida parada na fazenda Gein e se certificar de que não havia ninguém em casa, havia prosseguido para a propriedade dos Hill, onde Eddie era conhecido por ser um visitante frequente. Assim que os dois policiais entraram na loja, eles perguntaram a Irene se ela sabia onde Eddie estava.

"Ele está no carro dele, bem ali na minha garagem, a menos que já tenha ido embora", respondeu ela. "Está levando meu filho ao centro da cidade para ver o que está acontecendo."

Como esperado, quando Chase e Spees foram até a casa, eles encontraram o carro de Gein ainda no local, com o motor ligado e o escapamento expelindo vapor no ar frio. A luz da varanda dos Hill estava acessa e, através de seu brilho, Chase podia ver Eddie sentado atrás do volante de seu Ford e Bob Hill ao lado dele.

Chase bateu na janela do motorista, e Gein a abaixou. "Eddie", disse ele, "gostaria de falar com você."

Obediente, Eddie saiu do veículo e seguiu os dois policiais até a viatura, onde se sentou no banco de trás com Spees. Posicionando-se na frente, Chase se virou para olhar o homenzinho com a barba por fazer que estava ali sentado com um sorriso fraco no rosto e dois olhos azuis lacrimejantes espiando por baixo do boné xadrez de caçador mal posicionado na cabeça.

Chase perguntou a Gein exatamente como ele havia passado o dia, desde a hora em que acordou até o presente momento, e Eddie começou a lhe contar.

Quando terminou, Chase pediu que ele mais uma vez repassasse os acontecimentos do dia, começando com sua visita à loja Worden. Gein repetiu o relato.

"Agora, Eddie", afirmou Chase depois de uma pausa. "Você não contou a mesma história nessa segunda vez."

Eddie piscou uma vez e disse: "Alguém me incriminou".

"Incriminou você pelo quê?", perguntou Chase.

"Bem, pela sra. Worden."

Chase se inclinou para mais perto do suspeito.

"O que tem a sra. Worden?", indagou.

"Bem, ela está morta, não está?"

"Morta!", exclamou Chase. "Como você sabe que ela está morta?"

O sorriso desengonçado de Eddie parecia ter sido congelado em seu rosto.

"Bem, eu ouvi falar", respondeu ele.

"Onde você ouviu isso?"

"Eu ouvi eles falando sobre isso", disse Eddie, esforçando-se para soar despreocupado.

A essa altura, quaisquer dúvidas que Chase tivesse sobre o envolvimento de Gein haviam evaporado por completo. Ele sabia que tinha encontrado o homem.

• • •

Após informar a Eddie de que ele era suspeito do roubo da loja de Bernice Worden, Chase comunicou pelo rádio a seu superior, o xerife Schley, que o suspeito estava sob custódia. Então deu partida na viatura da polícia e saiu do quintal, deixando os Hill perplexos.

Eles não tinham como saber, é claro, que da próxima vez que vissem seu vizinho sossegado, o nome dele seria conhecido em todo o país; na verdade, no mundo todo. Ou que eles próprios estavam prestes a ganhar uma fama generalizada e bastante indesejável como as últimas pessoas a repartir o pão com o maníaco mais notório dos Estados Unidos.

13
O PRIMEIRO CADÁVER

"E então... e então eu abri a porta, e a sala estava repleta de corpos e esqueletos de pobres mulheres mortas, todas manchadas com o próprio sangue."
"'Não é assim, nem foi assim. E Deus não permita que seja', disse o sr. Fox.
Do conto de fadas inglês, "O Senhor Fox"

Aos 32 anos, Arthur Schley era um homem grande e imponente, não muito alto, mas com um peitoral largo e robusto, o tipo de xerife de cidade pequena cujo tamanho lhe conferia autoridade. Porém, na noite de 17 de novembro, Schley estava se sentindo um pouco inseguro. Ex-funcionário do Departamento de Rodovias do Condado de Waushara, ele era novo no trabalho e estava nervoso em liderar uma investigação de assassinato. Ainda assim, as coisas estavam indo bem. Ele estava cercado por um grande grupo de policiais experientes e, embora ainda não fossem 20h, apenas algumas horas depois de ter recebido a ligação de Frank Worden, o suspeito já havia sido detido. O importante no momento era localizar a mãe de Frank.

A casa de Gein parecia o lugar lógico para começar a procurar e, assim, acompanhado pelo capitão Schoephoerster, Schley entrou no carro e saiu da cidade, chegando pouco tempo depois na fazenda solitária e decadente.

Mesmo em plena luz do dia, a residência de Gein parecia sombria. Em uma noite gelada de inverno, com estalactites de gelo penduradas no telhado da varanda e tufos de ervas daninhas aparecendo na neve, a desolação era tão extrema que até um homem corajoso poderia ficar com medo. Era difícil acreditar que qualquer ser humano pudesse morar em tal lugar.

Os dois policiais atravessaram o quintal, as botas esmagando a neve, as respirações soprando diante deles como aparições fantasmagóricas. Eles contornaram a casa, tentando abrir as portas, mas todas estavam bem trancadas, com exceção de uma: a porta que levava à cozinha externa, trancada por uma frágil fechadura. Schoephoerster chutou a porta, e ela cedeu com um estampido. Apontando as lanternas para o chão cheio de lixo, os homens contornaram com cuidado as embalagens apodrecidas e as ferramentas agrícolas enferrujadas até o lado oposto do galpão, onde Schoephoerster tentou abrir a porta que levava à parte principal da casa. Enquanto isso, Schley recuou e varreu o cômodo com a lanterna. Ele sentiu algo tocar sua jaqueta por trás e se virou para ver no que havia esbarrado.

Ali, no feixe de luz da lanterna, balançava uma grande carcaça branco-acinzentada. Estava pendurada de cabeça para baixo pelos pés. A parte da frente havia sido aberta por completo, de modo que o tronco era pouco mais do que um buraco escuro e escancarado. A carcaça havia sido decapitada como se alguém tivesse cortado sua cabeça como um troféu.

O corpo havia sido morto como um novilho ou um cervo. Só que não era um animal. Era o corpo de um ser humano, de uma mulher adulta. O corpo de Bernice Worden.

A visão foi tão assombrosa que Schley demorou um pouco para entender o que estava vendo. Então ele conseguiu balbuciar algumas palavras — "Meu Deus, ali está ela" — antes de sair tropeçando do galpão em direção à noite gelada. Ele estava caído de joelhos na neve, vomitando, quando Schoephoerster veio cambaleando logo atrás.

14

COLEÇÃO DE INSANIDADES

"Sob o horror, mais horrores te sobrevirão."
Shakespeare, *Otelo*

Schoephoerster correu até a viatura e transmitiu a notícia pelo rádio: o corpo de Bernice Worden havia sido localizado na fazenda de Eddie Gein. Então, se esforçando o máximo que podiam, ele e Schley voltaram para a cozinha externa para enfrentar o pesadelo que os aguardava lá dentro.

Com as mãos tremendo, eles apontaram as lanternas para a mulher, eviscerada e sem cabeça, suspensa no teto pelos calcanhares. Uma barra transversal rudimentar de madeira, com um metro de comprimento, coberta de cascas de árvore e afiada em ambas as extremidades, havia sido enfiada nos tendões de um tornozelo; o outro pé havia sido cortado acima do calcanhar e estava preso à barra por uma corda robusta. Os braços estavam esticados ao lado do corpo por cordas de cânhamo que iam dos pulsos até a barra transversal. A barra em si havia sido presa a um sistema de roldanas e puxada para cima em direção às vigas do telhado. E ali, deixados na frieza do galpão, tal qual um pedaço de carne no frigorífico do açougue, estavam os restos mortais mutilados de uma avó de 58 anos.

A essa altura, os demais policiais, alertados por Schoephoerster, já começavam a chegar na fazenda. Policiais do condado, policiais estaduais, investigadores de laboratórios criminais; eram todos indivíduos que estavam acostumados a ver cenas perturbadoras e testemunhar as consequências macabras de assassinatos, incidentes de caça e acidentes rodoviários. Mas, até mesmo para eles, o corpo decapitado e eviscerado da sra. Worden era capaz de deixá-los perplexos e em silêncio. Nenhum deles jamais havia visto algo tão terrível.

Naquele momento, nenhum deles jamais acreditaria que o cadáver da mulher, violado de maneira tão horrenda, era apenas o primeiro — e nem por isso o mais indescritível — dos horrores que a fazenda da morte de Eddie Gein reservava para eles.

Liderados por Schoephoerster, os policiais passaram da cozinha externa para a parte principal da casa. Foi a primeira vez em anos que alguém, além do dono, colocava os pés no local. A princípio, eles conduziram a investigação com lanternas e lamparinas. E, naquele brilho fraco e intermitente, descobriram que a velha e decadente casa de Gein era a morada de uma criatura que poderia ser chamada, sem sensacionalismo ou exagero, de monstro.

Era uma cena caótica. A desordem absoluta do lugar — as pilhas de entulho, embalagens velhas, latas, garrafas, ferramentas, jornais, revistas, restos de alimento, trapos e muito mais — era profundamente desconcertante. Era como se Gein tivesse invertido o processo habitual de coleta de lixo e feito idas semanais ao lixão da cidade para buscar um monte de detritos para sua moradia. Era evidente que tal caos era o produto de uma mente tão caótica quanto — insanidade mental expressa na forma de decoração. Logo ficou claro para os investigadores que apenas alguns quartos da casa eram de fato usados por seu residente. Mas era difícil imaginar alguém vivendo de verdade ali — cozinhando, comendo e dormindo —, em meio a tanta sujeira.

Então, havia também itens específicos que demonstravam de forma clara a insanidade: a lata de café lotada de pedaços de chiclete mascados, as dentaduras rachadas e amareladas expostas em uma prateleira tal qual ovos Fabergé e a bacia cheia de areia. Mas estes, é claro, eram os objetos menos perturbadores da insana coleção de Eddie.

Para começo de conversa, havia uma tigela de sopa de aparência esquisita que um dos policiais viu na mesa da cozinha e pegou para uma inspeção mais detalhada. No fim, a tigela se revelou ser a parte superior e serrada de um crânio humano.

Outras partes de crânios estavam espalhadas pelo local. Também havia diversos crânios completos, incluindo dois que tinham sido presos na cabeceira de Eddie como decoração.

Uma das cadeiras da mesa da cozinha tinha uma aparência peculiar bem distinta. Quando o capitão Schoephoerster se inclinou para examiná-la, descobriu que o assento de vime trançado havia sido substituído por tiras de pele humana. A parte de baixo estava empelotada de gordura. Foram encontradas quatro dessas cadeiras.

Esses móveis grotescos não eram a única evidência do artesanato insano de Gein. Na realidade, como os investigadores logo descobriram, a fazenda Gein não funcionava apenas como um matadouro humano, mas também como o ateliê de um demônio. Com a imaginação doentia alimentada pelos relatos de Ilse Koch e de seus artefatos de pele humana, Gein havia se ocupado com a produção de objetos igualmente abomináveis.

Ao vasculhar os escombros da casa, os atordoados policiais descobriram diversos artigos fabricados com pele humana: abajures, pulseiras, uma cesta de lixo, um tambor e a bainha de um facão de caça.

Mais tarde, encontrariam um cinto feito de mamilos femininos e um puxador de cortina decorado com um par de lábios femininos.

Um gerador portátil foi instalado e foram trazidos holofotes, de forma que a penumbra mortal onde Gein havia habitado durante os últimos doze anos foi enfim dissolvida pelo brilho da luz elétrica. Enquanto isso, na escuridão lá fora, uma multidão de jornalistas estava sendo mantida à distância pela polícia, que havia isolado a casa de Gein e se recusava a prestar qualquer declaração, a não ser para dizer que o corpo da sra. Worden havia sido encontrado e Gein estava sendo detido como suspeito.

Mas é claro que os repórteres perceberam que algo fora do comum estava acontecendo dentro da casa. Contudo, o único comentário do xerife Schley foi que a situação era “horrível demais. Horrível além do imaginável”.

De fato, até mesmo os investigadores que estavam desbravando a carnificina no interior da residência, vendo os horrores recém-iluminados com os próprios olhos, estavam tendo dificuldade para acreditar naquilo que enxergavam.

A certa altura, por exemplo, Allan Wilimovsky, especialista do laboratório criminal, pegou uma caixa de sapatos velha, deu uma olhada e percebeu com um susto que, por mais inconcebível que parecesse, ele havia acabado de descobrir uma coleção considerável de órgãos genitais femininos.

Eram nove vulvas ao todo. A maioria estava seca e enrugada, embora uma tivesse sido pintada com tinta prateada e enfeitada com uma fita vermelha. Outra, situada no topo, parecia recente, consistindo em uma porção de monte púbico ligado à vagina e ao ânus. Olhando com atenção para este espécime, Wilimovsky viu pequenos cristais grudados à superfície. Ele então percebeu que a vulva, recém-mutilada, havia sido polvilhada com sal.

Em outra caixa foram encontrados quatro narizes humanos. Já uma embalagem de papelão da Aveia Quaker foi descoberta repleta de pedaços de pele de cabeças humanas.

Por mais insano que parecesse, era óbvio que algumas das abomináveis criações de Gein foram feitas para serem usadas. Havia, por exemplo, diversos pares de perneiras de pele: polainas feitas a partir de pernas humanas reais. Ainda mais medonha era uma peça de roupa confeccionada com a parte superior do tronco de uma mulher de meia-idade. Gein havia esfolado com cuidado a parte superior do corpo, incluindo os seios, bronzeado a pele e anexado um cordão para que pudesse ser vestido como uma espécie de colete.

No entanto, talvez a descoberta mais chocante de todas tenha sido a coleção de máscaras de Eddie.

Máscaras que, na verdade, eram rostos humanos retirados de forma minuciosa dos crânios de nove mulheres. Elas não tinham olhos, lógico, apenas buracos onde antes estavam os órgãos. No entanto, o cabelo ainda estava preso ao couro cabeludo. Algumas pareciam secas, quase mumificadas. Outras estavam preservadas com mais cuidado, como se tivessem sido tratadas com óleo para manter a pele macia. Algumas ainda tinham batom nas bocas e pareciam bastante realistas. Para aqueles que conheciam tais rostos, não teria sido difícil identificar as vítimas.

Tal qual troféus de caça, quatro dessas "máscaras" haviam sido recheadas com papel e penduradas na parede do quarto de Eddie. Estas, como foi revelado mais tarde, eram as "cabeças encolhidas" que vários dos jovens vizinhos de Eddie haviam vislumbrado tantos anos antes, muito antes de o homem fechar permanentemente as portas da casa para visitantes.

Outras máscaras haviam sido armazenadas dentro de sacos plásticos ou de papel. Um dos oficiais, o policial Arnie Fritz, descobriu, atrás da porta da cozinha, uma túnica feita de pele de cavalo corroída por traças. Quando pegou o objeto, encontrou preso dentro de suas pregas um saco de papel pardo. Ao abrir a embalagem e apontar uma lanterna para o interior, o policial viu uma massa de cabelos secos ligada a uma pela ressecada. Muito tempo depois, relembrando aquele momento, Fritz diria que não sabia o que o levou a fazer o que fez em seguida. Talvez, como aconteceu com a maioria dos homens que passaram pela casa de Eddie naquela primeira noite terrível, os horrores do lugar simplesmente o deixaram atordoado. De qualquer forma, o que ele fez foi enfiar a mão no saco de papel, pegar o item macabro que estava em seu interior e erguê-lo até a luz. Ao fazer isso, Specks Murty, que estava por perto, deu uma olhada e disse, boquiaberto: "Por Deus. É Mary Hogan".

O mistério do desaparecimento da dona da taverna, que já durava três anos, havia sido enfim solucionado.

Para as dezenas de policiais locais envolvidos, a investigação do assassinato de Bernice Worden se transformara em uma espécie de exploração macabra. Vasculhar os escombros da casa de Gein era como realizar uma escavação arqueológica no inferno. Ao longo da noite, foram descobertas tantas partes de corpos — tíbias, escalpos, pedaços de pele, seios murchos, vaginas, lábios, narizes, cabeças e muitos mais — que era impossível dizer quantas vítimas haviam fornecido tudo aquilo. Todos os pedaços humanos estavam confinados em uma área muito restrita: a cozinha e o quarto no andar de baixo habitado por Eddie.

Quando foram confrontados com a parte fechada por tábuas do primeiro andar, a qual ficava além do espaço habitado por Gein, os investigadores não puderam deixar de sentir uma pontada de apreensão. Depois do que haviam encontrado no quarto e na cozinha, era difícil imaginar que tipo de horrores ele se sentira obrigado a deixar fora de vista.

Então os pregos foram removidos. As tábuas foram retiradas. E os investigadores foram confrontados com uma visão chocante, muito diferente das outras que já tinham enfrentado durante aquela noite longa e penosa.

O que viram quando removeram as tábuas foi um quarto e uma sala de estar em um estado de absoluta organização. Tudo estava em perfeita ordem: a cama, as cômodas, os tapetes, as estantes de livros, as cadeiras, as mesinhas laterais e as cortinas. Depois da imundície terrível encontrada no restante da casa, a mera organização daqueles cômodos era algo bastante perturbador.

A natureza dos móveis, assim como as roupas que os investigadores encontraram dobradas com esmero nas gavetas do guarda-roupa, deixaram claro que os cômodos eram habitados por uma mulher. E a espessa camada de poeira que cobria tudo indicava que aquela parte da casa não era usada, ou mesmo visitada, havia anos.

Na verdade, os cômodos preservados com tanto cuidado pertenciam à mãe de Eddie, há muito falecida. Embora não soubessem disso na época, os investigadores haviam descoberto um santuário. Tal qual os egiptólogos que adentram a câmara mortuária de um faraó, os homens que entraram nos aposentos de Augusta Gein naquela noite foram os primeiros humanos a pôr os pés no santuário desde que fora selado, muitos anos antes, por um devoto que o considerava como a morada de um deus.

Na cozinha externa, Allan Wilimovsky, do laboratório criminal, havia montado uma câmera e fotografado de vários ângulos os restos mortais de Bernice Worden, ainda pendurados de cabeça para baixo nas vigas. A essa altura, na manhã de domingo, outras partes de seu corpo mutilado já haviam sido descobertas: o coração estava em uma sacola plástica em frente ao fogão rústico de Gein e uma pilha de vísceras (ainda quentes) estavam embrulhadas em um jornal e dobradas dentro de um velho conjunto masculino de roupas.

Porém, até aquele momento, ninguém havia localizado a cabeça do cadáver.

Wilimovsky e um colega do laboratório criminal chamado Halligan começaram a vasculhar as pilhas de lixo espalhadas pelo chão da cozinha. Em um dos cantos do galpão, havia dois colchões manchados e esfarrapados. Ao erguer um pouco a borda do colchão de cima, Halligan enxergou um velho saco de estopa espremido entre os dois objetos. No mesmo instante, o ar foi contaminado por um fedor vindo do saco.

Wilimovsky pegou o saco, enfiou a mão dentro e removeu a cabeça da sra. Worden.

A cabeça estava suja e havia sangue em ambas as narinas, mas a expressão em seu rosto parecia serena. O que Eddie havia feito à cabeça decapitada era capaz de desafiar as crenças de qualquer indivíduo. No entanto, nada mais parecia inacreditável para os investigadores. Não depois da interminável sucessão de horrores que haviam testemunhado naquela noite.

O que Eddie fizera foi pegar dois pregos de cerca de oito centímetros cada, dobrá-los no formato de ganchos e conectá-los a um barbante de sessenta centímetros, enfiando em seguida um prego em cada orelha de Bernice Worden. Dessa forma, a cabeça poderia ser pendurada em seu quarto como um troféu ou ornamento de parede, a mais recente aquisição em sua coleção monstruosa de objetos de arte.

O corpo de Bernice Worden foi retirado da roldana e colocado dentro de um saco plástico. Junto da cabeça decapitada, a qual havia sido fotografada por Wilimovsky e depois colocada mais uma vez no saco de estopa, o cadáver foi transportado de volta para Plainfield, onde uma autópsia seria realizada na Casa Funerária Goult.

Eram 5h do domingo, dia 17 de novembro; doze horas desde que Frank Worden havia voltado da floresta e descoberto que a mãe estava desaparecida.

15

HORROR DE EXTRAORDINÁRIA MAGNITUDE

"Eu nunca trabalhei em um caso como este."
Charles Wilson, diretor do Laboratório Criminal de Wisconsin

Após a sua prisão no sábado à noite, Eddie foi transportado para a cidade de Wautoma e trancado em uma cela nos fundos da prisão do condado. Já a parte da frente do prédio servia de alojamento para o xerife Schley, a esposa e as três filhas dele.

Três policiais ficaram de guarda do lado de fora da cela de Gein: Arden Spees, Specks Murty e Dan Chase. De repente, por volta das 2h30, o xerife Schley irrompeu na prisão. Depois de passar seis horas preso na casa de terror de Gein, ele estava visivelmente agitado.

Schley olhou para Chase.

"Ele já abriu o jogo?", quis saber.

"Não muito", respondeu Chase.

A noite marcada por descobertas aterrorizantes enfim levou a melhor sobre Schley. Ele agarrou o solteirão de 51 anos pelos ombros e começou a jogá-lo contra a parede da prisão.

No mesmo instante, os três policiais se colocaram entre os dois homens e separaram Eddie do aperto poderoso de Schley.

O homenzinho ficou um pouco abalado, mas a explosão de raiva do xerife não foi capaz de lhe arrancar uma confissão. Na verdade, produziu o efeito oposto, e Eddie se fechou ainda mais.

Às 4h30, Joe Wilimovsky, irmão de Allan e o especialista em polígrafo do laboratório criminal, chegou à prisão para interrogar o suspeito em um interrogatório que continuaria, entre idas e vindas, por mais de doze horas. Em nenhum momento durante esse período Gein contou com a presença de um advogado, nem foi informado de que tinha direito a um. Ainda assim, ele não admitiu nada.

Naquela manhã de domingo, os cidadãos de Plainfield foram à igreja sabendo apenas que algo horrível tinha acontecido em sua pequena cidade. A essa altura, todos já estavam a par de alguns fatos básicos: que a sra. Worden havia sido sequestrada de sua loja no sábado de manhã; que a caminhonete dela — com o piso e o banco da frente salpicados de sangue — fora descoberta a leste do povoado pelo xerife Frank Searles, do Condado de Adams, em um bosque de pinheiros famoso por ser frequentado por casais de namorados locais; que o cadáver da sra. Worden fora encontrado mais tarde na antiga fazenda Gein; e (embora alguns se recusassem a acreditar) que o pequeno e dócil Eddie Gein havia sido acusado do assassinato.

Isso era tudo que eles tinham certeza de que havia acontecido. No entanto, por mais terrível que fosse o assassinato da sra. Worden, estava claro que algo ainda maior havia ocorrido. Policiais de lugares tão distantes quanto Chicago não paravam de passar por Plainfield a caminho da fazenda Gein. A cidade estava praticamente sitiada por um exército crescente de repórteres, que estavam acampados na fazenda e haviam estabelecido seu quartel-general nos escritórios do semanário local, o *Plainfield Sun*.

Histórias bizarras e inacreditáveis — burburinhos a respeito de crimes indescritíveis e depravações inimagináveis — circulavam entre os cidadãos de Plainfield enquanto eles perambulavam pelas ruas após os cultos dominicais. Como noticiou um jornal, a restrição de notícias imposta pelo xerife Schley tinha transformado a cidade em uma "incubadora de boatos".

O primeiro relato dos horrores de Plainfield a alcançar o mundo fora da pequena e isolada comunidade agrícola apareceu na edição de domingo do *Milwaukee Journal*. "Desaparecida de loja, viúva é encontrada morta", dizia a manchete. A história em si continha apenas alguns detalhes. Descrevia a constatação de Frank Worden do sequestro da mãe, a subsequente descoberta do corpo "em uma fazenda a onze quilômetros de distância" e a prisão de um suspeito. O artigo informava que o xerife Schley "não divulgou o nome do suspeito", embora mencionasse que o cadáver da vítima havia sido encontrado na fazenda de um tal de Edward Gein.

À medida que o dia transcorria, havia indicações crescentes por parte dos policiais de que uma história de extraordinária magnitude estava prestes a ser divulgada. Um dos homens que indicou isso foi justamente o filho da mulher assassinada, o assistente do xerife Frank Worden. Embora se recusasse a divulgar quaisquer detalhes, ele admitiu aos repórteres que algo ainda pior do que o assassinato de sua mãe estava em jogo. "É um caso que vai chocar o estado de Wisconsin", afirmou Worden.

No final das contas, como se provou mais tarde, seu comentário se revelou um enorme eufemismo.

16
POST MORTEM

"Sim, ela murchou; Eu sinto isso em seu seio;
Então devemos nos encontrar outra vez aqui?
Aqui, onde eu, como médico, cortei sua carne,
o corpo que era meu? Um frenesi de
desejo percorre minhas veias,
mais uma vez, mais uma vez...
Horrorizado, recuo: um profanador dos mortos?
Os olhos dela estão arregalados em seu próprio olhar fixo —
Eles me encontraram delirando no chão pela manhã."
Anônimo, citado por Wilhem Stekel em *Sadismo e Masoquismo*

Mais tarde naquela manhã de domingo, pouco depois de seus vizinhos terem saído dos diversos locais de cultos de Plainfield, onde velas foram acesas e orações foram proferidas pela alma de Bernice Worden, os restos esquartejados de seu corpo jaziam sobre uma mesa na sala de embalsamento da funerária de Ray Goult. Reunidos em volta da mesa estavam Goult; Allan Wilimovsky e James Halligan, do Laboratório Criminal do Estado; o xerife Harold Kroll, do Condado de Sheboygan, e seu assistente, Robert Frewert; e o dr. F. Eigenberger, médico patologista de Neenah, Wisconsin, acompanhado da esposa, Cordelia.

A autópsia da sra. Worden — um procedimento que se estenderia até o fim da tarde — estava prestes a começar.

Eigenberger conduziu o procedimento enquanto ditava as descobertas à esposa, secretária e gerente de escritório de uma grande clínica médica em Sheboygan, que por sua vez fazia anotações em pequenas folhas destacáveis. Mais tarde, essas notas foram reunidas em um relatório completo. Datilografado no papel timbrado do Hospital Memorial de Sheboygan, o relatório da autópsia de Bernice Worden é um documento muitíssimo desconcertante, o qual elucida não apenas a extensão da carnificina cometida por Gein, mas também da loucura que poderia compeli-lo a usar um corpo humano dessa maneira.

O relatório começa com uma seção intitulada "Informações Gerais":

> O corpo de uma mulher assassinada e mutilada, a sra. Bernice Worden, foi encontrado no galpão da antiga fazenda Gein, perto de Plainfield, Wisconsin. A investigação que levou a tal descoberta foi iniciada na loja de ferragens pertencente e operada pela sra. Worden, onde uma poça de sangue parcialmente limpa foi encontrada. Observações posteriores levaram a crer que o corpo havia sido arrastado pela loja, carregado em um veículo e depois transferido para um carro particular, no qual foi transportado até o local onde foi descoberto. O corpo foi encontrado pendurado pelos calcanhares em barras situadas no teto, decapitado e eviscerado. A cabeça e as vísceras foram encontradas no mesmo local, a vulva em uma caixa e o coração em um saco plástico. Antes de realizar a autópsia, foram visitados os locais acima mencionados.

Em seguida vem a descrição da autópsia em si, começando com uma longa seção intitulada "Inspeção":

> O corpo era de uma mulher de meia-idade, com supostamente 58 anos, bem formada e em bom estado de nutrição. Foi decapitado na altura dos ombros por um corte circular suave que decepou a pele, todas as estruturas macias e a

cartilagem intervertebral entre a sexta e a sétima vértebras cervicais foram cortadas com um instrumento pontiagudo. Não havia evidências de bordas irregulares, o que indica que nenhum machado ou instrumentado similar foi usado.

O corpo foi aberto por uma incisão mediana no manúbrio do esterno, estendendo-se em linha média até a área logo acima do monte púbico. Neste local, o corte circulou a genitália externa para a remoção completa da vulva, da parte inferior da vagina e do ânus com a porção mais baixa do reto. Para isso, a sínfise púbica foi dividida e os ossos púbicos amplamente separados. Pela aparência do corte de evisceração concluiu-se que foi iniciado na extremidade inferior e encerrado acima da boca do estômago. A razão para isso foi a aparência um tanto irregular da pele lacerada perto do peito, indicando hesitação em encerrar o corte da faca.

A vulva e estruturas adjacentes removidas foram apresentadas em uma caixa de papelão junto a outros espécimes, preservados e secos, do mesmo tipo. A vulva recém-removida encaixou bem na lesão tecidual do corpo. Apenas alguns pelos pubianos permaneceram em ambos os lados dos órgãos removidos e uma parte dessa pele hirsuta foi removida para fins de identificação. O exame da genitália externa não revelou evidência de trauma e não foi possível chegar a uma conclusão se houve ou não intercurso sexual.

As cavidades do corpo foram completamente evisceradas junto à maior parte do diafragma. A inspeção do tronco e das extremidades revelou como o corpo havia sido içado pelos calcanhares.

Houve um corte profundo acima do tendão de Aquiles da perna direita e uma barra transversal pontiaguda, feita a partir de uma vara de madeira áspera coberta por casca de árvore, foi forçada por baixo do tendão. O outro lado da barra havia sido amarrado a um barbante, preso com firmeza a um corte da perna acima do calcanhar. Esse corte decepou o tendão de Aquiles e exigiu a amarração com a corda para prender o corpo com segurança na barra transversal.

O comprimento da barra transversal foi estimado em cerca de um metro. Ambos os pulsos foram amarrados com longas cordas de cânhamo nas extremidades correspondentes da barra presa aos pés, mantendo assim os braços firmes quando o corpo estava suspenso pelos calcanhares.

A inspeção da superfície da pele do corpo revelou sujeira cobrindo os ombros, principalmente a região dorsal superior, a qual se assemelhava a lama seca em finas crostas escamosas. A pele das costas, dos braços e das pernas, com exceção do peito e do abdômen, estava um tanto descolorida pela poeira que revelava áreas irregulares e manchadas de cobertura mais espessa. Bastante impressionante foi a quantidade de poeira escura cobrindo ambas as superfícies plantares, poeira que parecia um tanto "esfregada", como se o corpo tivesse caminhado descalço em um chão sujo e empoeirado.

Ambos os seios pareciam de bom tamanho e, para a idade, bem formados. Pareciam medianamente firmes, sobretudo porque o tecido adiposo havia endurecido pela exposição ao frio. O mamilo direito parecia normal, o esquerdo ligeiramente invertido. Ambos os seios pareciam inclinar-se para cima, ao que tudo indica devido à longa suspensão pelos calcanhares. Não houve nenhuma evidência de mutilação das mamas.

A inspeção do corpo (tronco e extremidades) não revelou evidências de trauma *ante mortem*. A exsanguinação foi total, apenas as unhas apresentavam cianose moderada. No dedo anelar esquerdo havia um anel de camafeu. As cavidades vazias do corpo estavam reluzentes e livres de sangue, parecendo ter sido lavadas. Não foram encontradas fraturas no tronco ou nas extremidades. A sétima vértebra foi removida para um exame adicional no Laboratório Criminal do Estado de Wisconsin.

As vísceras torácicas e abdominais foram armazenadas separadamente, embrulhadas em um jornal e escondidas em uma trouxa de roupas velhas. Essas vísceras consistiam em

> ambos os pulmões com a traqueia, a aorta da base até a bifurcação abdominal, o esôfago, o estômago, o intestino delgado e grosso com mesentério e omento até a parte inferior do reto. Coletivamente foram removidos: baço, pâncreas, suprarrenais, rins com ureteres, a metade superior da bexiga e órgãos genitais internos. Individualmente foram removidos:
>
> 1 - Coração (sem o pericárdio), o qual fora mantido em um saco plástico;
>
> 2 - Fígado.

O relatório então detalha a condição individual dos órgãos (estômago, intestinos, pâncreas, fígado e assim por diante) antes de passar para uma descrição da cabeça decapitada, uma seção particularmente significativa do ponto de vista forense, pois revela como a sra. Worden foi morta:

> A cabeça com o pescoço foi apresentada em uma caixa separada. Ela se encaixou no tronco do corpo. O cabelo era meio curto, um tanto encaracolado, e parecia sujo de poeira e manchado de sangue. A cor era escura, apresentando tons consideráveis de grisalhos. [...] Um orifício arredondado no couro cabeludo, o qual foi difícil de encontrar em uma inspeção externa, media, quando moderadamente esticado, 0,76 centímetros de diâmetro. A borda da lesão revelou uma pequena e estreita abrasão. Não havia nenhum rasgo no contorno da abertura e nenhuma evidência de queimadura, nem quaisquer partículas de pólvora que poderiam ser visualizadas macroscopicamente. Essa lesão cutânea, sugestiva de um ferimento de entrada de uma bala, localizava-se à esquerda da linha média, cerca de seis centímetros acima da raiz dos cabelos na linha do pescoço, 3,5 centímetros lateralmente e dois centímetros acima da protuberância occipital externa.
>
> O rosto parecia coberto de poeira distribuída de maneira irregular. Não houve evidência de trauma externo na face. Ambos os olhos estavam fechados. [...] Durante a palpação, o nariz parecia intacto, mas havia sangue em ambas as narinas.

> Na orelha esquerda constava um prego em forma de gancho, cuja ponta no momento do exame estava inserida dois centímetros dentro do canal auditivo externo. Havia escoriações leves, aparentemente *post mortem*, na borda externa do canal auditivo. O sangue havia escorrido deste ouvido em quantidades maiores do que as escoriações haviam indicado.
>
> Amarrada à ponta do prego havia uma corda à qual outro prego, do mesmo formato e tamanho, havia sido preso. No momento do exame, este prego direito não estava inserido no canal auditivo direito.
>
> O pescoço não revelou nenhuma evidência de força aplicada, como por estrangulamento, nem impressões de dedo ou unhas, nem arranhões. A traqueia e a laringe pareciam normais. A porção inferior da medula oblonga e da coluna cervical superior foram arrancadas. Esta porção da medula espinhal não foi encontrada. [...]
>
> A dissecação do cérebro mostrou hemorragias em todos os espaços ventriculares. O verdadeiro caminho percorrido pela bala no cérebro era difícil de visualizar. Era evidente que a bala havia atravessado o cérebro abaixo do corpo caloso, passando pelos ventrículos e atingindo o osso esfenoide. Como não havia ferimento de saída, para facilitar a localização do projétil foram feitas radiografias e o projétil, aparentemente de calibre .22, foi localizado e encontrado na órbita direita abaixo da porção mediana, sem destruição do globo ocular. (A bala foi entregue ao Laboratório Criminal do Estado de Wisconsin). A extensa fratura no crânio foi a causa dos sangramentos no nariz e no canal auditivo direito.

Após um breve resumo dos resultados dos exames microscópicos do cérebro, pulmões, fígado, coração, baço e rins, o relatório encerra com as conclusões do patologista acerca da causa da morte da sra. Worden:

> O exame do corpo decapitado e eviscerado da sra. Bernice Worden revelou como única causa da morte um ferimento de bala na cabeça, disparado na parte de trás do crânio. A

> bala penetrou no cérebro, causando destruição de áreas vitais e hemorragia interventricular, além de extensas fraturas cranianas e alguma hemorragia subaracnóidea. A bala se alojou na órbita esquerda. Ao que tudo indica, não foi um tiro à queima-roupa nem muito próximo. [...] A morte presumidamente ocorreu logo (segundos ou minutos) após o tiro ter sido disparado. Todas as outras mutilações do corpo foram realizadas após a morte.

O manuscrito original da sra. Eigenberger continha uma série de comentários entre parênteses, os quais foram excluídos do relatório final. Essas breves anotações, rabiscadas às pressas no verso das páginas, consistiam em frases curtas e provocativas que representavam suas reflexões espontâneas sobre vários aspectos do assassinato — ideias que lhe ocorreram enquanto a autópsia estava em andamento.

A certa altura, por exemplo, ela observa que a remoção do coração e do fígado feita por Gein segue o "padrão de um caçador de cervos". Um pouco mais tarde, ela reflete se a "semente" para o assassinato teria sido "plantada por quadrinhos e filmes de crimes" (uma especulação, sem dúvida, motivada em parte pela descoberta da enorme coleção de publicações policiais semipornográficas de Eddie e em parte pelas preocupações contemporâneas acerca da violência excessiva dos quadrinhos, uma questão controversa nos Estados Unidos dos anos 1950).

Talvez a mais impressionante das anotações da sra. Eigenberger apareça no verso da última página, onde escreveu as palavras "Caçador Sexual e Beldade Maltratada". O que torna esta frase tão impressionante é a sua total incongruência dentro do contexto do relatório *post mortem*. Em contraste com a linguagem imparcial e analítica do marido, a anotação da sra. Eigenberger tem o descaramento de uma manchete de tabloide.

Na verdade, a tentativa de inventar uma frase de efeito para o crime antecipa o tipo de tratamento que os horrores cometidos por Gein estavam prestes a receber da imprensa. Vinte e quatro horas depois da autópsia da sra. Worden, os jornais de todo o Centro-Oeste estariam cheios de manchetes igualmente sensacionalistas, enquanto os jornalistas tentavam encontrar uma linguagem sinistra o suficiente para fazer jus ao trabalho doentio de Eddie Gein.

17

OS HORRORES DA FAZENDA GEIN

> "Enquanto na semana passada a conversa na North Street era sobre caça de cervos ou produção de leite, na segunda-feira ela estava repleta de especulações sobre assuntos que normalmente estão muito longe dos interesses dos respeitáveis residentes de comunidades como esta. Quem poderia ter imaginado alguns dias atrás que assuntos como canibalismo e carnificina humana seriam discutidos em Plainfield em plena segunda-feira?"
> *Milwaukee Journal*, 18 de novembro de 1957

Quando a história foi divulgada na noite de domingo, não havia uma alma no centro de Wisconsin que não estivesse ciente de que um crime de proporções particularmente monstruosas havia sido descoberto em Plainfield. Mas ninguém estava preparado para os fatos que enfim seriam divulgados. O choque causado pelas revelações daquele dia logo se espalhou do Centro-Oeste para todo o país. Como a jovem noiva do "Barba Azul", que destranca a porta da câmara proibida e se vê diante de uma sala cheia de cadáveres massacrados, os Estados Unidos ficaram paralisados pelo horror.

• • •

Ao longo do dia, Plainfield foi inundada por rumores de que a isolada casa de fazenda de Ed Gein era, na verdade, uma "fábrica de assassinatos", repleta de restos mortais de pelo menos sete vítimas. Mantendo um silêncio teimoso, o xerife Schley se recusava a falar com os repórteres, embora tenha divulgado uma declaração confirmando que "vários esqueletos" e partes anatômicas de corpos humanos haviam sido recuperados.

Mais tarde naquele dia, vários funcionários presentes na cena do crime — começando pelo promotor público do Condado de Waushara, Earl Kileen — forneceram os primeiros relatos detalhados das descobertas à imprensa. Pela primeira vez, os repórteres souberam do corpo pendurado e eviscerado da sra. Worden, das cabeças preservadas em sacos plásticos, dos crânios espalhados pelos cômodos da casa de Gein, dos móveis e utensílios feitos de pele humana. O policial Dave Sharkey, do Condado de Wood, que havia passado a noite vasculhando a casa da fazenda, ofereceu fatos adicionais, descrevendo, entre outras coisas, a horrível coleção de máscaras mortuárias de Gein. "Sou da opinião que algumas delas pertencem a jovens", relatou Sharkey aos jornalistas. "Algumas usam batom e parecem perfeitamente naturais."

Longe de pôr fim aos rumores, as revelações de Kileen e Sharkey apenas colocaram mais lenha na fogueira dos boatos. A depravação presente nas revelações gerou histórias ainda mais horríveis, incluindo uma que logo ganharia status de fato: que Gein não era apenas um açougueiro de carne humana, mas também um consumidor.

O próprio Kileen adicionou considerável credibilidade a essa história quando, após fornecer aos jornalistas uma descrição explícita do cadáver eviscerado da sra. Worden, observou: "Parece ser canibalismo".

Não demorou muito para que os fatos em torno do assassinato de Bernice Worden — já horríveis o suficiente, para começo de conversa — sofressem algumas alterações significativas. O coração da sra. Worden, por exemplo, que havia sido descoberto em um saco plástico perto do fogão de Eddie, de repente foi relatado como tendo sido encontrado em uma frigideira disposta em uma das bocas do fogão. A trouxa de roupas velhas onde estavam escondidas as entranhas se tornaram uma geladeira repleta de órgãos vitais, todos embrulhados com cuidado em papel pardo de açougueiro. Começaram também a circular histórias de como o corpo da viúva havia sido desmembrado e as pernas penduradas para cura na cozinha externa de Gein. Havia rumores de que a adega de Eddie estava cheia de frascos cheios de sangue humano.

Durante as semanas seguintes em Plainfield, quaisquer horrores que pudessem ser imaginados eram no mesmo instante relatados como fatos. William Senay, proprietário do Bill's Bar na North Street, descreveu o fenômeno aos repórteres. "Um cara chega aqui e conta uma história", disse Senay. "Então ele desce a rua e conta a mesma história de novo. E, nesse momento, ele mesmo acredita nela."

Na realidade, ainda estava por vir outra acusação bastante sensacionalista, uma tão incrível que seria recebida com ceticismo até mesmo por aqueles que não tinham dificuldade em acreditar que seu recluso vizinho era um canibal. Ainda assim, seria difícil descartar de imediato a afirmação, já que a pessoa responsável por ela seria o próprio Eddie Gein.

18

SILÊNCIO ROMPIDO

"Cada um tem o seu gosto. O meu é por cadáveres."
Depoimento presente no julgamento do necrófilo Henri Blot

Na manhã de segunda-feira, a terra estava sob um manto de dez centímetros de neve. Mas as temperaturas baixas não afastaram os investigadores, que continuaram a vasculhar a sordidez escondida nas construções da fazenda Gein. Eles também iniciaram uma busca pela propriedade de 79 hectares, um empreendimento que duraria uma semana.

O caos da residência Gein era tamanho que novas evidências surgiam o tempo todo em meio à desordem. A quantidade de partes de corpos enterradas entre os escombros parecia não ter fim. No domingo, por exemplo, Kileen tinha dito à imprensa que quatro cabeças humanas haviam sido encontradas dentro da casa de Gein. Na segunda-feira, ele anunciou a descoberta de mais seis, algumas embrulhadas com cuidado em sacos plásticos e outras jogadas de qualquer jeito sob os móveis.

As revelações feitas por Kileen desencadearam um furor midiático. Na segunda-feira, o influxo de repórteres em Plainfield se transformou em uma grande invasão. Jornalistas dominaram em massa a cidadezinha atordoada. Havia repórteres de todos os grandes jornais regionais: o *Milwaukee Journal*, o *Milwaukee Sentinel*, o *Madison Capital Times*, o *Chicago Tribune*, o *Chicago Sun-Times*, o *Minneapolis Star*, o *St. Paul Pioneer Press* e outros. Alguns desses chegaram a designar até cinco repórteres para cobrir os vários ângulos das histórias que estavam se desenrolando com rapidez. Logo, chegaram os escritores e fotógrafos de revistas, como a *Life*, a *Time* e a *Look*. As emissoras de televisão e rádio enviaram suas equipes de jornalismo, e a Associated Press montou um serviço de telegrafia portátil no escritório da companhia telefônica local para transmitir as fotografias tiradas em Plainfield. Dentro de um ou dois dias, a cidade abrigaria até correspondentes de jornais estrangeiros.

O intenso interesse midiático nos horrores descobertos na fazenda de Gein teve tanto a ver com o local do caso quanto com sua natureza macabra. Na manhã de segunda-feira, já era evidente que a vila de Plainfield, uma pacata cidadezinha no coração da região leiteira dos Estados Unidos, era palco de um dos crimes mais chocantes da história de Wisconsin, quem sabe até da própria história norte-americana. Até então, ninguém sabia dizer quantos assassinatos haviam sido cometidos, mas os investigadores estavam inclinados a acreditar que era um número substancial. "Sabemos que temos pelo menos onze mortos", disse o policial Sharkey aos repórteres. "Mas pode haver cinquenta."

De fato, entre os muitos boatos que circulavam pelo Condado de Waushara naquele manhã, havia vários que ligavam Eddie a todos os desaparecimentos inexplicáveis que aconteceram em Wisconsin nos últimos dez anos. Também era verdade que durante um período de 48 horas um verdadeiro exército de investigadores de todo o Centro-Oeste — mais de 150 oficiais, de acordo com a estimativa — visitaram a residência de Gein para verificar se havia pistas de diversos casos de pessoas desaparecidas. No topo da lista dos casos que esperavam resolver estavam os de Georgia Weckler, a menina de 8 anos que desapareceu em 1947; o de Victor Travis, conhecido como "Bunk", morador local desaparecido desde 1952; o de Evelyn Hartley, a adolescente de La Crosse raptada enquanto trabalhava como babá em 1953; e o de Mary Hogan, a taberneira no Condado de Portage, cujo misterioso desaparecimento em 1954 apresentava uma semelhança impressionante com os detalhes do sequestro de Bernice Worden, como observou mais tarde um jornal local.

Pouco antes das 11h daquela segunda-feira, o caso sofreu um enorme progresso quando o promotor Kileen relatou a uma multidão de repórteres que Gein havia enfim rompido seu silêncio de trinta horas.

Em um depoimento dado a Kileen, Gein havia reconhecido ter matado a sra. Worden, embora insistisse que não conseguia se lembrar de nenhum detalhe do crime porque tudo aconteceu enquanto estava "em transe". Um registro taquigráfico da confissão de Gein foi divulgado mais tarde à imprensa. A seção relativa ao assassinato da sra. Worden diz o seguinte:

> Kileen: Comece a partir do momento em que você entrou na loja de ferragens Worden. Diga-nos exatamente o que aconteceu, da melhor forma que conseguir se lembrar.
>
> Geir: Quando fui para o estabelecimento da sra. Worden, levei um jarro de vidro para o anticongelante permanente. Quando entrei na loja de ferragens, ela veio na minha direção e disse: "Você quer um galão de anticongelante?", e eu respondi: "Não, meio galão". Ela pegou o anticongelante e bombeou para fora, e eu segurei a jarra para que ela despejasse e então ela bombeou outro litro, e eu ainda estava segurando o jarro enquanto ela bombeava. Então paguei a ela com uma nota de 1 dólar. Ela me devolveu um centavo porque custava 99 centavos.
>
> Não consigo me lembrar daí em diante porque não sei o que aconteceu daqui pra frente, entende.
>
> Ela olhou pela janela em direção ao posto de gasolina do outro lado da rua e disse: "Eles estão checando os cervos lá". Então, ela olhou para o oeste, para fora das janelas situadas a oeste e norte, e falou: "Há mais pessoas na cidade do que eu pensava que haveria". Ela pode ter dito algo sobre o início da temporada, pode ter dito isso.
>
> Kileen: Você se lembra de bater ou atirar nela?
>
> Gein: Não. É isso que me pega; se eu apanhei meu anticongelante. Isso é o que não consigo me lembrar. É difícil dizer algo daí em diante. Minha memória está um pouco vaga, mas me lembro de arrastá-la pelo chão. Lembro de carregar o corpo na caminhonete. Então dirigi pela estrada

leste pelo cruzamento onde as rodovias 51 e 73 separam o leste de Plainfield. Dirigi a caminhonete até os pinheiros. Depois, andei até a cidade e entrei no meu carro e dirigi até lá e coloquei o corpo dela na traseira do carro, assim como a caixa registradora. Coloquei a caixa registradora no caminhão quando carreguei o corpo lá dentro.

Depois dirigi até a minha fazenda, tirei o corpo do carro e o pendurei pelos calcanhares no meu galpão de madeira.

Kileen: Conte como você tirou o sangue e o enterrou. Você usou a faca que fez com a lima para cortá-la?

Gein: Isso é o máximo de que me lembro. Eu estava em transe e não posso dar certeza.

Kileen: Então você disse que tirou o sangue do corpo e o jogou fora; enterrou perto do banheiro que você indicou.

Gein: A leste do banheiro.

Kileen: Você lembra onde estava o sangue? Era um balde, um recipiente ou uma jarra?

Gein: Deve ter sido um balde.

Kileen: Que tipo de balde?

Gein: Provavelmente um galvanizado. Provavelmente de dez litros.

Kileen: Então você começou a eviscerar o corpo? Você me disse que pensou que estava esviscerando um cervo?

Gein: Essa é a única explicação em que consigo pensar.

Kileen também levantou a questão do canibalismo, perguntando a Eddie se ele havia mutilado a sra. Worden com a intenção de comê-la. No entanto, o homenzinho tinha sido evasivo. "Quanto a isso", disse Kileen aos repórteres, "ele ainda tem um lapso de memória."

No entanto, a confissão do assassinato da sra. Worden não foi em si a parte mais chocante do depoimento que Gein deu a Kileen. Afinal de contas, nunca existiram dúvidas sobre a culpa de Eddie, não desde a noite de sábado, quando Frank Worden vasculhou a loja da mãe e encontrou o recibo de anticongelante que Gein comprara naquela manhã. O verdadeiro escândalo veio com a revelação acerca de sua coleção profana de restos humanos.

Ele negou que seus "troféus" — rostos e cabeças, vulvas e seios, narizes e lábios, pele e ossos, todos espalhados pela sua casa dos horrores — fossem restos de vítimas de assassinato. Ele não era, de forma alguma, um assassino desvairado. Na realidade, afirmou Eddie, o assassinato da sra. Worden havia sido uma aberração, um acidente. Quando Kileen perguntou se Eddie já havia matado mais alguém além da lojista, o homenzinho balançou a cabeça e disse: "Não que eu saiba".

Então de onde, queria saber Kileen, vieram todas as partes de corpos?

A resposta era simples. De cemitérios, segundo Eddie.

Diante de homens da lei espantados, Gein explicou que durante um período de cinco anos, começando em 1947, ele realizou uma grande quantidade de visitas noturnas — cerca de quarenta — aos cemitérios da região. Na maioria das vezes, retornava para casa sem cometer nenhum delito. Mas em pelo menos nove dessas ocasiões, ele desenterrou e abriu os caixões, removeu o que queria e depois os enterrou mais uma vez, deixando as sepulturas violadas, como garantiu a Kileen, "nos trinques".

Todos os cadáveres pertenciam a mulheres recém-falecidas, de meia-idade ou mais velhas, cujos obituários Gein tinha lido em jornais locais. Eddie havia conhecido várias delas enquanto estavam vivas. Porém, além desses poucos fatos, ele tinha pouca coisa a dizer. Eddie insistiu que todas as vezes em que roubou túmulos, assim como no assassinato da sra. Worden, ele estava em um estado de "transe".

Logo após o anúncio de Kileen, às 11h, o suspeito de 51 anos, de aparência frágil e vestindo o que se tornaria sua marca registrada — botas de borracha, luvas de tecido vermelho, camisa abotoada até o pescoço, casaco de lã e boné xadrez de caçador — foi levado da prisão até um automóvel que o esperava. Junto dele estavam Kileen, o xerife Schley e o juiz do condado, Boyd Clark.

"Ele tem algo para nos mostrar", disse Kileen.

Era a primeira vez que Eddie aparecia em público desde a prisão e, enquanto se movia em meio à multidão de repórteres, com flashes de luz disparando a seu redor, ele escondeu o rosto atrás das mãos algemadas.

Gein foi levado para sua fazenda, onde conduziu um grupo de policiais por um tour pelas instalações, apontando para vários locais ao redor da propriedade, incluindo o lugar atrás de seu banheiro externo onde esvaziou o balde cheio de sangue drenado da sra. Worden. Uma multidão de jornalistas seguia logo atrás. Eddie já parecia muito mais à vontade com os fotojornalistas, sem fazer nenhum esforço para esconder o rosto das lentes. Pelo contrário, ele olhava diretamente para as câmeras, sorrindo para elas com seu sorrisinho tímido.

As fotos tiradas naquela manhã mostram um fazendeiro franzino de meia-idade, de aparência perfeitamente comum, que parece tão ameaçador quanto um Papai Noel do Exército da Salvação. Para os jornalistas que tiraram essas fotos, assim como para as milhões de pessoas que as veriam naquela noite nas primeiras páginas dos jornais de todo o Centro-Oeste, era quase impossível acreditar que um sujeito de aparência tão dócil fosse, por sua própria confissão e no sentido estrito do termo, um monstro.

Por volta das 13h, Eddie retornou à prisão. Contudo, menos de duas horas depois, foi retirado mais uma vez da cela e levado ao Tribunal do Condado de Waushara, um edifício imponente adornado por uma fileira de colunas jônicas e antecedido por um belo par de estátuas em homenagem aos heróis que morreram pela União e nos campos de batalha da Primeira Guerra Mundial. Lá, foi indiciado perante o juiz Clark e acusado de assalto à mão armada, decorrente do roubo da caixa registradora de Bernice Worden (contendo 41 dólares), que foi encontrada na casa de Gein.

Kileen já havia contado aos repórteres mais cedo que Gein seria acusado de homicídio doloso "dentro de um ou dois dias". Enquanto isso, ele estava apresentando a acusação de furto a pedido de Charles Wilson, diretor do Laboratório Criminal do Estado, que queria adiar o indiciamento por assassinato até que sua equipe terminasse de examinar a terrível pilha de evidências presente na fazenda de Gein.

Diante do juiz Clark, Gein disse que queria um advogado e que tinha condições de contratar um. A acusação então foi adiada por uma semana para permitir que o prisioneiro obtivesse um advogado. A fiança foi fixada em 10 mil dólares, e Eddie devolvido à sua cela.

19

TRANSE MORTAL

"Eddie gostava principalmente de mulheres mais velhas e desenvolvidas; de preferência, mortas."
Juiz Robert H. Gollmar

Na noite de segunda-feira, o tenente Vern Weber, investigador-chefe do Departamento de Polícia de La Crosse, chegou a Plainfield para averiguar a descoberta de supostas pistas que ligavam Gein ao sequestro de Evelyn Hartley. As informações vindas da fazenda eram dispersas e muitas vezes contraditórias, mas, segundo alguns relatos, uma das vulvas encontradas na coleção de genitálias de Eddie pertencia a uma garota jovem. Havia também rumores de que recortes de notícias do caso Hartley haviam sido descobertos entre as enormes pilhas de jornais velhos encontradas dentro da casa de Gein. Quando repórteres perguntaram a Weber se uma solução para o caso de quatro anos estava finalmente em questão, o tenente se mostrou esperançoso, mas também evasivo. "Parece promissor, mas, por outro lado, não parece", respondeu ele.

Após passar um tempo examinando as evidências dentro da residência Gein e entrevistar Eddie duas vezes na prisão do Condado de Waushara, Weber se reuniu mais uma vez com a imprensa.

Como todas as outras pessoas que estiveram dentro da casa ou tiveram a oportunidade de conversar diretamente com Gein, Weber foi submetido a um interrogatório por uma multidão de repórteres ávidos por notícias, os quais estavam desesperados por qualquer descrição de testemunhas oculares acerca do conteúdo da "fazenda da morte" ou do homem que haviam apelidado de "o açougueiro louco de Plainfield".

Weber disse então aos jornalistas que grande parte da coleção macabra de Eddie já havia sido transferida para o veículo do laboratório criminal. Lá, ele tinha visto "dez cabeças de mulheres, algumas com os olhos e outras sem". Algumas delas "estavam completas, com os crânios, outras eram só pele". As cabeças, algumas das quais foram encontradas atrás de cadeiras e outros móveis, "estavam em ótimo estado de conservação". Weber questionou Eddie sobre isso, e ele lhe respondeu que havia curado as cabeças em salmoura.

Weber também disse ter visto com os próprios olhos "uma cadeira cujo assento parecia ter sido feito de pele humana". O móvel, explicou ele, era "uma típica cadeira de cozinha cujo assento original provavelmente havia sido vime". Ele também tinha visto "uma faca cujo cabo parecia ser coberto de pele".

Ele então continuou descrevendo suas conversas com Gein. O investigador afirmou que estava "inclinado a acreditar" na história de Eddie sobre estar em transe durante suas expedições de roubo de cadáveres. O homenzinho dissera a Weber que sempre que sentia quando um de seus "encantos de violação de sepulturas estava se aproximando", ele "começava a orar e, às vezes, as orações lhe tiravam dessa situação". De acordo com Gein, ele "uma vez saiu de um encanto enquanto estava desenterrando uma cova e simplesmente parou" e voltou para casa na mesma hora.

Por outro lado, Eddie havia sugerido a Weber que seu interesse pelos cadáveres era puramente científico. Durante toda a juventude, Gein contou ao investigador que "queria ser médico". O roubo de sepulturas, sugeriu ele, havia sido motivado por sua curiosidade intelectual. Ele queria corpos para dissecar e aprender em primeira mão sobre a anatomia humana.

Em todo caso, Eddie insistiu que não saqueava túmulos desde 1954. "Ele afirmou que talvez suas orações tenham sido atendidas", contou Weber aos repórteres. O investigador também desconsiderou as histórias de canibalismo. "Isso está fora de questão", disse à imprensa. Ele havia feito "perguntas incisivas" a Gein sobre o assunto. Por sua vez, Gein jurou que "nunca comeu nada daquelas coisas". "Acredito que ele não tenha comido", declarou Weber.

Quanto ao desaparecimento de Evelyn Hartley, o tenente estava propenso a acreditar que, no final das contas, Gein não estava envolvido no caso. Embora uma das cabeças embrulhadas em celofane da coleção de Eddie parecesse ter vindo de uma mulher mais jovem, o rosto "não possuía nenhuma semelhança" com o de Evelyn Hartley. Além disso, comentou Weber, um par de tênis que havia sido recuperado na época do crime e que se acreditava pertencer ao sequestrador era grande demais para Gein. "Os sapatos que encontramos eram do tamanho 43", explicou o investigador. "Gein calça 39."

No entanto, havia, segundo afirmou Weber, outra prova física que poderia estar conectada a Gein: uma jaqueta jeans encontrada perto de uma rodovia próxima a La Crosse, que se presumia ter sido utilizada pelo sequestrador. A jaqueta possuía uma faixa desbotada nas costas, como se tivesse sido usada sob um arnês ou cinto de suspensão, do tipo utilizado por pintores e serralheiros. Como Gein às vezes trabalhava como lenhador, ele próprio poderia ter usado um arnês para podar galhos do topo de árvores. Mas, "no geral", admitiu Weber, "não me sinto muito encorajado a desenvolver qualquer coisa nessa linha de pensamento".

Ele também afirmou que, embora Gein tenha nascido em La Crosse e vivido lá até seus 7 anos, "ele afirma que não voltou lá desde então". Gein ainda tinha familiares que residiam em La Crosse, contou Weber aos repórteres, "e vamos verificar com eles". O álibi de Eddie — que no dia do desaparecimento da menina estava realizando alguns trabalhos para um vizinho — também seria checado.

Enquanto isso, as cabeças e crânios encontrados na casa de Gein estavam sendo examinados e comparados com imagens da arcada dentária de Evelyn Hartley, que haviam sido encaminhados ao promotor Kileen pelo investigador criminal de La Crosse, A.M. Josephson.

Weber concluiu oferecendo sua avaliação pessoal de Gein. "Ele é um sujeito muito sincero e bem manso. Você nunca acreditaria que seria o tipo de cara que faria algo assim. A gente sente que ele precisa muito de ajuda."

Esta descrição sensata — e até mesmo empática — diferia bastante da imagem de Gein como assassino sexual, diabolicamente depravado, que estava sendo divulgada pela imprensa popular. No entanto, tal descrição era consistente com as reações de muitos profissionais — advogados, juízes, psiquiatras, enfermeiros e outros — que teriam contato com Eddie Gein nos anos seguintes.

Embora uma conexão entre Gein e Evelyn Hartley parecesse cada vez mais improvável, havia sinais de que a casa de fazenda de Eddie poderia, de fato, conter uma resposta para o mistério de três anos acerca do desaparecimento de Mary Hogan. A possível ligação de Gein com o aparente assassinato da taberneira de meia-idade foi objeto de intensa especulação por parte da imprensa. Os jornais de segunda-feira publicaram manchetes sugerindo que uma grande descoberta no caso Hogan estava próxima de acontecer. Embora as informações que vinham da fazenda fossem inconsistentes, havia relatos de que os investigadores tinham descoberto um grande esconderijo de armas de fogo dentro da casa de Gein e que uma das armas era uma pistola automática de calibre .32. Uma das principais pistas no caso Hogan era justamente um cartucho de calibre .32, que foi encontrado próximo a uma poça de sangue seco no chão da taverna no dia em que ela desapareceu.

Também era de conhecimento geral que as autoridades do Condado de Portage, incluindo o xerife Herbert Wanerski, o subxerife Myron Groshek e o promotor público John Haka, haviam passado horas interrogando Gein, que negou veementemente conhecer a sra. Hogan, embora tivesse admitido ter frequentado a taverna dela — localizada a apenas dez quilômetros ao norte de sua fazenda — em diversas ocasiões.

No entanto, Wanerski e seus colegas não tinham a intenção de desistir de Gein até que extraíssem sua confissão, uma vez que, sem o conhecimento da imprensa, eles já possuíam uma evidência que não deixava dúvidas sobre a culpa dele.

A evidência era a relíquia macabra encontrada pelo policial Arnold Fritz na casa dos horrores de Eddie: o rosto de Mary Hogan, esfolado do crânio, amaciado com óleo e enfiado dentro de um saco de papel.

20

TOUR PELA CASA DA MORTE

"É a coisa mais repugnante que já vi."
Russell Darby, médico legista, após ver a casa de Edward Gein

Uma tempestade brutal, uma das piores nevascas do mês de novembro que Wisconsin sofreu em anos, deixou mais de trinta centímetros de neve em várias partes do estado antes de perder ritmo na terça-feira. Três pessoas morreram de ataques cardíacos enquanto limpavam as calçadas de suas casas e um homem morreu esmagado quando o teto coberto de gelo em sua garagem desabou sobre ele. Vários caçadores se perderam na floresta; outros ficaram isolados em acampamentos cobertos de neve. A caça em si foi praticamente interrompida, com o número de abates permanecendo em 28.675 cervos durante três dias.

O mau tempo, no entanto, não impediu que uma multidão de jornalistas se dirigisse até a fazenda de Gein na manhã de terça-feira. A imprensa havia enfim recebido permissão para entrar na casa de Eddie.

A essa altura, o Laboratório Criminal do Estado já havia removido do local os pertences mais medonhos de Gein. Mesmo assim, a casa ainda transmitia uma sensação intensa de loucura e morbidez e, como observou um repórter, os jornalistas — após dias clamando por uma espiada na casa do assassino — não pareciam particularmente ansiosos para permanecer muito tempo lá dentro.

No entanto, eles ficaram por tempo suficiente para participarem de um tour, conduzido pelo policial Davi Sharkey, pela já infame "casa da morte", onde foram apontados o local na cozinha externa onde a carcaça massacrada da sra. Worden pendia das vigas, a pilha de roupas velhas no quarto de Eddie, sob a qual os investigadores encontraram uma caixa cheia de crânios humanos, e a mesa da cozinha onde foi encontrada uma das tigelas de sopa feitas de crânio.

Os fotógrafos enfim foram autorizados a tirar fotos dos aposentos de Eddie. As fotos granuladas em preto e branco, que capturaram a melancolia deprimente da casa de Gein, apareceram naquela mesma noite em jornais de todo o Centro-Oeste. Pela primeira vez, o público viu de perto a loucura de Eddie. Os jornais também publicaram fotos de vários investigadores do laboratório criminal vasculhando o conteúdo que restava nos cômodos. Como nenhum dos itens que Eddie havia recolhido do cemitério foi deixado na casa, os redatores tiveram que se basear em especulações sinistras para despertar o interesse dos leitores. Uma fotografia típica mostrava dois investigadores apontando uma lanterna para uma bolsa feminina de aparência bastante normal, presumivelmente "na tentativa de determinar se ela era feita de couro ou de pele humana".

A descrição mais vívida da residência Gein, no entanto, foi fornecida por um redator da equipe do *Milwaukee Journal,* chamado Robert W. Wells, em um longo artigo intitulado "Casa incrivelmente suja era morada de assassino". O artigo capturou tanto a imundice inimaginável da residência quanto a incongruência insana de seu conteúdo. Wells evocou um lugar onde uma imagem de Jesus Cristo olhando para o céu em direção a um anjo poderia estar pendurada em uma parede enquanto o rosto sem olhos de um cadáver feminino poderia estar em outra. Onde uma pilha de antigos livros infantis, com títulos como *Dorothy Dale, A Girl of Today*, poderia estar em uma mesa ao lado de um livro sobre embalsamento. Onde uma pilha de brindes vindos de salgadinhos Crackerjack — apitos de plástico e aviões de brinquedo — poderia dividir espaço nas prateleiras com um pedaço de crânio humano. Embora o artigo de Wells evocasse a sobrepujante bizarrice da residência do monstro, ele terminava com uma observação distintamente comovente, a qual chamava a atenção não para a insanidade de Gein, mas para seu terrível isolamento:

O homenzinho que vivia aqui em meio a suas coleções insanas, em um estado de desordem que poucos animais, os quais eram seus vizinhos mais próximos, teriam tolerado, tinha a maior parte das portas e janelas vedadas com um pesado papel alcatroado ou com cortinas grossas e sujas.

Dentro da casa em decomposição, os quatro cômodos que ele utilizava estavam tão cheios de lixo que mesmo um homem franzino como Gein devia ter dificuldade para se locomover.

No entanto, havia muito espaço que ele poderia ter habitado: o andar de cima, quase vazio, com seus cinco quartos organizados, e os dois quartos do térreo, os quais havia selado firmemente e dedicado a um passado morto, quando Ed Gein não estava sozinho no mundo.

Na terça-feira, outra pessoa visitou a casa de Gein: William Belter, um ex-deputado estadual de Wautoma de 30 anos que aceitou o pedido de Gein para atuar como seu advogado de defesa. Um delegado do Condado de Wood conduziu Belter em uma visita guiada pela casa, coroada com uma descrição explícita da coleção de máscaras mortuárias de Eddie, a qual Belter mais tarde compartilhou com a imprensa.

O oficial explicou como as máscaras haviam sido feitas, separando os rostos dos crânios e depois enchendo as peles com jornais. Segundo ele, os investigadores encontraram "mais narizes do que rostos", o que os levou a revisar o número estimado de vítimas de Eddie. A princípio, explicou o oficial, a polícia acreditava que havia um total de dez ou onze mulheres envolvidas, "dependendo se a cabeça da sra. Worden fosse contabilizada". A soma agora era de quinze, um número baseado na recuperação de dez máscaras, da cabeça decapitada da sra. Worden e de quatro "narizes a mais".

Gein havia passado a noite anterior sendo interrogado por dois policiais do Departamento de Homicídios de Chicago, que haviam viajado para Wautoma na esperança de resolver três casos de homicídio de grande repercussão não resolvidos: o esquartejamento de uma mulher chamada

Judith Anderson, as mortes misteriosas de duas irmãs de nome Grimes e o assassinato de três meninos cujos corpos mutilados foram descobertos em uma reserva florestal em Illinois em 1955.

Gein insistiu que o mais longe que já esteve de casa foi em Milwaukee, e uma única vez, para o exame de aptidão física das forças armadas em 1942. Após um interrogatório que se estendeu até as 3h, os investigadores de Chicago anunciaram à imprensa que acreditavam que Gein estava falando a verdade.

Ainda assim, havia aqueles que achavam que Eddie, apesar de toda a sua aparente docilidade e simplicidade, era na verdade um indivíduo perspicaz e calculista — um "espertinho", nas palavras de um observador —, cujas respostas cautelosas dadas durante os interrogatórios revelavam o funcionamento de uma mente diabólica e astuta. A melhor maneira de verificar a validade das afirmações, acreditavam Kileen e os outros, era realizar um teste no detector de mentiras. Assim, na manhã da terça-feira, foram feitos planos para transportar Eddie até Madison, onde ele seria interrogado pelo especialista do laboratório criminal em testes do polígrafo, Joe Wilimovsky.

Havia, é claro, outra forma de verificar pelo menos uma das afirmações de Gein, embora esta fosse muito mais controversa: desenterrar algumas das sepulturas que ele alegava ter violado. A questão da exumação já estava gerando discussões acaloradas na cidade de Plainfield e originaria muitas outras antes de ser enfim resolvida. O assunto foi levado a público pela primeira vez na manhã de terça-feira, quando repórteres perguntaram ao xerife Schley e ao diretor do Laboratório Criminal, Charles Wilson, se havia planos para abrir túmulos nos cemitérios locais.

Schley pretendia levar Gein a Madison cedo naquela manhã, mas a neve e as estradas congeladas o forçaram a atrasar a viagem. Os repórteres conversaram com o xerife na prisão da região, onde Gein era o único ocupante, já que todos os outros prisioneiros haviam sido sumariamente libertados por "bom comportamento". Mesmo então, quando o embargo de notícias havia acabado, Schley continuou cauteloso com os repórteres e muito reservado nos comentários que dava à imprensa. Quando os jornalistas lhe perguntaram se ele e Kileen haviam visitado algum cemitério na segunda-feira, o xerife respondeu com um sarcástico "Não me lembro". Ele estava ciente de algum plano para averiguar as sepulturas naquele dia? Schley olhou pela janela, para a neve que caía lá fora, e deu de ombros. "Não sei nada sobre isso."

Wilson, que foi entrevistado em Madison, onde estava realizando os preparativos para o iminente teste do polígrafo, foi mais acessível. "Não faz sentido sair com uma picareta e uma pá, verificando os cemitérios perto de Plainfield até que tenhamos esgotado todas as possibilidades com as evidências que já temos", explicou. Wilson admitiu que algumas das partes de corpos recuperadas da casa de Gein continham formaldeído; "Nossos narizes revelam isso", comentou. Contudo, ele insistiu que a presença do fluido embalsamador não provava que Gein era um ladrão de túmulos. Afinal, como Wilson disse aos repórteres, Gein poderia ter ele mesmo utilizado os fluidos. "Nós não sabemos. Talvez ele seja um taxidermista amador."

Como tantas especulações sobre Gein, a suposição espontânea de Wilson foi logo divulgada como um fato. Não importava que nenhum animal empalhado havia sido encontrado na fazenda de Eddie. A partir desse momento, a taxidermia amadora tornou-se uma característica permanente da lenda Gein. Eventualmente, ela encontraria seu caminho e adentraria na mitologia pop como o passatempo do descendente fictício mais famoso de Eddie.

De volta a Plainfield, as buscas na casa da fazenda de Eddie estavam chegando ao fim. "Nosso caso está bastante encaminhado", disse Kileen aos repórteres. "Não temos pessoas desaparecidas em nosso condado. A única coisa aqui é a acusação de homicídio."

Ainda havia algumas pontas soltas que precisavam ser resolvidas no caso Worden e, na terça-feira, a investigação se deslocou para a loja de ferragens, onde técnicos do laboratório criminal passaram a manhã tirando fotos da cena do crime. Impedidos de entrar no recinto, os jornalistas se aglomeraram em torno das janelas. No entanto, não havia muito para ser visto lá dentro: apenas um estabelecimento de interior bem-organizado e abastecido, oferecendo uma ampla seleção de mercadorias, de utensílios domésticos a ferramentas agrícolas, de pequenos eletrodomésticos a artigos esportivos. Um detalhe, no entanto, chamou a atenção dos repórteres. Pendurado na parede da loja estava um suporte para armas e, olhando através das janelas, os repórteres puderam ver com clareza que um dos rifles estava faltando.

Schley dissera aos repórteres reunidos na prisão que a viagem para Madison talvez tivesse que ser adiada por um dia, mas, no final da manhã, a neve havia diminuído o suficiente para que ele reconsiderasse. Às 11h35, com Schley de um lado e o delegado Leon Murty do outro, Gein foi escoltado através de uma multidão de jornalistas e cinegrafistas até uma viatura de polícia que o esperava. Várias horas depois, por volta das 13h30, ele chegou à capital e foi na mesma hora levado ao Laboratório Criminal do Estado, na University Avenue, número 917, para o primeiro de muitos testes no detector de mentiras — testes que se estenderiam até o dia seguinte e que acabariam confirmando que, no caso de Eddie Gein, nenhuma fantasia, ficção ou invenção poderia se mostrar tão inacreditável quanto a verdade.

Enquanto Eddie se preparava para o teste do polígrafo, Herbert Wanerski, xerife do Condado de Portage, envolvido na investigação do assassinato de Mary Hogan, lançou uma bomba que estamparia as primeiras páginas dos jornais vespertinos.

Naquela manhã, Wanerski, junto ao promotor do Condado de Portage, John Haka, havia dirigido até Madison, logo atrás da viatura que transportava Gein. Enquanto esperava o início do teste do polígrafo de Eddie, Wanerski foi questionado por repórteres se a investigação de Hogan era "um caso de jurisdição dividida".

"Sim, com certeza", respondeu Wanerski. Então, sem que ninguém esperasse, ele fez um anúncio surpreendente. Referindo-se à taberneira desaparecida, Wanerski disse: "Temos uma cabeça e um rosto que, sem dúvida alguma, pertencem a ela". Enquanto os jornalistas rabiscavam com entusiasmo seus blocos de notas, Wanerski explicou que a cabeça em questão era, na verdade, "a pele do rosto e os cabelos arrancados do crânio" de uma mulher. Não havia dúvida, afirmou, de que se tratava de Mary Hogan.

Embora os boatos sobre Hogan — incluindo um que dizia que seu crânio fazia parte da coleção particular de Gein — estivessem circulando por Plainfield nos últimos dias, esta foi uma revelação impactante. Contudo, Wanerski ainda não havia terminado. O xerife afirmou ter "fortes dúvidas" de que Gein pudesse ter passado muito tempo na casa onde o cadáver da sra. Worden e os outros troféus feitos de pele humana foram encontrados. Havia muita poeira no lugar, não apenas nos quartos fechados que haviam pertencido à mãe de Eddie, mas por toda a casa. "Não era possível caminhar por ali sem levantar poeira", concluiu Wanerski.

Ele então declarou aos jornalistas que as autoridades estavam investigando histórias que diziam que Gein tinha o hábito de dormir em celeiros e casas abandonadas por toda a área rural. Se esse fosse o caso, então a fazenda de Eddie poderia não ser a única a armazenar partes de corpos na região. Como um jornal publicou mais tarde, "por trás do boato estava o pensamento desagradável de que mais cabeças ou corpos poderiam ser descobertos".

No entanto, Wanerski ainda tinha uma última surpresa no bolso. Referindo-se à máscara mortuária de Hogan, ele insistiu que ela estava com um cheiro inconfundível de fluido embalsamador. Uma vez que Mary Hogan estava viva no momento de seu desaparecimento, a implicação era óbvia, embora o xerife tenha tido o trabalho de explicá-la.

"Eddie Gein nunca roubou um túmulo em sua vida", declarou Wanerski com desgosto.

Naquela noite, outra coisa chegou a Madison vinda de Plainfield: a van da Unidade de Campo Móvel do Laboratório Criminal do Estado, que continha uma montanha de itens coletados da casa de Eddie. O laboratório criminal estava localizado em frente ao campus da Universidade de Wisconsin, e quando Jan Beck e James Halligan, os dois técnicos que trouxeram o veículo de Plainfield, começaram a descarregar as pilhas de evidência, uma multidão de estudantes se juntou aos jornalistas na calçada para dar uma olhada.

Enquanto os dois técnicos de sobretudo se deslocavam várias vezes da van até o prédio do laboratório criminal, os repórteres faziam um meticuloso inventário dos itens e os estudantes esticavam os pescoços na esperança de vislumbrar algo macabro de fato.

A maior parte das evidências, no entanto, estava acondicionada em caixas de papelão; já o resto parecia bastante mundano, o que era bem desapontador. Por consequência, os espectadores foram forçados a confiar na imaginação para satisfazer sua curiosidade mórbida.

Ao avistar um monte de "objetos embrulhados em papel celofane" dentro de uma caixa de papelão, por exemplo, um repórter concluiu que "poderiam ser cabeças humanas". Logo em seguida, depois de várias cadeiras retas com "assentos cor de açafrão" terem sido retiradas da van, o mesmo repórter foi abordado por uma estudante, "uma moça bonita de cabelos escuros com um corte italiano", nas próprias palavras do jornalista. "Aquelas cadeiras tinham assentos feitos de pele?", perguntou ela, cheia de esperança.

A quantidade de itens era impressionante. Havia armas de fogo e um velho barril de carvalho, frascos de um litro cheios de um líquido marrom espesso, um balde de metal, várias ferramentas de carpintaria, um serrote, um cofre, um livro antigo de medicina, uma caixa registradora (provavelmente a que foi levada da loja de Bernice Worden) e inúmeras caixas de papelão e sacos de compras feitos de papel pardo, cujo conteúdo estava escondido da vista de todos. Um dos últimos itens a ser retirado da van foi um arame farpado com cerca de um metro de comprimento.

Os dois funcionários fizeram trinta viagens e demoraram meia hora para esvaziar o veículo. Quando o trabalho foi concluído, às 22h, o diretor do laboratório criminal, Charles Wilson, se reuniu com a multidão de repórteres de jornais, rádio e televisão. Os jornalistas estavam implorando por informações precisas acerca do conteúdo da casa de Eddie Gein. Fazendo referência à "avalanche" de evidências que haviam acabado de ser descarregadas, Wilson disse aos repórteres que agora eles podiam ver por si próprios "como aquela pergunta era impossível". Um dos técnicos que havia ajudado a esvaziar a van complementou o comentário de Wilson: "Nem mesmo Eddie Gein sabe tudo o que tem aqui", disse ele.

21

GEOGRAFIA DO CRIME

> "Com o tempo, Plainfield e seus cidadãos irão superar a notoriedade que era inevitável após a história ter 'estourado'. Era uma comunidade pacífica, desacostumada à violência ou ao crime, e justamente por esse mesmo motivo, pode ser mais difícil retornar ao padrão normal de vida. Foram necessárias as terríveis ações de um único indivíduo para deixar uma cicatriz duradoura."
> Retirado de um editorial do *Stevens Point Daily Journal*

Para o bom povo de Plainfield, o horrível assassinato de uma de suas cidadãs mais respeitadas foi, naturalmente, um crime imperdoável. No entanto, talvez ainda mais imperdoável — pelo menos para a grande maioria dos habitantes da cidade — foi a ofensa que Eddie Gein cometeu contra a comunidade. Durante os cento e tantos anos desde a fundação, a minúscula cidade agrícola havia desfrutado de absoluta tranquilidade e anonimato. Mesmo em Wisconsin, poucas pessoas já tinham ouvido falar de Plainfield. De repente, a cidade pequena e tranquila se tornara foco da atenção nacional, e por motivos bastante desanimadores. Outras cidades pequenas nos Estados Unidos poderiam se orgulhar de ser o berço de políticos, atletas e estrelas de cinema. Já Plainfield ficou famosa de repente como o lar do assassino mais doentio do país.

Ainda que Gein fosse o responsável por toda a atenção indesejada, aos olhos de alguns moradores locais havia sido a imprensa quem tinha transformado sua cidade natal no equivalente social a uma aberração de show de horrores, um objeto de fascínio e curiosidade mórbida. Plainfield estava inundada de repórteres, tão ávidos por boatos sensacionalistas que publicavam os mais flagrantes tipos de rumores como verdades incontestáveis. E os repórteres não tiveram dificuldade em encontrar fontes locais que lhes fornecessem declarações suculentas. Para cada pessoa como o xerife Schley ou Frank Worden, que se recusavam a cooperar com a imprensa, havia meia dúzia de indivíduos que não resistiam à tentação de ver seus nomes nos jornais ou, melhor ainda, suas fotografias na revista *Life*. E algumas dessas pessoas estavam dispostas a dizer exatamente o que os jornalistas queriam ouvir.

Uma das primeiras histórias, por exemplo, totalmente equivocada, era a de que linchamentos estavam se formando nas ruas de Plainfield, algo bastante divulgado nos jornais, na rádio e na televisão. "Estamos todos em uma situação difícil por aqui", comentou um cidadão não identificado. "Não dá para ficar enrolando. Se a cidade pegasse aquele cara, saberia muito bem o que fazer com ele." Ed Marolla, editor do semanário local, o *Plainfield Sun*, viu-se gastando uma boa quantidade de tinta para refutar este e outros boatos semelhantes acerca de um crescente vigilantismo — boatos cuja propagação atribuiu diretamente aos "repórteres das cidades grandes", que não hesitavam em aumentar a verdade em prol de uma história mais sensacionalista.

É claro que os membros da imprensa não eram os únicos propensos a exageros. Embora Gein fosse um indivíduo conhecido por ser solitário, ele parecia ter adquirido de repente um amplo círculo de pessoas íntimas, que estavam ansiosas para compartilhar seu conhecimento sobre o assassino com a imprensa.

Um antigo residente de Plainfield chamado Turner, por exemplo, disse aos jornalistas que "conhecia Ed Gein melhor do que qualquer homem vivo". Turner explicou que havia crescido em uma fazenda localizada oitocentos metros ao sul da propriedade de Gein e, embora tivesse se mudado para Milwaukee muitos anos antes, havia mantido contato com o amigo de infância.

"Ed era o melhor amigo que eu tinha", declarou Turner. "Quando eu era menino, a fazenda Gein era minha segunda casa. Eu ia para lá quase todo dia depois da escola. E fazia tantas refeições lá como na minha própria casa. Ed me ensinou a caçar, pescar e tocar o acordeão e a flauta. Caçamos juntos várias vezes. Ed era um cara legal. Ele faria qualquer coisa por você."

Turner admitiu que havia um aspecto do caso Gein que o intrigava: a afirmação de que Eddie estava em "transe" no momento em que realizava seus atos terríveis. Em todos os anos em que conheceu o homem, afirmou Turner, "Eddie nunca sofreu de confusão".

"Quando fiquei sabendo do assassinato", disse ele ao entrevistador, "fiquei chocado. No começo, pensei que tinham capturado o homem errado. Mais tarde, o xerife me contou toda a história. Eu simplesmente não conseguia entender o que se passava na mente daquele homem."

Um depoimento ainda mais extraordinário sobre o caráter de Ed veio de uma mulher de Plainfield chamada Adeline Watkins, que conquistou fama imediata, embora de duração curtíssima, ao anunciar que era namorada de Ed Gein.

Descrita pelos jornais como uma "mulher bastante comum" (aliás, ela possuía uma semelhança desconcertante com a atriz Margaret Hamilton no papel de srta. Gulch em *O Mágico de Oz*), Watkins revelou seu romance de vinte anos com Gein em uma entrevista que apareceu na primeira página do *Minneapolis Tribune* com o título "Eu amei um homem gentil e doce, e ainda amo, declara 'noiva' do assassino confesso".

A solteirona de 50 anos, que dividia um pequeno apartamento em Plainfield com a mãe viúva, descreveu seu "último encontro" com Eddie no dia 6 de fevereiro de 1955. "Naquela noite, ele me pediu em casamento", contou Watkins ao repórter. "Não com essas palavras, mas eu sabia o que ele queria dizer. Eu recusei o pedido, mas não porque havia algo errado com ele. Havia algo errado comigo. Acho que tive medo de não estar à altura do que ele esperava de mim."

Quando questionada sobre os detalhes de seu relacionamento, Watkins descreveu as atividades que ela e seu pretendente gostavam de fazer. "Eddie e eu conversávamos sobre livros", respondeu Watkins.

"Nós nunca lemos os mesmos títulos, mas gostamos de conversar sobre eles assim mesmo. Eddie gostava de livros sobre leões e tigres, sobre África e Índia. Eu nunca li esse tipo de livro."

Durante o período de seis meses que antecedeu a proposta de Eddie, o casal saiu "em média duas vezes por semana", em geral indo ao cinema em Wautoma. A mãe de Watkins, que durante a entrevista da filha se sentou em silêncio em uma cadeira de balanço próxima, confirmou que Gein era muito educado, sempre deixando sua filha em casa às 22h.

De vez em quando, contou Watkins, o casal parava em uma taverna. "Eu gostava de beber uma cerveja às vezes", confessou ela, "mas quase precisava arrastar Eddie até uma taverna. Ele preferiria muito mais ir até uma loja tomar um milkshake."

Watkins concluiu a entrevista mais uma vez indicando que o fracasso do relacionamento dos dois refletia as próprias limitações, não as de Gein. "Eddie era tão gentil ao fazer as coisas que eu queria", disse, "que às vezes sentia que estava me aproveitando dele."

As revelações de Adeline Watkins causaram grande alvoroço, especialmente em Plainfield, onde ninguém conseguia se lembrar de Eddie Gein alguma vez ter se envolvido com uma mulher. De fato, poucos dias após a publicação da entrevista, Watkins contatou Ed Marolla, do *Sun*, para oferecer uma versão radicalmente diferente de seu relacionamento com Gein.

De acordo com Marolla, Watkins foi vítima das artimanhas da imprensa da cidade grande. "Os jornais da cidade" afirmou o jornalista, "sedentos por notícias de 'interesse humano', aumentaram relações bastante inocentes" e, para sua angústia, Watkins se tornou "centro das atenções nacionais" com sua "foto nas primeiras páginas de todos os jornais diários do país".

O relato revisado de Watkins acerca de sua amizade com Gein se transformou em uma retratação completa. Ela declarou que não era "namorada" de Ed Gein e que nunca havia usado essa palavra na presença de repórteres.

Além disso, ela insistiu que — embora Eddie a "visitasse" de vez em quando, passando por seu apartamento e às vezes acompanhando-a ao Teatro Plainfield — "nunca houve romance de vinte anos".

Embora a srta. Watkins admitisse ter descrito Gein como "quieto e educado", ela negou ter se referido a ele como "doce". Ela também foi "bastante enfática ao afirmar que nunca 'quase precisou arrastar Eddie até uma taverna', como foi noticiado".

Em suma, Adeline Watkins queria que o público soubesse que não havia um pingo de verdade no relato altamente sensacionalista de seu caso de amor com o homenzinho acusado dos crimes mais apavorantes da história de Wisconsin. "Ela disse que sentia pena dele", explicou Marolla, "e que na maioria das vezes eles apenas ficavam sentados na casa dela."

Para o editor do *Sun*, o caso de Watkins foi mais um exemplo da evidente manipulação dos fatos por parte da imprensa. Marolla acusou os repórteres de "convidar as pessoas para entrevistas" e depois "colocar palavras em suas bocas" ou deturpar seriamente o que fora dito. Não obstante a veracidade dessa alegação, este com certeza foi o caso nos dias seguintes à prisão de Eddie, quando jornalistas percorriam as ruas de Plainfield abordando qualquer um que estivesse disposto a falar.

Dado o tamanho pequeno e a natureza unida da cidade, a maioria dos cidadãos tinha pelo menos uma vaga familiaridade com Gein. Alguns deles, como Stanley Gerlovic, vizinho de Eddie, encontravam palavras gentis para falar sobre o acusado, descrevendo Gein como "sempre feliz, sorridente e agradável; um bom trabalhador", que "nunca disse um palavrão ou xingamento". Outros enfatizavam a timidez social de Eddie, sua "vergonha", "mansidão" e constrangimento perto de mulheres. Já alguns, em menor quantidade, orgulhavam-se de terem sido perspicazes o suficiente para, desde o início, detectar que havia algo visivelmente perturbador, até mesmo assustador, sobre o homem. "Ele tinha um sorriso sorrateiro quando conversava com alguém", contou um dos vizinhos de Ed aos repórteres, e um comerciante local, que preferiu permanecer anônimo, admitiu que sempre que dava o troco a Gein "colocava no balcão em vez de encostar na mão dele".

No entanto, ninguém — nem mesmo as pessoas que afirmavam ter percebido que o solteirão não era tão inofensivo quanto parecia — imaginou que Eddie Gein fosse na verdade um assassino (e muito menos um profanador de cadáveres). A reação geral da população de Plainfield à prisão de Gein foi de perplexidade e descrença. "Quando ouvi pela primeira vez o que diziam que ele tinha feito", disse um dos vizinhos de Eddie aos repórteres, "não pude acreditar. Agora, é claro, sei que é verdade, mas ainda não consigo acreditar. Sabe o que quero dizer? Quer dizer, eu acredito, mas ao mesmo tempo não; é fantástico demais." Outro conhecido de Gein concordou: "Antes disso acontecer, se alguém me perguntasse quem poderia ser capaz de fazer algo assim, o último homem no mundo que eu nomearia seria Eddie Gein".

Robert Wells, o repórter do *Milwaukee Journal* que havia descrito com detalhes explícitos o interior lunático da casa na fazenda de Eddie, forneceu uma visão igualmente vívida da reação local aos crimes. À luz do que acontecera, o comportamento esquisito de Eddie — o qual anteriormente havia sido descartado como uma excentricidade inofensiva e até engraçada — assumira um novo e terrível significado. Os vizinhos de Eddie relembraram suas diversas peculiaridades: a recusa, "com raras exceções", em "permitir que alguém entrasse em casa"; a forma como ele sorria e balançava a cabeça concordando "quando as pessoas brincavam sobre como o quão perigoso ele era, uma piada que só era engraçada porque ele parecia tão inofensivo".

"E as crianças, meio que acreditando enquanto riam, não tinham dito que a antiga casa era mal-assombrada?", questionou Wells. "E não havia histórias, que pareciam ser de conhecimento bastante comum entre os jovens, de que ele tinha uma coleção de 'cabeças encolhidas'? Ele não era um leitor ávido de histórias de detetive e demonstrava um interesse incomum em falar sobre crimes e violência?"

Parecia haver um leve sentimento de culpa entre muitos habitantes da cidade de que a comunidade deveria ter levado essas coisas mais a sério. Olhando para trás, para o comportamento de Ed — e para as histórias e rumores estranhos que se acumularam ao redor dele durante tantos anos —, os vizinhos puderam ver os sinais de alerta e os sintomas da crescente insanidade de Gein. Contudo, essa percepção era puramente retrospectiva. Na época, não parecia existir nenhum motivo real para alarme. Afinal, como salientou Wells, "toda criança conhece uma casa mal-assombrada, dá para comprar cabeças encolhidas de plástico por 2,50 dólares e todo homem, especialmente um homenzinho como ele, deve aprender a concordar com uma piada quando é o alvo dela".

Na verdade, muitos dos vizinhos de Eddie o consideravam peculiar, mas não mais do que "qualquer uma entre as dezenas de outras pessoas que conheciam. Toda cidade pequena tem alguns solteirões solitários que vivem suas vidas deprimentes em fazendas remotas, tornando-se objetos ocasionais de piedade e de um pouco de zombaria inofensiva". Durante toda a vida adulta, Eddie foi visto como uma dessas pobres almas, patéticas e um tanto ridículas — isto é, até a noite em que o corpo sem cabeça de Bernice Worden foi encontrado pendurado pelos calcanhares na cozinha externa dele.

Embora a imprensa estivesse faminta por boatos, foram os próprios habitantes da cidade que alimentaram esse apetite, divulgando fofocas tão rápido quanto a mídia conseguia devorá-las. "Para os repórteres que passaram a última semana na vizinhança", escreveu Wells, "por vezes parecia que todos que encontravam tinham uma história para contar sobre como Eddie espiou pela janela de seu quarto em alguma noite do passado ou sobre como ele se esgueirava de mansinho, assustando as mulheres".

Não é de surpreender, talvez, que fosse a população feminina de Waushara quem mais tivesse histórias arrepiantes para contar. De repente, o condado parecia povoado por mulheres que haviam escapado por pouco da morte (ou coisa pior) pelas mãos do açougueiro louco de Plainfield. Effie Banks, esposa de um dos vizinhos de Eddie, contou a um repórter da revista *Life* sobre a época, logo após a morte da mãe de Eddie, quando sua "filha sempre ouvia barulhos à noite do lado de fora da casa". Os pais "pensavam que ela estava imaginando coisas". Uma tarde, "Gein bateu na porta e perguntou se podia entrar". Ele "disse que queria construir uma casa e queria dar uma olhada na nossa", explicou a sra. Banks. "Ninguém mais estava aqui e por algum motivo decidi não o deixar entrar. Acho que posso agradecer minhas estrelas guias por isso".

Outra vizinha de Eddie recordou a ocasião em que o homenzinho passou na casa dela para uma visita no final da tarde, antes de seu marido e dos filhos voltarem do trabalho. Ela estava arrumando a mesa para o jantar. De repente, teve uma sensação estranha e, quando se virou, lá estava Eddie, parado bem atrás dela com uma enorme faca de cozinha na mão. Como era natural, ela "deu um pulo bem alto", mas Eddie explicou, afobado, que havia notado um fio pendurado no avental dela e que apenas pretendia cortá-lo. Felizmente, os homens apareceram naquele momento, mas Eddie nunca mais foi autorizado a entrar na casa.

Ainda havia a jovem que trabalhava na padaria de Wautoma. Eddie havia passado pela loja numa sexta-feira, apenas um dia antes de assassinar a sra. Worden. Os dois estavam sozinhos. De repente, Eddie foi para trás do balcão, tocou no cabelo da moça e disse: "Você se parece com a minha mãe". Nesse momento, alguns outros clientes entraram na loja e Eddie saiu, apressado. Na época, a garota não sabia o que pensar do incidente, mas quando mais tarde percebeu quem era o homenzinho estranho, entrou em um estado de pânico.

Havia várias outras histórias como essas, muitas das quais eram evidentemente produtos de imaginações férteis. Uma das poucas mulheres que pode, de fato, ter se encontrado em uma situação delicada com Gein foi Irene Hill, que também tinha uma história para contar sobre um episódio em que ela e Ed ficaram sozinhos. Eles estavam na mercearia dela quando o homenzinho de repente pegou um facão de açougueiro. "Ele passou o dedo pela parte de cima da faca", contou a sra. Hill, "e me olhou de um jeito meio estranho, e eu falei: 'Ed, largue essa maldita coisa antes que você se corte! Isso é afiado!'. E sem mais, nem menos, ele largou a faca. Mas o que ele tinha em mente, eu não sei." Há boas razões para acreditar que essa história seja verdadeira, uma vez que, além de passar um bom tempo na companhia de Gein, a sra. Hill compartilhava duas importantes características com as outras vítimas do assassino: era uma mulher de meia-idade e proprietária do próprio negócio.

Referindo-se à onda de rumores que circulavam por Plainfield nos dias imediatos após a prisão de Gein, Robert Welles opinou que "é provável que nem mesmo os narradores dessas histórias tenham mais certeza de onde os fatos terminam e os floreios começam. Entretanto, parece pouco provável que Gein tenha encontrado tempo para fazer um décimo das coisas que agora lhe são creditadas".

Ainda assim, os jornais pareciam não se cansar dessas histórias. O *Madison Capital Times* publicou um artigo de primeira página sobre um homem do Oregon que, enquanto caçava perto da fazenda de Gein anos antes, foi informado que "não queremos ninguém bisbilhotando por aqui" e depois "saia da propriedade". O mais notável dessa história, considerando sua posição de destaque na primeira página, é que ela não tinha nada a ver com Eddie. Como acabou revelado, a pessoa que ordenou que os invasores saíssem da propriedade fora o irmão mais velho de Gein, Henry.

Contudo, mesmo esta trivialidade parecia menos inconsequente do que algumas das "notícias" que os jornais estavam dispostos a publicar. Ainda assim, foi só quando um artigo intitulado "Homem de 136 quilos recorda beliscão e comentário de Gein" apareceu no *Milwaukee Journal* que a ganância da imprensa por qualquer material relacionado a Gein atingiu o cúmulo do ridículo. De acordo com esta história impactante, "Um barbeiro de 136 quilos da cidade de Neenah, dono de uma fazenda perto da casa do assassino Ed Gein, afirmou que o homem recluso uma vez o beliscou na barriga e falou que ele estava 'quase pronto para assar!'". O barbeiro também revelou que, embora "não tenha pensado muito no comentário na época", ele com certeza percebeu que "Gein tinha uma expressão peculiar nos olhos" quando disse isso.

Sem dúvida, houve pessoas em Plainfield que desfrutaram de toda a atenção jornalística, que se deleitaram com os holofotes da mídia e ficaram entusiasmadas por se verem, como disse um observador, "parte de um evento que toda a nação estava assistindo". Mas, no geral, os habitantes da cidade sentiram-se cada vez mais explorados, e até mesmo vitimados, pela imprensa. E não apenas pelo que Ed Marolla continuou a chamar de imprensa da "cidade grande". Na verdade, a notícia mais ultrajante, do ponto de vista dos cidadãos de Plainfield, foi uma que apareceu no semanário de uma cidade pequena, o *New London Press* ("o único jornal", nas palavras do próprio slogan, "que dá a mínima para a cidade de New London").

Escrito pelo editor Gordon Culver, um antigo residente do Condado de Waushara, o artigo se esforçou para dar sentido às atrocidades de Gein no contexto de seu ambiente social e geográfico. Culver ofereceu um retrato assustador de um lugar ideal para a propagação da loucura e do crime, uma área que chamou de "grande coração morto" de Wisconsin.

Como o resto daquela região do "coração morto", escreveu Culver, a extremidade oeste do Condado de Waushara era marcada por um "sentimento peculiar, solitário e selvagem. Um sentimento de pessoas lutando apenas para sobreviver. Um sentimento de que é difícil conseguir uma vida honesta nessa área que palpita pobreza. O oeste do Condado de Waushara tem algumas fazendas, mas quase nenhuma mostra sinal de prosperidade. Quase todas parecem degradadas. E à medida que se adentra o Condado de Adams, a selvageria se transforma em desolação".

Culver relembrou sua infância na cidade vizinha de Almond e como, mesmo quando ainda era menino, ele "podia sentir o mistério daquele lugar de pântanos selvagens e florestas" e como "sabíamos que a regra era desconsiderar as leis de caça. Sabíamos que grandes brigas nos bailes sempre aconteciam nas regiões pantanosas, nos salões de dança que brotavam em casebres por lá. Sabíamos que os *moonshiners** trabalhavam naquela área desolada. [...] Sempre, e ao longo dos anos, aquela área ficou gravada em nossas memórias como selvagem, descumpridora da lei por vontade própria e pobre.

"Então, quando esse assassinato aconteceu na fronteira daquelas terras sombrias, era algo que suspeitaríamos que aconteceria. Poderia acontecer. As pessoas pareciam não se preocupar com o que as outras, mesmo os vizinhos, fazem. Os próprios esforços dessas pessoas para sobreviver são o suficiente para preencher suas vidas. Se algo estranho ou diferente acontecer, é muito mais provável que seja aceito como algo que é da conta do próximo e de mais ninguém".

Culver reconheceu a existência de "cidadãos cumpridores da lei" na área, de "agricultores bem-sucedidos", de "uma enorme área de cultivo usada para o plantio de batata e cebola" e de uma certa "aura de civilização". Mas "a área do 'coração morto'", insistiu ele, "é onde sempre paira o eterno clima de selvageria e mistério. E suspeitamos que o solitário solteirão de 51 anos, agora detido na prisão do Condado de Waushara, em Wautoma, tenha sido submetido a esse encantamento de impetuosidade. Nesse lugar onde ele estava sozinho. Onde seria deixado sozinho. Onde as leis dos homens foram obliteradas pela fronteira constante e invasora da imensidão. Onde um homem mataria uma pessoa e a limparia como se fosse um cervo".

* Trabalhadores que produziam bebidas alcoólicas destiladas de forma ilícita. O termo se refere à prática de produzir tais destilados à noite sob o brilho da luz da lua para evitar as autoridades.

"Tendo conhecido esta área durante toda a nossa vida", concluiu Culver. "Caçado nela. Pescado nela. Plantado árvores nela. Conduzido gado nela. Investigado misteriosos desaparecimento nela. É nela que assassinatos como os cometidos por Edward Gein teriam maior probabilidade de acontecer."

A publicidade negativa não foi o único aborrecimento que Plainfield teve que enfrentar como consequência dos crimes de Gein. A comunidade foi devastada por medos profundos e irracionais. Portas e janelas foram trancadas por pessoas que nunca tinham visto a necessidade de uma fechadura. Pais relataram um surto de pesadelos entre as crianças: a primeira manifestação de um processo de mitificação que viria a transformar Gein em uma criatura de pesadelo, um bicho-papão semilendário.

As histórias sobre o canibalismo de Ed geraram rumores ainda mais horripilantes — de que o homenzinho havia distribuído pacotes de carne humana aos vizinhos, fingindo ser carne de cervo — e as clínicas locais de repente se viram tendo que lidar com uma epidemia de problemas gastrointestinais. Parecia que todos os jornais de Wisconsin publicaram um mapa indicando a localização exata da fazenda de Gein, e hordas de curiosos invadiram Plainfield para admirar a notória "casa dos horrores".

Enquanto editor do *Sun*, Marolla se viu atuando como o porta-voz não oficial da cidade, escrevendo longas defesas de sua comunidade no *Milwaukee Journal*. Ele incentivou o "mundo exterior" a "tirar um tempo para observar e lembrar algumas das coisas mais agradáveis" sobre Plainfield, um "povoado onde os agricultores e o povo da cidade trabalham e se divertem juntos, sem qualquer tipo de distinção, para o bem das escolas, das igrejas e das pequenas civilidades que fazem da cidade um lugar agradável para se viver". Aquela cidadezinha amigável, afirmou Marolla, é "Plainfield como era, como é e como esperamos que continue a ser".

E, de fato, o povo de Plainfield deu o seu melhor para restaurar um senso de normalidade em suas vidas. Eles continuaram com seus afazeres. Os produtores de leite faziam suas tarefas, e as mulheres as compras e tarefas domésticas. Os comerciantes removeram a neve das calçadas em frente aos estabelecimentos e penduravam nas janelas decorações de Ação de Graças. As crianças voltaram para a escola e os caçadores de cervos foram para a floresta. Até Frank Worden reabriu a loja de ferragens da mãe menos de duas semanas após o assassinato dela. "Vamos tentar prosseguir como antes", disse ele.

Mas é claro que as coisas nunca mais seriam como antes. Plainfield nunca se livraria da reputação de ser a cidade natal de Edward Gein. Os cidadãos não achariam fácil se livrar de questões que até mesmo Ed Marolla, em todo o seu ativismo, considerava tão intensamente preocupantes que as colocou na primeira página de seu jornal para o mundo inteiro ver.

"Por que os vizinhos não suspeitaram de Edward Gein", questionou, "quando se sabia que ele possuía cabeças humanas em casa?"

"Por que as autoridades não o verificaram após o desaparecimento de Mary Hogan, já que era sabido que Gein tinha um caminhão semelhante ao do suspeito?"

"À medida que a história desses crimes horríveis ainda continua se desenrolando, as pessoas em torno de Plainfield acham difícil de acreditar. Elas sabem o que aconteceu, sabem que aconteceu aqui. Mas por quê... e como... e como uma série de crimes pôde ter permanecido tanto tempo sem ser descoberta está além da compreensão."

22

INTERROGATÓRIO

P. "Parece que este item é de uma perna, ou provavelmente de duas. Foi costurado em dois lugares?"
R. "Isso veio de uma pessoa de um túmulo."
P. "E as máscaras feitas de rosto?"
R. "Quando fiz aquelas máscaras, veja bem, enchi todas elas com papel para que secassem. Na vagina, sabe, polvilhei um pouco de sal..."
P. "Esses rostos possuíam alguma semelhança com o rosto de sua mãe?"
R. "Acredito que um pouco."
Da confissão de Edward Gein

Ao todo, Gein foi interrogado por pouco menos de nove horas. A primeira parte do interrogatório, conduzido na sede do Laboratório Criminal, começou às 13h40 da tarde de terça-feira e continuou até as 19h25, quando Eddie foi levado para a prisão municipal de Madison. Lá ele passou a noite com guarda dobrada em uma cela especial no sétimo andar. Às 8h45 da manhã seguinte, o interrogatório foi retomado.

Vários investigadores estiveram presentes durante essas sessões, embora o interrogatório em si tenha sido conduzido por Joe Wilimovsky, especialista em polígrafo do Laboratório Criminal. A duração real do teste foi curta: Eddie ficou conectado à "caixa de mentiras" por apenas dezenove minutos na terça-feira e mais onze na quarta-feira. No resto do tempo, Wilimovsky alternava entre conversar e questionar o prisioneiro, investigando os detalhes dos crimes que Eddie conseguia, ou estava disposto, a recordar.

Embora Gein não demonstrasse sinais de remorso ou mesmo qualquer consciência da enormidade de suas ações, ele não parecia um assassino a sangue-frio. Pelo contrário, parecia tão amigável e cooperativo — e de uma forma infantil, ansioso por agradar — que Wilimovsky tinha que ter cuidado para não colocar palavras na boca do sujeito. Afinal, Eddie admitiria com alegria as mais extremas perversões.

> **P.** Eddie, você se lembra de pegar algumas dessas partes femininas, em específico a vagina, e segurá-la sobre seu pênis para cobri-lo?
>
> **R.** Acredito que isso seja verdade.
>
> **P.** Você se lembra de ter feito isso com as vaginas dos corpos de outras mulheres?
>
> **R.** Acho que me lembro; isso mesmo...
>
> **P.** Você já colocou calcinhas femininas sobre seu corpo e, em seguida, colocou algumas dessas vaginas sobre o seu pênis?
>
> **R.** Pode ser.

Por outro lado, Eddie foi muito menos cooperativo sobre os assassinatos que havia cometido, o que para alguns observadores era um sinal de que ele não era tão louco quanto parecia. É evidente que saquear sepulturas e violar cadáveres são crimes insanos e desagradáveis — abominações aos olhos de Deus e dos homens. Mas, de um ponto de vista jurídico, não são casos tão graves quando comparados com homicídio doloso. Então, Eddie enfim confessou o assassinato de Mary Hogan, embora as evidências contra ele fossem tão contundentes que ele praticamente não teve muita escolha. E embora reconhecesse sua responsabilidade pela morte de Bernice Worden, ele continuou a afirmar — como faria por toda a vida — que o tiroteio foi um acidente.

Para alguns dos presentes no interrogatório de Gein, o prisioneiro parecia um menininho obediente, ainda que irremediavelmente insano. No entanto, outros enxergavam em suas respostas os sinais de uma astuta inteligência criminosa. Durante o resto da vida de Gein, as pessoas que o conheceram ficariam com a mesma impressão paradoxal, impressionadas tanto por sua simplicidade infantil quanto por sua criminalidade monstruosa. Uma pessoa que conheceu Eddie anos mais tarde expressou bem essa contradição quando afirmou que Gein parecia uma espécie de "prodígio idiota" do macabro, "um gênio nas coisas macabras que fazia, mas, em qualquer outra coisa, um homem inocente".

Paciente e metódico, Wilimovsky repassou os detalhes inúmeras vezes até obter um relato completo do passo a passo dos procedimentos insanos de Eddie. Ao longo de seu depoimento, o tom de Eddie permaneceu perfeitamente pragmático, como se estivesse explicando a mecânica dos passatempos mais comuns, como a reforma de móveis ou, digamos, artesanato em couro.

Eddie explicou como testava o frescor de uma sepultura inserindo uma haste de metal no solo. Depois de desenterrar o caixão, ele abria a tampa com um pé de cabra.

"Você abria o caixão inteiro ou apenas uma das partes?", perguntou Wilimovsky.

"Apenas uma das partes", disse Eddie.

"E deslizava os corpos para fora?"

"Isso mesmo."

Em algumas ocasiões, Eddie levava seu prêmio para casa e se ocupava com ele com calma. Outras vezes, trabalhava com pressa à luz do luar sob o fedor da cova aberta, retirando as partes anatômicas que desejava e depois devolvendo o cadáver mutilado ao caixão.

"Qual parte da pele você removia?", quis saber Wilimovsky.

"A cabeça."

"A cabeça?", indagou Wilimovsky. "E a vagina?"

Eddie pareceu um pouco envergonhado.

"Bem, isso... nem sempre."

"Ao remover a cabeça, você primeiro a cortava e depois quebrava o osso?"

"Acho que quebrava."

Wilimovsky queria mais esclarecimentos.

"Você trabalhava a cabeça para a frente e para trás da mesma maneira que faria ao tentar quebrar um pedaço de arame em dois?"

"Essa é uma boa descrição", disse Eddie. "Nunca levei uma serra ao cemitério."

Mais uma vez, Eddie explicou sua técnica para coletar e preservar rostos humanos e couros cabeludos.

"Você apenas removia a pele do crânio e se desfazia dos ossos e de outros materiais que estavam na cabeça, é isso?", perguntou Wilimovsky.

Eddie assentiu. "Isso mesmo."

Wilimovsky queria saber se as peles haviam sido preparadas de alguma forma específica.

"Provavelmente coloquei um pouco de óleo, só isso", respondeu Eddie. "Para mantê-las macias, sabe como é."

Então, pela primeira vez, Eddie revelou novos detalhes chocantes sobre o uso que fazia das peles dos rostos. Elas não eram, como os investigadores pensaram no início, simples souvenirs assustadores ou decorações macabras. A verdade acabou sendo ainda pior do que isso.

Seguindo sua intuição, Wilimovsky perguntou a Eddie se ele já havia usado as peles como máscaras, colocando-as sobre o próprio rosto.

"Foi o que eu fiz", respondeu Eddie sem hesitação.

Quando Wilimovsky questionou como ele prendia os rostos na própria cabeça, a resposta de Eddie foi simples. Com um cordão, explicou.

E Eddie "usava os rostos por um período prolongado de tempo?", indagou Wilimovsky.

Eddie balançou a cabeça. "Não por muito tempo", disse ele. "Eu tinha outras coisas para fazer."

Contudo, o pior ainda estava por vir. As máscaras feitas de pele não eram os únicos artigos de pele humana que Eddie Gein gostava de usar. Ele também admitiu ter vestido o colete mamário, envolvido as pernas nas meias-calças grosseiramente costuradas com pele e coberto o pênis com uma vulva preservada. Então, vestido de cima a baixo com sua fantasia de cadáver — um homem travestido que não sentia prazer em vestir roupas de mulheres, mas sim as peles e cabelos delas —, ele desfilava pelos cômodos da casa cobertos de teias de aranhas ou, em noites mais quentes, ficava se pavoneando sob a luz do luar.

Eddie relatou outros detalhes de um jeito bem casual. Ele descreveu como havia serrado as calotas cranianas e usado como tigelas (uma ideia que lhe surgiu, segundo Eddie, ao ler sobre o "antigo estilo norueguês" de beber hidromel em crânios humanos). Ele contou como salpicou sal nas vulvas na tentativa de mantê-las preservadas, embora uma delas ainda assim tenha começado a apodrecer. Eddie explicou então que havia retocado aquela vulva com tinta prateada para ver se isso a impediria de apodrecer ainda mais.

De tempos em tempos, Eddie reclamava de fome e pedia algo para comer durante o interrogatório. Em dado momento, ele recebeu uma fatia de torta de maçã coberta com um belo pedaço de cheddar de Wisconsin. Eddie comia o seu lanche enquanto respondia às perguntas de Wilimovsky. Contudo, ao que parecia, a comida não correspondia aos exigentes padrões de Eddie. Interrompendo sua história de roubo de corpos, esfolamento de cadáveres e vestes de pele, o homenzinho que tomava sopa em calotas cranianas e guardava uma caixa de sapatos cheia de vaginas com sal, virou-se para seu interrogador e começou a reclamar do queijo cheddar ressecado.

23
RITOS FÚNEBRES

"O ladrão vem somente para roubar, matar e destruir."
João 10:10

Enquanto Eddie estava em Madison, casualmente confessando uma série de perversões sem precedentes, os ritos fúnebres de sua última vítima aconteciam em sua cidade natal.

As lojas estavam fechadas e as ruas silenciosas enquanto mais de duzentos parentes, amigos e vizinhos de Bernice Worden enchiam a Primeira Igreja Metodista de Plainfield, um belo prédio de tijolos localizado na Main Street, dois quarteirões ao norte da loja de ferragens. Uma antessala que servia como escola dominical da igreja precisou ser aberta para acomodar a multidão.

Como era de se esperar, o grupo previsível de repórteres estava lá, misturando-se com os moradores da cidade. Um fotógrafo da revista *Life* tirou fotos dos enlutados enquanto eles passavam pelo caixão de bronze aberto, repousando entre uma manta de buquês. O corpo da sra. Worden — reparado e restaurado por toda a arte à disposição do agente funerário Ray Goult — não apresentava sinais visíveis dos estragos infligidos a ele por seu assassino.

Após uma versão solo de "Abide by Me" cantada pela sra. Clifford Tubbs, o jovem pastor da igreja, o reverendo Gerald Tanquist, fez seu sermão. "Nós nos perguntamos", disse ele, "por que Deus permite que essas coisas aconteçam?" Para obter uma resposta, ele recorreu tanto ao Antigo quanto ao Novo Testamento, citando Salmos 23: "O Senhor é o meu pastor", bem como João 10:11: "Eu sou o bom pastor. O bom pastor dá a vida pelas ovelhas".

Poderia parecer para alguns, prosseguiu o reverendo, "que nosso Pastor nos abandonou aqui em Plainfield. Mas o salmista não prometeu nos poupar de todos os dias sombrios de nossas vidas, mas apenas que o Pastor estará conosco, confortando-nos. Ele ainda é o guardião de nossas almas e de nossas vidas".

O reverendo Tanquist continuou a insistir que a comunidade reafirmasse sua fé em Deus e lembrasse que mesmo "diante desse horrível incidente", o "Senhor não nos abandonou".

Após os ritos da Ordem da Estrela do Oriente,* da qual a sra. Worden havia sido membro, o caixão foi levado para fora até um carro funerário e conduzido lentamente pela Main Street, passando pela loja de ferragens Worden até o cemitério da vila, a oeste da cidade.

Lá, Bernice Worden foi enterrada ao lado do marido, falecido em 1931, em um lote da família coberto de neve e protegido por cedros e pinheiros.

* Organização paramaçônica de caráter filosófico e filantrópico voltada para mulheres com parentes maçons.

24
A CONFISSÃO

"Ele tem um bom apetite e nunca é malcriado com ninguém."
Xerife Art Schley

Por volta das 14h na quarta-feira à tarde, apenas 24 horas após sua chegada a Madison, Eddie foi retirado da sede do Laboratório Criminal pelo xerife Schley e pelo delegado Murty e colocado em uma viatura da polícia para a viagem de volta a Wautoma.

Embora o "colecionador de cabeças de Plainfield", como alguns dos tabloides locais começaram a chamar Gein, parecesse um pouco abatido, pela primeira vez desde a prisão ele estava de barba feita e abria um sorriso largo para as câmeras enquanto era conduzido através da multidão de jornalistas que aguardavam ansiosos os resultados dos testes. Na verdade, ele parecia tão relaxado e alegre que os repórteres imaginaram se ele estava simplesmente desfrutando de alguma atenção pela primeira vez na vida ou vivenciando os efeitos catárticos da confissão. Nas palavras de um observador, talvez Gein, "ao aliviar a mente de suas atividades diabólicas há muito acumuladas, tenha obtido uma libertação mental".

Logo após a partida de Gein, Charles Wilson se reuniu com a imprensa para divulgar um resumo curto e bastante seletivo das descobertas do polígrafo. "Os testes do detector de mentiras de Edward

Gein foram agora concluídos", dizia o comunicado, "e após a consulta com diversos procuradores distritais interessados, estamos em condições neste momento de afirmar que os resultados dos testes serviram para eliminar o sujeito, Edward, de 51 anos, como o responsável e/ou envolvido no desaparecimento de Evelyn Hartley no Condado de La Crosse em 24 de outubro de 1953; no desaparecimento de Georgia Jean Weckler no Condado de Jefferson em 1º de maio de 1947 e no de Victor Travis no Condado de Adams em 1º de novembro de 1952.

"O sr. Gein admitiu agora que é responsável pelas mortes de Mary Hogan em 8 de dezembro de 1954 no Condado de Portage e de Bernice Worden em 16 de novembro de 1957 no Condado de Waushara. Este comunicado, acordado em conjunto pelas autoridades locais interessadas, está sendo feito para eliminar o sr. Gein de suspeitas e conjecturas desnecessárias."

Gein também havia sido questionado sobre outro caso mais recente de pessoas desaparecidas, o de uma mulher de 30 anos de idade em Fort Atkinson, chamada Irene Keating, que havia desaparecido em agosto do ano anterior. No entanto, embora os testes do detector de mentiras tenham sido inconclusivos, Gein nunca aparentou ser um suspeito sério nesta investigação.

Quanto aos outros crimes de Gein, Wilson diria apenas que "foi recuperada uma avalanche de provas que levarão semanas, provavelmente meses, para serem avaliadas e processadas por completo. Quando isso for feito, os resultados serão divulgados às devidas autoridades locais".

Após tentarem, sem sucesso, extrair mais detalhes do diretor do Laboratório Criminal, os repórteres se apressaram em apresentar a notícia da confissão de Gein a tempo das manchetes da noite.

Já haviam circulado tantas histórias ligando Eddie ao assassinato de Hogan — incluindo, de forma mais sensacionalista, a identificação pelo xerife Wanerski da cabeça da mulher assassinada como um dos "troféus" de Eddie — que o anúncio de Wilson foi quase anticlimático. No entanto, ele ainda produziu um resultado imediato e dramático. Uma mulher de 37 anos de Carlinville, Illinois, a sra. Christine Selvo, revelou que era a filha de Mary Hogan, abandonada pela mãe vinte e sete anos antes e criada por pais adotivos. Durante vários anos, a sra. Selvo havia tentado localizar o paradeiro de sua mãe biológica. Com a confirmação oficial de Wilson acerca da culpa de Gein, sua busca havia terminado. Ela conseguiu rastrear os movimentos da mãe de Springfield a Joliet, de Chicago a Pine Grove, Wisconsin — um caminho errático que chegou a um fim abrupto e terrível na escuridão do ossário de Ed Gein.

De volta a Wautoma, o promotor público Kileen disse a um grupo de repórteres que esperava apresentar uma acusação de homicídio doloso contra Gein no dia seguinte. Ele apenas estava aguardando os resultados de um teste de balística que o Laboratório Criminal estava realizando em um rifle de calibre .22 recuperado da loja de ferragens Worden. Um cartucho gasto havia sido encontrado na câmara do rifle, e os técnicos do Laboratório Criminal estavam comparando-o com a bala extraída da cabeça decapitada de Bernice Worden.

Kileen acrescentou que pretendia pedir que o tribunal ordenasse uma audiência de sanidade mental para Gein. Então ele deu a má notícia.

De acordo com Kileen, em quem os repórteres passaram a confiar como sua principal fonte de informações, ele havia recebido "umas palmadas" do procurador-geral Honeck, que o aconselhara a não divulgar mais informações que "tendessem a inflamar jurados em potencial". Kileen ficou um pouco na defensiva, insistindo que "as únicas coisas que divulguei foram as que todo mundo já sabia de qualquer forma". Mas, ainda assim, ele disse aos jornalistas que não tinha a intenção de ignorar o "conselho" do procurador-geral.

Do ponto de vista da imprensa, o anúncio de Kileen havia sido o desenrolar mais perturbador no caso. Quando os repórteres abordaram Honeck para protestar contra a orientação, o procurador-geral rejeitou suas objeções, explicando que estava simplesmente agindo no interesse da justiça. "Com declarações generalizadas sendo feitas, algumas infundadas, contraditórias e despropositais, sobre coisas que supostamente aconteceram", afirmou Honeck, "as pessoas podem chegar a conclusões que afetam sua capacidade de participar como juradas. Em alguns lugares, assassinos confessos andam pelas ruas, soltos sob o argumento de que não conseguiram um julgamento justo. É isso que estamos tentando evitar nesse caso."

Honeck insistiu que um embargo de notícias era "a última coisa que passa pelas nossas mentes". Contudo, deixou claro que sua ordem de reter informações permaneceria em vigor até que Gein fosse levado a julgamento. "Acredito que o público vai saber de toda a história no momento apropriado", concluiu.

Não havia muito o que a imprensa pudesse fazer a respeito da posição de Honeck além de reclamar. Apesar da declaração do procurador-geral, parecia, como se queixou um repórter, que o apagão de notícias que havia "confundido os detalhes acerca da carnificina de Edward Gein" estava prestes a se "tornar ainda mais obscuro".

A essa altura, Eddie já estava de volta à cela na prisão do Condado de Waushara, devorando um jantar de cordeiro assado, purê de batatas, milho enlatado, salada de alface, torta de maçã e café.

Após terminar a refeição, Gein recebeu a visita de seu advogado, William Belter, que o informou de sua intenção de declará-lo inocente por motivo de insanidade. Eddie assentiu de forma amigável; feliz, como sempre, em concordar com uma boa sugestão.

Ele garantiu ao advogado que havia sido bem tratado em Madison. Na verdade, expressou apenas os sentimentos mais afetuosos por seu interrogador, Joseph Wilimovsky. "Joe", como Eddie o chamava, nunca o enganou, nem o fez dizer algo que não quisesse. Inclusive, as perguntas tinham ajudado Eddie a "clarear a mente".

Ainda assim, como Belter relatou aos jornalistas após conversar com Gein, havia muitas coisas sobre as quais Eddie "ainda estava confuso". Era óbvio para todos que entraram em contato com ele, inclusive seu advogado de defesa, que uma das coisas sobre as quais Gein estava mais flagrantemente "confuso" era a magnitude de seus crimes. Ele não demonstrou nenhuma consciência acerca da dimensão de seus atos. Não poderia ter sido mais indiferente a respeito, como se seus atos consistissem em uma série de multas por estacionar em local proibido. Demonstrando uma verdadeira habilidade para eufemismos, mais tarde Belter disse sobre seu cliente: "Não acho que ele tenha plena apreciação do que fez".

• • •

No final da tarde de quarta-feira, ficou evidente para os repórteres que ainda vigiavam a fazenda de Eddie que a investigação estava chegando ao fim. A polícia fechou com tábuas as portas e janelas do primeiro andar e pregou uma placa de "Proibida a entrada" na casa. A única atividade significativa estava acontecendo do lado de fora da residência, onde vários policiais do Condado de Wood estavam ocupados cavando buracos ao redor da propriedade. Não foi encontrado nada no local perto do banheiro externo onde Eddie havia despejado o sangue da sra. Worden. Já em outra área, os policiais encontraram um pequeno osso. Incapazes de determinar se vinha de um animal ou de um dedo humano, eles enviaram a amostra de imediato para o Laboratório Criminal.

Na cadeia de Wautoma, o xerife Schley confirmou que, pelo menos de seu ponto de vista, a investigação estava encerrada. O que restava a ser feito "cabia ao Laboratório Criminal do Estado". "Eles possuem os crânios", contou Schley aos repórteres em uma explosão incomum de comunicatividade. "Deixe-os descobrir se estão embalsamados. É para isso que eles servem."

Kileen apoiou a declaração de Schley, acrescentando: "Não resta mais nenhum fato".

É claro que Kileen não tinha como saber, mas em menos de um dia seu pronunciamento seria desmentido, afinal, o caso Gein era, ao que tudo indicava, uma fonte interminável de revelações sinistras. E com ou sem embargo, uma nova revelação, particularmente estrondosa, estava prestes a vir à tona.

25
COMPLEXO DE ÉDIPO

"Gein era um homem sexualmente normal."
Colin Wilson, *A Casebook of Murder*

Com o patrocínio da empresa de uísque, Joseph E. Seagram & Sons, que estava comemorando seu centenário em 1957, foi realizado na cidade de Nova York no dia 21 de janeiro o simpósio intitulado "Os Próximos Cem Anos". Oito cientistas preeminentes, incluindo dois vencedores do prêmio Nobel e o pioneiro dos foguetes, Wernher von Braun, participaram da conferência, com suas previsões otimistas sendo relatadas nas páginas de jornais de todos os Estados Unidos.

Os palestrantes previram um mundo transformado pelas maravilhas da ciência e da tecnologia em um paraíso terrestre, um mundo onde deliciosos alimentos sintéticos eliminariam a fome; onde desertos, irrigados pela água do mar purificada, floresceriam com vegetação; onde a automação avançada levaria a uma jornada de trabalho semanal de quatro horas; e onde, graças às milagrosas drogas psicoativas, ninguém jamais ficaria "mental ou emocionalmente doente".

No entanto, de acordo com os especialistas, esse mundo hipotético de maravilhas ainda estava a um século de distância. E para qualquer um que estivesse acompanhando o desenrolar do caso Gein — o que incluía a maior parte da população de Wisconsin —, a diferença entre as maravilhas desse futuro imaginado e a realidade muito mais sombria do presente não poderia ser mais evidente. Afinal, no mesmo dia em que os jornais de Wisconsin noticiavam o simpósio Seagram e sua visão utópica de um século XXI livre de trabalho, fome e doenças mentais, suas primeiras páginas estavam dominadas pelas últimas revelações sobre a condição mental de Gein, algo que mais de um psiquiatra viria a descrever como "sem nenhum paralelo na história moderna".

É impressionante como, nos quatro dias que se passaram desde que as atrocidades de Gein haviam se tornado conhecidas pelo público, ninguém envolvido na investigação — nem o xerife Schley, o promotor público Kileen ou qualquer um dos funcionários do Laboratório Criminal — dissera uma palavra sobre um motivo. Era como se o comportamento de Gein fosse tão incompreensível e monstruoso que simplesmente não tivesse explicação. Porém, na quinta-feira, 21 de novembro, tudo começou a mudar.

De um modo geral, encontrar o motivo até mesmo para os atos mais hediondos pode oferecer um certo conforto. Crimes que parecem não ter nenhuma motivação — o massacre aleatório de uma família por um assassino em série que seleciona suas vítimas por capricho, por exemplo — aterrorizam justamente por causa da própria aleatoriedade. Eles atingem um dos nossos impulsos humanos mais básicos: a necessidade de acreditar em um universo governado por outras forças que não o puro acaso. No entanto, era típico do caso Gein que os motivos apresentados para suas ações apenas aumentassem o horror delas. Embora nada pudesse ser mais terrível do que os crimes em si, as explicações que começaram a surgir no dia 21 conjuraram um novo conjunto de pesadelos.

A história foi divulgada pelo *Chicago Tribune* e se espalhou depressa pelas primeiras páginas de todos os jornais de Wisconsin. Mas foi a manchete da última edição daquele dia do *Milwaukee Journal* que melhor resumiu o mais recente escândalo relacionado a Gein. O título dizia:

O AMOR OBSESSIVO PELA MÃE LEVOU GEIN
A MATAR E ROUBAR SEPULTURAS
OS ATOS MACABROS FORAM
INSTIGADOS PELA MORTE DELA
Ele achava que as vítimas se pareciam com a mãe,
descobriram as autoridades durante o interrogatório

A fonte da notícia foi um "investigador não identificado" que esteve presente durante o interrogatório de Gein que ocorreu no Laboratório Criminal na terça e quarta-feira. Por meio deste informante, o público ficou ciente pela primeira vez dos detalhes horríveis que permeavam as práticas indescritíveis de Gein: como ele carregava os cadáveres recém-desenterrados para casa e os "cortava", mantendo apenas as cabeças, pedaços de pele e o que os jornais, em um eufemismo, chamavam de "algumas outras partes", descartando o resto e "queimando-os em pequenos pedaços no fogão da cozinha". O público também descobriu como ele "dava atenção especial" aos rostos, os quais esfolava dos crânios, "transformando em uma máscara humana", e como preservava tais máscaras mantendo-as "o mais refrigeradas possível" e esfregando "óleo sempre que ficavam rígidas".

Então veio a revelação sobre o colete de pele retirada "da parte superior do corpo de uma mulher". Logo, o público leu os terríveis detalhes do grotesco baile de máscaras de Eddie: como ele, de vez em quando, "punha uma das máscaras, vestia o colete feito de pele do torso, colocava em si mesmo partes que havia retirado do corpo de uma mulher e desfilava sozinho em sua solitária casa de fazenda", um ritual que "lhe dava grande satisfação".

No entanto, quase tão chocante quanto esses atos perturbadores foi o motivo que, de acordo com o informante anônimo, teria levado Gein a realizá-los. O investigador esclareceu que Gein sofria de um complexo de Édipo, o qual explicava todo o seu comportamento criminoso, incluindo o assassinato de duas mulheres "que lembravam sua mãe".

Durante o interrogatório no Laboratório Criminal, Gein revelou um "apego antinatural" a Augusta, sua falecida mãe. Um apego que o levou a adquirir perversas "atitudes femininas". O investigador revelou que, mesmo antes da morte da mãe, Gein já "desejava ter sido mulher em vez de homem. Ele comprou livros de medicina e estudou anatomia. Refletiu consigo mesmo se seria possível mudar de sexo. Considerou perguntar sobre uma operação para transformá-lo em mulher e até pensou em tentar fazer a operação em si mesmo, mas nunca fez nada em relação a tais planos".

Após a morte da mãe em 1945, Gein "se retraiu por um bom tempo. Desse estado de espírito desolado surgiu sua compulsão em visitar cemitérios. Após algumas viagens noturnas, ele começou a cavar as sepulturas recentes".

Depois de um tempo, porém, a satisfação advinda das atividades de roubo de sepulturas e colecionismo de cadáveres não foi, ao que tudo indicava, suficiente. Uma tarde, Gein parou na taverna de Mary Hogan para tomar um café com um vizinho que o havia contratado para ajudá-lo com um bico. Assim que Eddie pôs os olhos na proprietária, "ficou impressionado com o quanto ela se parecia com a mãe dele". Mais tarde, naquele mesmo dia, Eddie voltou à taverna, atirou na nuca da sra. Hogan com uma Mauser calibre .32, carregou o corpo de 90 quilos em sua caminhonete, dirigiu para casa, içou o cadáver pelos calcanhares com uma roldana na cozinha externa onde os pais dele costumavam abater porcos e esquartejou o corpo com uma faca caseira feita de lima.

Vários anos depois, ele repetiu essa atrocidade com Bernice Worden, outra empresária local que lembrava Eddie Gein de sua própria robusta, obstinada e falecida mamãe.

A reação pública a essas revelações bombásticas (caracterizadas pelo *Chicago Tribune* como o "desfecho chocante do caso") foi explosiva, em especial entre os membros da comunidade psiquiátrica, que, como afirmou um observador, tiveram um "dia cheio" com as descobertas. Embora alguns psiquiatras se recusassem a se envolver em especulações inúteis — como um médico em Milwaukee observou com muita sensatez, "sem realizar um extensivo questionário com Gein, é difícil explicar seus atos agressivos perante mulheres que ele achava parecidas com a mãe" –, outros não perderam tempo em descrever Gein como o caso mais singular de psicose na "história psiquiátrica moderna" e "um dos seres humanos mais impressionantes a afrontar a sociedade".

As opiniões acerca da natureza exata da insanidade de Gein variaram um pouco. Um psiquiatra teorizou que Gein era "um psicopata sexual, com alguma deficiência mental e possivelmente esquizofrenia".

Por outro lado, o dr. Edward J. Kelleher, chefe do Instituto de Psiquiatria do Tribunal Municipal de Chicago, foi inequívoco em seu diagnóstico. Gein, segundo ele, era "obviamente esquizofrênico", uma condição "criada por um conflito criado por sua mãe". Resumindo as explicações em termos leigos até onde era possível, Kelleher explicou que o comportamento de Gein demonstrava um alto grau de ambivalência: "dois tipos conflitantes de sentimento". O "maior exemplo de ambivalência", segundo Kelleher, "é que o amor e o ódio podem ser direcionados ao mesmo indivíduo. É possível ter esse duplo conjunto de sentimentos em relação às mulheres".

Gein havia "provavelmente iniciado todo esse conjunto de sentimentos no relacionamento que tinha com a mãe", prosseguiu Kelleher. Assim, "seria mais provável que esses sentimentos se manifestassem de forma aguda em mulheres parecidas com a mãe".

O motivo por trás de Gein ter desenvolvido sentimentos tão violentamente divididos pela mãe — com o ódio assassino coexistindo ao lado de um amor reverencial — tinha algo a ver, sugeriu Kelleher, com atitudes sexuais incutidas por Augusta. Gein dissera aos interrogadores a respeito da opinião que a mãe tinha das mulheres modernas, sua crença de que todas elas (com exceção de si mesma) tinham "o diabo dentro de si". "Nós sabemos", afirmou Kelleher, "que sempre que uma mãe insiste em uma atitude anormal em relação a outras mulheres, isso afeta seus filhos."

Segundo Kelleher, o resultado dos sentimentos anormalmente conflitantes de Gein em relação à mãe foi um conjunto de sintomas "nunca antes vistos" nos anais da psicopatologia sexual, uma doença que combinava formas agudas de travestismo fetichista, fetichismo (o "amor desordenado" por objetos inanimados) e, o mais horrível de todos, a necrofilia (o "amor pelos mortos").

Quando Kelleher foi questionado se o comportamento de Gein poderia ser "uma forma extrema de voyeurismo", o psiquiatra não descartou a presença desse desvio como um componente da personalidade de Gein, mas negou que isso pudesse explicar os crimes. Os voyeurs, afirmou Kelleher, "estão tão perto do assassinato quanto você e eu".

Entretanto, psiquiatras profissionais como o dr. Kelleher não foram os únicos a se envolver no diagnóstico à distância de Gein. A psicanálise de boteco de repente se tornou um passatempo popular em

Wisconsin, e assuntos que não faziam parte das conversas cotidianas do interior dos Estados Unidos nos anos 1950 — desvios sexuais, travestismo, fetichismo, necrofilia — estavam sendo discutidos de forma tão casual quanto as estatísticas diárias da temporada de caça aos cervos. Até mesmo o diretor do Laboratório Criminal, Charles Wilson, um homem que não era dado a pronunciamentos improvisados, concordou que "um complexo de Édipo" provavelmente estava em jogo no caso de Gein, embora negasse saber qualquer coisa sobre o suposto desejo de Eddie de ser uma mulher. "É novidade para mim", disse Wilson aos repórteres. De qualquer modo, continuou ele, caberia aos psiquiatras que examinaram Gein descobrir exatamente o que havia de errado com ele. "Isso é algo que os rapazes com jalecos brancos e curtos terão que decidir", declarou o diretor do Laboratório Criminal.

De fato, era verdade que, até então, Gein não havia sido examinado por um único psiquiatra, embora, como foi dito por um comentarista, isso não tivesse "atrasado a chuva de termos e explicações".

Enquanto o público que lia os jornais era submetido a um curso intensivo sobre psicopatologia sexual, o objeto de toda essa atenção estava sendo indiciado em Wautoma. Ladeado pelo advogado Belter e pelo xerife Schley, o homenzinho de ombros curvados ficou de pé perante o tribunal do Condado de Waushara, presidido pelo juiz Boyd Clark, sendo formalmente acusado de homicídio doloso.

Qualquer um que visse Eddie pela primeira vez acharia difícil acreditar que ele era o infame "assassino carniceiro" de Plainfield. Com as roupas de trabalho e o semblante agradável, ele parecia mais um técnico de fornalhas, presente ali para fazer a manutenção do sistema de aquecimento do tribunal, do que o criminoso mais notório de Wisconsin. Mas até mesmo Eddie parecia ter enfim compreendido a gravidade de sua situação. Embora tivesse se fortalecido naquela manhã com seu farto café da manhã de sempre — sucrilhos, salsichas de porco, torradas e café —, ele tremia de leve enquanto ouvia o juiz Clark.

A acusação dizia que Edward Gein, "no dia 16 de novembro de 1957, na vila de Plainfield, no referido condado [Waushara], havia, de forma perversa e com a intenção de matar, assassinado Bernice Worden, um ser humano, em desacordo com a seção 940.01 dos Estatutos de Wisconsin pela paz e dignidade no estado".

A audiência logo foi concluída. Eddie falou apenas duas palavras, reconhecendo sua identidade e respondendo "sim" quando o juiz perguntou se ele estava sendo representado por um advogado. Belter então apresentou as alegações de inocência e inocência por motivo de insanidade, dispensando uma audiência preliminar. Depois de aceitar, o juiz Clark considerou "causa provável" para o crime, fazendo com que Gein fosse levado a julgamento, e ordenou que fosse mantido preso sem possibilidade de fiança. Três minutos após ter começado, a audiência se encerrou e Eddie foi escoltado de volta para sua cela.

Eddie recebeu duas visitas naquele dia. O xerife do Condado de Adams, Frank Searles, o oficial que havia encontrado o caminhão abandonado da sra. Worden no pinheiral nos arredores de Plainfield, chegou à prisão para interrogar Gein sobre o misterioso desaparecimento de Victor Travis, conhecido como "Bunk", um homem de 43 anos de Friendship, que havia sido visto pela última vez na noite de 1º de novembro, cinco anos antes, saindo de uma taverna de Plainfield na companhia de um estranho chamado Burgess.

Porém, depois de passar uma hora na cela de Gein interrogando o prisioneiro, Searles saiu insatisfeito. "Não consegui arrancar nada dele", disse ele mais tarde a uma multidão de repórteres. "As únicas respostas que ele dava eram 'não me lembro' e 'não sei' e outras semelhantes." Ainda assim, Searles tinha fortes suspeitas de que Gein poderia "saber algo" sobre o desaparecimento dos dois caçadores e do carro deles. De acordo com o xerife, Gein havia sido pego comentando o desaparecimento de Travis da mesma forma brincalhona com que havia falado sobre Mary Hogan. "Se isso aconteceu com o caso Hogan", afirmou o xerife Searles, "o mesmo poderia acontecer com o caso Travis."

Pouco depois da partida de Searles, outra pessoa apareceu na prisão pedindo para ver Gein: o reverendo Kenneth Engleman, o pastor de 33 anos com aparência juvenil da Igreja Metodista de Wautoma.

Embora Eddie já tivesse dito a Schley que gostaria de conversar com um ministro, o estressado e sobrecarregado xerife não havia tido tempo de convocar um. Na tarde de quinta-feira, o reverendo Engleman apareceu sem avisar na prisão, dizendo que sentia que Gein precisava de aconselhamento espiritual. Eddie, é claro, havia sido criado estritamente como luterano. No entanto, ele aceitou com entusiasmo a visita do metodista, acolhendo o jovem pastor em sua cela.

Mais tarde, o reverendo Engleman convocou uma conferência de imprensa para descrever seu encontro com Gein e esclarecer os relatos amplamente divulgados sobre a natureza "fria e indiferente" do assassino.

Na sua opinião, afirmou o reverendo Engleman aos repórteres, essas histórias eram completamente imprecisas. Na verdade, assim que entrou na cela de Gein, o prisioneiro começou a chorar sem parar. Gein, disse o pastor, estava "arrependido por ter se envolvido em confusão" e cheio de remorso pela "dor que tinha infligido a outras pessoas". Os dois passaram algum tempo conversando sobre os pais de Eddie, cujas mortes, contou Gein, deixaram um "vazio na vida dele". Mais tarde, quando os homens se ajoelharam no chão frio da cela, orando por "conforto, ajuda e força", Eddie começou a chorar mais uma vez.

Quando um dos repórteres perguntou ao pastor o que havia motivado sua visita, o reverendo Engleman respondeu sem hesitação. "Sou um pastor cristão e o sr. Gein é um filho de Deus", disse. Na verdade, "Deus pode estar mais próximo do sr. Gein do que do resto de nós, porque Deus se aproxima das pessoas no contato com a vida e a morte". E, quando se tratava de questões de vida ou morte, concluiu o pastor com uma observação que teria sido difícil de contestar: "O sr. Gein está mais próximo dessas coisas do que o resto de nós".

A entrevista do reverendo Engleman com Gein foi muitíssimo invejada pelos repórteres, nenhum dos quais havia sido autorizado a trocar uma única palavra com o prisioneiro, uma situação que consideraram profundamente injusta. Naquele momento, quando a busca na fazenda Gein estava concluída e Eddie, pelo menos por ora, estava instalado em Wautoma, a atenção midiática havia se voltado para a sede do condado, onde pelo menos trinta repórteres podiam ser vistos perambulando pelas ruas do centro da cidade na maior parte do dia.

Tal como aconteceu em Plainfield, as opiniões sobre toda essa atenção midiática eram mistas. Alguns residentes desejavam que os repórteres simplesmente fossem para algum outro lugar, qualquer que fosse. Outros, em especial os donos de restaurante locais e o pessoal que administrava o Brock's Motel, na zona leste da cidade, onde estava alojada a maior parte da imprensa, não poderiam estar mais contentes.

Um homem, porém, foi categórico em seus sentimentos negativos pelos jornalistas. A cautela e a aversão do xerife Schley permaneciam tão vivas quanto antes. Estando há seis semanas no cargo, esforçando-se para lidar com o caso de assassinato mais sensacionalista da história de Wisconsin, com uma equipe em tempo integral de apenas dois delegados e um orçamento anual de 11,5 mil dólares, Schley vinha se esforçando ao máximo para cumprir suas funções enquanto lidava com as demandas e importunações da imprensa. A aversão de Schley pelos repórteres não era nada pessoal. Mas era simplesmente impossível, dizia ele, "tentar conduzir uma investigação com cerca de sessenta jornalistas te seguindo por onde quer que você vá". Recentemente, Gein havia se oferecido para levar Schley de volta à sua fazenda para lhe mostrar algo. Contudo, quando os dois homens chegaram lá, o lugar estava tão lotado de jornalistas e fotógrafos que Eddie se assustou e mudou de ideia. Schley ainda não sabia o que Gein queria lhe mostrar naquela ocasião. Até onde ele sabia, poderia ser outro corpo.

O respeito de Schley pelos métodos dos jornalistas — que para começo de conversa não era muito alto — diminuiu ainda mais quando um repórter o abordou às escondidas e ofereceu uma quantia considerável em dinheiro pela oportunidade de passar apenas dez minutos conversando com o "assassino carniceiro" de Plainfield, um suborno que Schley rejeitou com raiva, dizendo ao repórter "o que ele podia fazer com o dinheiro dele".

Na noite de quinta-feira, 21 de novembro, as tensões latentes entre Schley e os jornalistas — que estavam há dias perseguindo o xerife para obter acesso a Gein — finalmente explodiram.

O advogado de Eddie respondeu aos apelos cada vez mais alvoroçados dos repórteres, prometendo marcar uma entrevista com Gein. Quinta-feira foi estabelecida como uma data provisória e, no início da tarde, logo após o retorno de Eddie de sua audiência de acusação, cerca de 25 repórteres se amontoaram na pequena área de recepção na frente da prisão do condado e esperaram. E esperaram mais um pouco. À medida que o tempo passava e não se tinha sinal de Belter ou Schley, os jornalistas foram ficando cada vez mais descontentes. Então surgiu a suspeita de que tudo era uma armação, uma tentativa de manter os repórteres ocupados enquanto Eddie levava Schley de volta à fazenda para lhe mostrar onde mais ossos e partes de corpos estavam enterrados.

Acontece que Schley estava na prisão o tempo todo, no porão, onde estava ajudando a consertar o vazamento de alguns canos de água quente. Enquanto isso, Belter, que também atuava como juiz de paz, estava ocupado ouvindo violações da lei de jogos.

Já era tarde da noite — umas boas oito horas já haviam se passado desde que os jornalistas começaram sua frustrante espera — quando Belter finalmente falou com Gein e obteve seu consentimento. Eddie falaria com seis repórteres, que então compartilhariam as informações com o restante dos jornalistas.

Os seis sortudos — três representantes das principais agências de notícias, além de repórteres da revista *Time*, do *Milwaukee Journal* e do *Oshkosh Daily Northwestern* — foram escolhidos por Belter. Apenas um jornalista — do *Chicago Tribune* — deu um chilique por ter sido excluído, mas até ele se acalmou depois de um tempo.

Belter e os seis escolhidos saíram do prédio e caminharam até a entrada da prisão, na parte dos fundos. O restante dos repórteres os seguiram de perto, esperando pela chance de escutar algo.

O xerife Schley havia se posicionado na entrada da prisão e ficou furioso quando, em vez dos seis combinados, viu uma multidão de repórteres se acotovelando em sua direção. Ele então gritou que só permitiria que três jornalistas entrassem em sua prisão. Os repórteres começaram a protestar em voz alta, denunciando Schley e implorando que Belter interviesse. Com isso, a cena toda estava se tornando cada vez mais caótica.

Encurralado entre Schley e os jornalistas, Belter não teve escolha senão concordar com o decreto do xerife. Contudo, assim que ele fez a nova seleção — escolhendo os repórteres da Associated Press, da United Press e da *Time* —, o jornalista da International News Service gritou em protesto. Começou assim uma discussão entre Schley e o jornalista, a qual, por conta de seu teor cada vez mais ofensivo, terminou com o xerife proferindo alguns palavrões ao homem e anunciando que todo o evento estava encerrado, entrando na prisão e batendo a porta.

Os repórteres ficaram devastados. Eles haviam passado a maior parte do dia amontoados dentro da prisão apenas para terem negada, no último momento, sua tão esperada entrevista com Gein. A indignação e a decepção foram amplificadas pelo sentimento de impotência. Enquanto Eddie estivesse trancado na prisão de Schley, eles não teriam nenhum recurso.

No entanto, pelo menos um deles — Robert Wells, do *Milwaukee Journal* — foi capaz de enxergar alguma ironia nessa situação. "Uma semana atrás", escreveu Wells, "não havia uma pessoa no mundo inteiro que teria se esforçado muito para conversar com o habilidoso homenzinho de sorriso torto." No entanto, ali estavam os "representantes da imprensa nacional" gritando em desespero "porque não poderiam ouvir algumas poucas sílabas dos próprios lábios de Gein".

Não poderia existir sinal mais óbvio do novo status de Eddie. Em poucos dias, ele havia deixado de ser um completo zero à esquerda — até mesmo em sua humilde cidade natal — para se tornar a sensação do momento. Ele havia alcançado o tipo de fama fenomenal da noite para o dia que apenas a mídia pode oferecer.

Eddie Gein era uma celebridade.

26

O CRIADOR E SUA MATÉRIA-PRIMA

> "Quando terminaram com o pântano, os homens que tinham assaltado o banco de Fulton foram capturados em Oklahoma. Mas a notícia rendeu menos de meia coluna no Fairvale Weekly Herald. A primeira página foi quase toda dedicada ao caso Bates. As agências de notícia Associated Press e United Press imediatamente entraram na história e também saiu bastante na televisão. Alguns textos compararam a história ao caso Ed Gein, ocorrido mais ao norte alguns anos antes. Eles se esmeraram na descrição daquela 'casa dos horrores' e apostaram tudo na suposição de que Norman Bates vinha assassinando hóspedes há anos."
> Robert Bloch, *Psicose*

A história de Gein estava por toda parte. Ela dominava não apenas os meios de comunicação, mas também as conversas diárias. Durante várias semanas, onde quer que os moradores de Wisconsin se reunissem — lojas e pátios de escola durante o recreio, cafés ou mesas de jantar nas casas —, esse era o único assunto que conversavam. A magnitude da história era tanta que qualquer um que morasse em Wisconsin no outono de 1957 não poderia deixar de conhecer todos os detalhes do caso, mesmo que nunca pegasse um jornal ou ligasse a televisão.

Um indivíduo que conheceu o caso Gein por meio de fofocas locais foi um escritor de 40 anos chamado Robert Bloch. Residente de longa data em Milwaukee, Bloch publicava histórias de mistério e terror desde a adolescência, tendo recebido seu primeiro incentivo do célebre fantasista H. P. Lovecraft. Depois de uma carreira bem-sucedida como redator publicitário da Agência Gustav Marx, em Milwaukee, Bloch decidiu se dedicar à redação freelance em tempo integral no ano de 1953. Suas histórias — muitas delas publicadas em famosas revistas pulp — eram conhecidas por seus finais com reviravoltas terrivelmente inteligentes, as quais muitas vezes pareciam transformá-las em longas piadas de mau gosto. Assassinos psicopatas sempre tiveram destaque em sua ficção. Uma de suas obras mais conhecidas era, inclusive, um conto intitulado "Yours Truly, Jack the Ripper" [Atenciosamente, Jack, o Estripador, em tradução livre].

No outono de 1957, Bloch residia em Weyauwega, Wisconsin, a cidade natal de sua esposa, localizada a cerca de 145 quilômetros ao norte de Milwaukee e a menos de cinquenta quilômetros a leste de Plainfield. Marion Bloch sofria de tuberculose óssea. A doença estava em remissão, mas o casal havia se mudado para Weyauwega para que Marion pudesse ficar perto dos pais caso sua condição piorasse de novo.

Ao ouvir os rumores sobre as terríveis descobertas feitas na cidade vizinha de Plainfield e ler os impressionantes fatos relatados no *Weyauwega Chronicle* e no *Milwaukee Journal*, Bloch logo enxergou no caso Gein a matéria-prima para uma história de terror de primeira classe. Ali estava uma história de terror da vida real, muito mais macabra do que qualquer outra coisa já sonhada por Lovecraft. Uma história que apresentava os mais sombrios atos de depravação, todos praticados por um tímido solteirão, um homem sem graça e de aparência completamente inofensiva, levado a tais abominações por seu apego patológico a uma mãe tirana que continuou a dominar a existência do filho mesmo anos após a morte.

No entanto, o que mais intrigou Bloch no caso Gein foi a sua configuração: a ideia, comentou ele mais tarde, "de que um assassino macabro com gostos pervertidos pudesse florescer quase que abertamente em uma pequena comunidade rural onde todos se orgulham de conhecer a vida uns dos outros".

Enquanto Bloch ponderava sobre os contornos de sua história, ele logo se deparou com um problema importante: como fornecer um suprimento adequado de vítimas ao assassino.

Dada a natureza tímida e reservada do personagem principal, não parecia plausível que ele ativamente perseguisse as vítimas, tal qual Jack, o Estripador. A vítima precisava vir até ele. E que melhor maneira de fornecer a um assassino um fluxo constante de vítimas que fazê-lo administrar algum tipo de negócio, digamos, um motel pequeno e decadente afastado de tudo e de todos?

STATE OF WISCONSIN
DEPARTMENT OF HEALTH AND SOCIAL SERVICES

ORIGINAL CERTIFICATE OF DEATH

STATE FILING DATE AUG 9 84
STATE DEATH 017771

Middle | Last: GEIN Gein | SEX: [X] Male [ ] Female | DATE OF DEATH: July 26 19 — Month Day

UNDER 1 YEAR: Mos. Days | UNDER 1 DAY: Hours Mins | DATE OF BIRTH: 6. Month 8 Day 26 Year 06 | COUNTY OF DEATH: 7a. Dane | INSIDE CITY OR VILLAGE LIMITS: 7b. [X] Yes

HOSPITAL OR OTHER INSTITUTION — Name [ ] Hospital [ ] Nursing home [X] Other instit. (If none of these, give street and number)
7d. Mendota Mental Health Institute
IF HOSP OR INST [ ] DOA [ ] OP/Emer Rm [X] Inpatient 7e.

WHAT COUNTRY | MARITAL STATUS 10. [ ] 1. Married [X] 4. Never Married [ ] 2. Separated [ ] 5. Widowed [ ] 3. Divorced | SURVIVING SPOUSE (If wife, give maiden name) 11. None | WAS DECEDENT EVER IN ARMED FORCES? 12. [ ] Yes [X] No

USUAL OCCUPATION (Give kind of work done during most of working life, even if retired) 14a. Farming Labor | KIND OF BUSINESS OR INDUSTRY 14b. Agri-business

CITY, VILLAGE OR TOWNSHIP OF RESIDENCE 15c. Madison ~~Plainfield~~ | INSIDE CITY OR VILLAGE LIMITS 15d. [X] Yes [ ] No | STREET AND NUMBER 15e. 301 Troy Drive

Middle | Last: Gein | MOTHER MAIDEN NAME 17. First Middle Last: Augusta (nee Loehake) Gein

MAILING ADDRESS Street or R.F.D. No. City or Village State
18b. P.O. Box 547 Wautoma, Wisconsin 54982

CEMETERY OR CREMATORY NAME 19b. Plainfield Village | LOCATION City or Village State 19c. Plainfield, Wisconsin

NAME OF FACILITY 20b. Gasperic F.H. | ADDRESS OF FACILITY Street or R.F.D. No. City or Village State 20c. P.O. Box 336 Plainfield Wisc 549

...death occurred at the time, date and place and due to ...
... Hanser MD

HOUR OF DEATH 21c. 7:45 A.M.

... IF OTHER THAN CERTIFIER (Type or Print)

To be Completed by MEDICAL EXAMINER or CORONER Only

22a. On the basis of examination and/or investigation, in my opinion death occurred at the time, date and place and due to the cause(s) stated.
Signature and Title
DATE SIGNED 22b. Month Day Year | HOUR OF DEATH
PRONOUNCED DEAD 22d. Month Day Year | PRONOUNCED DEAD AT (Hour) 22e.

... (PHYSICIAN, MEDICAL EXAMINER OR CORONER) (Type or Print)
... Hanser MD 301 Troy Drive Madison, Wisconsin 537..
... R. Mahnke

DATE RECEIVED BY REGISTRAR 24b. JUL 30 1984 — Month Day Year

(ENTER ONLY ONE CAUSE PER LINE FOR (a), (b), AND (c))
...atory failure | Interval between onset and death
...ENCE OF
...carcinomatosis | Interval between onset and death
...ENCE OF
...noma of Colon metastasis to Liver and lungs | Interval between onset and death

...IONS — Conditions contributing to death but not related to cause given in PART I (a)
...Disorder Chronic Dementia

AUTOPSY 26. [ ] Yes [X] No | WAS CASE REFERRED TO MEDICAL EXAMINER OR CORONER 27. [ ] Yes [X] No

...RY | HOUR OF INJURY 28c. M | DESCRIBE HOW INJURY OCCURRED 28d.
Day Year

...(home, farm, street, factory, office building, etc.) | LOCATION 28g. Street or R.F.D. No. City or Village State

PARTE IV

ESCAVAÇÕES

27

EXUMAR OU NÃO EXUMAR? (EIS A QUESTÃO)

"Na noite fria e úmida de novembro,
no dia dos mortos,
nosso amor desperta.
O amor dos mortos."
Do diário de um necrófilo

Na sexta-feira, Gein compareceu mais uma vez ao tribunal para uma breve aparição perante o juiz de comarca Herbert A. Bunde. Vestido com largas calças de trabalho verde e um casaco azul de lã, Eddie, cujo rosto com a barba por fazer não demonstrava nenhum vestígio de emoção, foi conduzido à sala de audiências ampla e de pé-direito alto pelo xerife Schley. Cerca de oitenta espectadores, sendo que pelo menos trinta eram jornalistas, encheram metade da sala do tribunal. A multidão ficou em silêncio quando o "assassino carniceiro", de aparência frágil, foi trazido diante da tribuna, com os fotógrafos presentes se contorcendo de frustração. A pedido de Eddie, eles foram impedidos pelo juiz Bunde, um jurista severo e sensato, de fotografar o processo.

Ao longo da semana, continuaram a circular rumores de que alguns indivíduos em Plainfield estavam indignados com a ideia de que Gein, ao alegar insanidade, poderia escapar da punição por seus crimes. O promotor público Kileen tentou tranquilizar o público, afirmando categoricamente que "Gein nunca andaria de novo pelas ruas de Plainfield". Ainda assim, havia uma boa dose de amargura na ideia de que Gein poderia acabar em um hospital psiquiátrico, o que, na opinião de certas pessoas, equivaleria a se safar de um assassinato.

Provavelmente temendo que pudesse haver algum tipo de comoção entre os espectadores — um protesto furioso, possivelmente violento, ou até mesmo um atentado contra a vida do prisioneiro —, o juiz ordenou um nível de proteção sem precedentes para o réu. Sete homens armados — três policiais municipais, três delegados (incluindo Leon Murty, que chegou ao tribunal vestindo um traje vermelho brilhante de caçador) e o xerife Herbert Wanerski — ficaram de costas para a tribuna e de olho nos espectadores. Schley, que nunca saiu do lado do Eddie, ostentava um revólver na cintura.

No final das contas, essas precauções foram completamente desnecessárias. Os espectadores, muitos deles funcionários do tribunal, assistiram aos procedimentos de forma educada, permanecendo tão silenciosos e contidos quanto o próprio réu. Até os fotógrafos guardaram para si seu descontentamento e ficaram observando tudo com um interesse silencioso.

Assim como a audiência preliminar na quinta-feira, a acusação da sexta-feira foi concluída com presteza. Com as mãos algemadas cruzadas à frente, Eddie ficou diante do juiz Bunde e mais uma vez ouviu a acusação formal de homicídio doloso e assalto à mão armada. Tal como aconteceu na quinta-feira, apenas lhe foi pedido que confirmasse sua identidade e assinalasse seu advogado, William Belter (o qual havia sido repreendido de leve naquele dia em um editorial do *Milwaukee Journal* por ter dito aos repórteres que havia aceitado com "relutância" a desagradável tarefa de defender Gein). Mais uma vez, Belter entrou com a declaração de inocente por motivo de insanidade.

O que foi diferente dessa vez, no entanto, foi a recomendação de Kileen de que, antes que a data do julgamento fosse marcada, Gein fosse internado no Hospital Psiquiátrico do Estado para um teste de sanidade. Como forma de reforçar o pedido, Kileen descreveu ao juiz Bunde a condição em que o corpo de Bernice Worden havia sido encontrado: "pendurado pelos calcanhares" e "eviscerado" como um cervo. "Não sei se uma pessoa em sã consciência faria ou não esse tipo de coisa", opinou Kileen.

Belter, que horas antes havia anunciado que pretendia obter parecer independente sobre a sanidade de Gein de um psiquiatra de Milwaukee, concordou com Kileen. Ele disse ao juiz que Gein havia admitido a remoção de cadáveres inteiros e várias partes de corpos de sepulturas. "Há alguma aberração mental envolvida nisso", avaliou o advogado.

A audiência durou ao todo pouco mais de cinco minutos. Depois de ouvir as recomendações do promotor e do advogado de defesa, o juiz Bunde fez sua declaração. "Dadas as circunstâncias relatadas tanto pelo advogado do Estado quanto pelo advogado do réu", disse o juiz, "parece aconselhável que seja feita uma perícia para determinar se o réu é apto para ir a julgamento", bem como se estava são no momento do assassinato da sra. Worden.

Então Bunde assinou uma ordem para internar Eddie no Hospital Psiquiátrico do Estado para os Criminalmente Insanos em Waupun, para um período de exames de trinta dias, e o devolveu à custódia do xerife Schley, que levou Eddie de volta à prisão para aguardar o transporte que o levaria para a instituição psiquiátrica.

Mais tarde, naquele mesmo dia, o promotor Kileen teve uma reunião com o juiz Bunde e com vários outros funcionários locais, incluindo Schley, o presidente do conselho do Condado de Waushara, Earl Simenson, e Harold Collins, líder comunitário da vila de Plainfield, para discutir uma série de questões relacionadas ao caso Gein.

Uma das questões era a proteção 24 horas por dia da casa de Gein. Desde que a história de Eddie chegou às primeiras páginas dos jornais, os homens dos xerifes dos condados de Waushara e Portage estavam montando guarda na fazenda para desencorajar os curiosos, incluindo grupos de rapazes da fraternidade da Universidade de Wisconsin, os quais estavam empenhados em dar festas regadas a cerveja na infame "casa dos horrores". No entanto, as autoridades não sabiam por quanto tempo o condado poderia se dar ao luxo de manter uma vigilância de 24 horas na cena do crime.

Outra de suas preocupações, também de base econômica, tinha a ver com o caso Travis. Valia a pena o condado continuar a investigação sobre esse e outros desaparecimentos dos quais Eddie era suspeito? A percepção de Kileen era de que Waushara, "um condado pobre", não deveria "pagar a conta" da investigação de quaisquer crimes que Gein pudesse ter cometido em outro lugar. "Por que deveríamos pagar o pato?", argumentou. Desde que Gein permanecesse trancafiado — na prisão ou em um hospital psiquiátrico, isso não fazia diferença para o promotor público —, ele ficaria satisfeito. O fato de que Gein poderia ter matado pessoas em outras partes do estado era algo lamentável, mas, no fim, não era motivo de preocupação para o Condado de Waushara.

Nenhuma dessas questões, no entanto, era o item principal da agenda do promotor público. O motivo principal pelo qual Kileen havia convocado a reunião era para lidar com uma questão muito mais sensível e potencialmente explosiva: a questão da exumação.

Desde o momento em que Eddie afirmou ter adquirido seus "troféus" anatômicos em cemitérios locais, a questão gerou um grau considerável de controvérsia. O xerife Wanerski, que havia zombado da história de Eddie sobre o roubo de túmulos, não era de forma alguma o único cético. De modo geral (principalmente porque a ideia era horrível demais para ser cogitada), os cidadãos de Plainfield se recusavam a acreditar que a coleção hedionda de Gein havia sido montada a partir do cemitério da cidade, assim como que os rostos, vaginas e outras partes encontradas na imundície da casa de fazenda eram relíquias retiradas de seus parentes mais próximos, os restos mumificados de suas irmãs, esposas e mães falecidas.

O fato de que uma pessoa tão passiva como Eddie pudesse ter cometido tais depredações parecia muito improvável para a maioria dos habitantes da cidade, que consideravam o pequeno solteirão manso e indolente demais para tal feito. "Acho que ele nunca teve ambição suficiente para abrir uma cova", comentou Gyle Ellis, dono de uma mercearia local. Embora Gein fosse um sujeito magro e forte, parecia impossível que ele pudesse ter tido força para cavar sozinho uma sepultura, abrir o caixão, remover o cadáver e realizar nele suas terríveis operações, para depois enterrá-lo mais uma vez e aplanar o solo arenoso, apagando qualquer vestígio do crime, tudo isso no espaço de algumas horas.

Além disso, os habitantes da cidade não entendiam como uma atividade dessas poderia ter passado despercebida, em especial ao longo de vários anos. Gein, argumentavam, teria que realizar sua pilhagem noturna à luz de uma lanterna e, mesmo em uma área tão isolada e solitária como Plainfield, não parecia plausível que ninguém tivesse visto um brilho suspeito vindo do cemitério ou notado a picape de Gein estacionada ali no meio da noite, questionando o que o pequeno e estranho eremita estava fazendo no local.

Uma pessoa eminentemente qualificada para comentar a situação era o coveiro do cemitério de Plainfield, Pat Danna, que desconsiderou por completo a história de Gein. Danna insistiu que durante o tempo em que foi zelador, nenhum túmulo havia sido violado. Ele estava no cemitério o tempo todo, cortando a grama uma vez por semana durante o verão e verificando-a com regularidade no inverno, de forma que nunca viu um único sinal de perturbação. Além disso, ao longo dos últimos anos, ele havia ficado bem de olho no local após alguns vândalos, durante uma noite de bebedeira, terem causado danos no valor de cerca de 2,5 mil dólares a um cemitério próximo.

A afirmação de Gein parecia simplesmente inverossímil para Danna. Nos meses de verão, o cemitério ficava "ocupado demais" para que alguém conseguisse escapar impune da tarefa de adulteração de túmulos (entre outras coisas, sabia-se que os adolescentes locais o usavam como um lugar de encontros românticos). Já no inverno, o solo era muito duro. Um homem forte levaria cerca de meio dia de trabalho pesado para cavar uma sepultura quando o frio chegasse. Além disso, em tumbas com criptas de concreto, um "ladrão de corpos" precisaria de um sistema de roldanas para chegar até o cadáver, e criptas de concreto eram comuns em Plainfield devido ao solo notoriamente arenoso da área. Além disso, explicou Danna, em sua maioria, os caixões modernos eram feitos de aço e hermeticamente fechados, sendo muito difíceis de abrir.

Danna estava firme em sua crença. Eddie poderia ser qualquer outro tipo de monstro, mas ele com certeza não era um ladrão de túmulos.

Outra autoridade no assunto foi um pouco menos otimista do que Danna. Tratava-se de Ray Goult, o único agente funerário da Plainfield. De acordo com Goult, a grande maioria dos caixões não era contida em criptas de concreto, mas sim em caixas de madeira cujas tampas eram fixadas com oito ou dez parafusos facilmente removíveis. Quanto aos próprios caixões, nem sempre eles estavam bem fechados. Isto era especialmente verdade para os caixões de madeira. Contudo, até mesmo os construídos com aço eram com frequência enterrados com as tampas destrancadas.

Ainda assim, Goult tendia a concordar com Danna. Ele confirmou que era uma escavação difícil e muito trabalhosa para ser realizada por um único homem. Devido ao solo arenoso, em geral era necessário escorar com madeiras as laterais das sepulturas para evitar desmoronamentos. No geral, parecia muito improvável que o pequeno Eddie Gein tivesse conseguido violar sequer um único caixão enterrado, que diria vários deles.

Contudo, se os fragmentos humanos da coleção de Gein não vieram de cadáveres profanados, isso poderia significar apenas uma coisa: eram os restos mortais de pelo menos dez vítimas de assassinato. E essa explicação foi igualmente difícil de aceitar. Como assassino, Gein não era conhecido por se comportar (nas palavras de um observador) "com um grande grau de inteligência". No caso dos assassinatos de Hogan e Worden, ele simplesmente entrou nos estabelecimentos das vítimas em plena luz do dia, atirou nas cabeças das mulheres e depois arrastou seus corpos até um caminhão, sem se preocupar em limpar até mesmo as pistas mais óbvias (como os cartuchos vazios das armas que usou para matá-las). Considerando este *modus operandi*, parecia quase impossível que Gein pudesse ter cometido outros oito assassinatos sem ser pego.

Ainda assim, das duas alternativas igualmente improváveis, a maioria dos moradores de Plainfield achou mais fácil conceber Eddie Gein como um assassino em série do que como um monstro. "Os locais terão que ver as sepulturas abertas antes de acreditarem nisso", disse Ed Marolla a um repórter, resumindo os sentimentos de seus conterrâneos. E, de fato, escavar algumas sepulturas parecia a única maneira de resolver o assunto em definitivo.

A princípio, Kileen parecia veementemente contrário à ideia da exumação. Como promotor público do Condado de Waushara, ele estava interessado apenas no assassinato da sra. Worden, o qual Gein já havia confessado. Quanto aos outros restos mortais descobertos na casa de Gein, Kileen parecia disposto a acreditar na palavra do prisioneiro.

Durante uma reunião com repórteres na quarta-feira, Kileen anunciou que o Condado de Waushara não iria realizar nenhuma exumação. "Não quero participar da abertura de nenhuma sepultura para provar qualquer coisa", declarou ele aos jornalistas. "Imagine como os pobres familiares se sentiriam."

Ele repetiu que seu condado não possuía casos não resolvidos de pessoas desaparecidas. Portanto, de seu ponto de vista, não era necessário conferir os cemitérios. "Se os outros condados quiserem obter ordens judiciais para abrir as sepulturas", disse Kileen, "isso cabe a eles", embora tenha acrescentado que, se os familiares "não gostarem da ideia, farei tudo que é possível para impedi-la".

Por um tempo, parecia que o Laboratório Criminal poderia oferecer a melhor solução para esse problema. Charles Wilson tinha nove dos seus homens trabalhando em tempo integral no caso, analisando as provas e empregando as técnicas mais modernas para identificar as vítimas a partir dos restos mortais. Ao comparar as partículas de sujeira recolhidas da cena do crime com amostras de solo de cemitérios locais, os técnicos esperavam determinar a validade da afirmação feita por Gein.

Contudo, a enorme quantidade de provas — de longe, a maior já manuseada pelo Laboratório Criminal, que na época existia havia dez anos — fez com que fosse difícil para Wilson prometer uma resolução rápida. Embora Kileen tenha pressionado o diretor a conferir prioridade máxima à análise do solo, logo ficou claro que uma resposta definitiva poderia levar semanas e até meses.

Enquanto isso, Kileen estava sob grande pressão dos cidadãos de Plainfield para enfim determinar a veracidade da afirmação de Gein. Estava se tornando cada vez mais óbvio que os habitantes da cidade nunca conseguiriam descansar sem saber se seus entes queridos tinham, de fato, sido profanados nas próprias sepulturas.

Por consequência, na tarde de sexta-feira, após sua reunião com o juiz Bunde e outras autoridades, Kileen convocou uma conferência de imprensa para fazer um anúncio eletrizante.

No início da semana seguinte, disse ele aos repórteres, e dependendo da permissão dos parentes mais próximos, duas sepulturas seriam abertas no cemitério de Plainfield.

A mudança de opinião de Kileen em relação às exumações não foi sua única reviravolta. De repente, ele também parecia ter ficado em dúvida sobre toda a história do roubo de sepulturas. Quando um dos repórteres perguntou se ele ainda acreditava na afirmação de Gein, Kileen bufou. "Você acredita?", perguntou ele em um tom sarcástico que deixou explícito seu ceticismo.

Pela primeira vez, o promotor revelou que Gein tinha fornecido às autoridades uma lista de "oito ou nove" indivíduos cujos cadáveres ele havia presumivelmente violado. A intenção de Kileen era desenterrar duas dessas sepulturas, "a menos que o solo ficasse congelado". Se nada fosse encontrado, explicou, nenhum outro corpo seria exumado. Por outro lado, se Eddie estivesse dizendo a verdade, Kileen prosseguiria e ordenaria a abertura de "outras sepulturas indicadas por Gein".

Quando os repórteres perguntaram a Kileen como ele conciliava os "oito ou nove" nomes com o número significativamente maior de máscaras e crânios recuperados na fazenda, o promotor apenas deu de ombros. "Essa é uma pergunta que nem eu nem mais ninguém pode responder", disse ele. "Apenas Gein pode."

Kileen se recusou a revelar os nomes presentes na lista de Eddie, com uma única exceção. Ele contou aos jornalistas que o primeiro corpo que pretendia exumar era o da sra. Eleanor Adams, uma mulher de 52 anos que morrera seis anos antes e fora enterrada em um caixão contido em uma caixa de madeira. O túmulo da sra. Adams, revelou o promotor público, ficava bem próximo das sepulturas dos pais de Eddie Gein.

Quando um repórter perguntou a Kileen se Augusta Gein era uma das mulheres da lista, o promotor balançou a cabeça. Segundo ele, Gein negou ter aberto o caixão da mãe.

É claro, acrescentou Kileen, que o caixão da mãe de Gein estava revestido em uma cripta de concreto. Se Eddie tentou e falhou chegar ao corpo de Augusta era algo que o promotor púbico não poderia, ou não iria, revelar.

28

HUMOR DE COVA RASA

"O que estamos lidando aqui, em um grande número de casos, e que é provavelmente uma das principais funções do humor público, é um interessante mecanismo popular de grande importância e relativa frequência. [...] É a racionalização — a tentativa de tornar compreensível, crível ou até mesmo suportável, ainda que apenas como uma 'piada' — de uma situação muito pesada com a qual o narrador original da história se deparou ou se viu forçado a viver. [...] Esta é com certeza a principal função da criação do humor, e certamente da aceitação de coisas como humorísticas, tais como infidelidade, sedução, impotência, homossexualidade, castração, morte, doença e o Diabo, que obviamente não são nada engraçadas. [Tal] humor é uma espécie de assobio no escuro, como o Fígaro de Beaumarchais, que 'ri para não chorar'."
Gershom Legman, *Rationale of the Dirty Joke*
[A Lógica da Piada Suja]

É dito que em meio à tragédia o tempo parece ficar arrastado e que cada momento se torna uma eternidade. Mas é igualmente verdade que a tragédia pode fazer o tempo passar com uma assustadora rapidez. Afinal, nada faz com que a vida mude mais depressa do que uma tragédia.

Sábado, 23 de novembro, foi um aniversário lúgubre para o povo de Plainfield. Fazia uma semana exata desde que uma de suas vizinhas mais queridas tivera um fim terrível e indescritível. No entanto, no curto espaço de tempo que havia transcorrido desde que Eddie Gein tinha entrado cambaleando na Loja de Ferragens Worden com uma jarra de vidro na mão e algumas balas de calibre .22 no bolso do macacão, o mundo havia mudado para sempre, não apenas para a família da mulher assassinada e para o solteirão perturbado que a massacrou como um animal de caça, mas para todos os membros de sua atordoada e assediada cidade natal.

Embora os cidadãos estivessem dando seu melhor para voltar para suas vidas normais, Plainfield continuava uma comunidade em crise, ainda abalada pela monstruosidade das revelações feitas por Gein, envergonhada pela atenção midiática que a havia transformado em um espetáculo secundário e profundamente dilacerada pelo conflito causado pelo plano de Kileen de desenterrar as sepulturas. Pois, embora a maioria dos habitantes da cidade estivesse ansiosa para ver a questão do roubo de sepulturas resolvida de uma vez por todas, outros permaneciam ferozmente contrários à ideia de violar o solo sagrado de seu pequeno cemitério.

Adicionados a essa tensão estavam os rumores inabaláveis que continuavam chocando a cidade. Haviam sido espalhadas histórias, por exemplo, de que os restos macabros encontrados no quarto e na cozinha de Gein não eram os piores itens abrigados pela casa e que o porão estava cheio de horrores tão assustadores que a polícia achou melhor escondê-los do público. Havia também relatos, que renderam algumas noites em claro às matronas de Plainfield, de que os investigadores tinham encontrado uma "lista de mortes" na residência de Eddie, a qual continha as esposas de fazendeiros locais agendadas para ocupar seus lugares nas paredes, prateleiras e vigas do teto do museu da morte particular de Eddie. Porém, o mais inquietante de tudo, era o rumor persistente de que Eddie não tinha trabalhado sozinho, de que outro homem o acompanhara em suas incursões de roubo de túmulos e até mesmo teria participado das operações depravadas que Gein realizava em seus tesouros recém-desenterrados.

Os cidadãos começaram a se sentir como párias ou aberrações. De acordo com uma fonte, quando o chefe dos correios de Plainfield,

Harry P. Walker, foi apresentado aos colegas em uma convenção estadual em Milwaukee, ele foi "recebido no início com suspiros audíveis e depois por um silêncio horrorizado".

Talvez, como resultado dessa experiência angustiante, Walker elaborou um plano, o qual propôs em uma carta ao senador William Proxmire. Um plano que ele esperava que corrigisse a má impressão da cidade criada pela imprensa. "Com certeza, o senhor está bastante ciente da intensa publicidade nacional que Plainfield tem recebido devido à conexão com os assassinatos de Gein", escreveu Walker a Proxmire. "Embora Plainfield, é claro, não tenha nada a ver com o caso Gein, com exceção da infelicidade de ser seu cenário, nós fomos muitíssimo prejudicados pela terrível publicidade."

Como forma de gerar alguns sentimentos positivos para sua cidade natal, Walker propôs a impressão de um selo postal comemorativo em homenagem ao tetraz-das-pradarias, o qual seria "apresentado em seu primeiro dia de emissão" pelos correios de Plainfield. Ao designar Plainfield como um local de emissão do selo do tetraz-das-pradarias, o governo criaria publicidade favorável para a cidade não apenas entre os milhões de filatelistas do país, mas também entre a imprensa nacional.

Até que ponto a proposta de Walker foi levada a sério é uma questão de especulação. De qualquer forma, nada aconteceu. Walker e seus vizinhos não tiveram outra escolha a não ser aprender a conviver com a nova (e, como foi o caso, permanente) reputação de sua cidade natal, resignando-se a ver o "bom nome de Plainfield" (como disse um observador) para sempre "manchado como o lar do assassino carniceiro Ed Gein".

Em outros lugares de Wisconsin, a reação às atrocidades de Gein foi bastante diferente, mas não menos intensa. Na verdade, a resposta por todo o estado aos horrores de Plainfield foi tão impressionante que de imediato atraiu o interesse de vários psicólogos, que nunca haviam testemunhado um fenômeno em massa como esse. Além do fascínio exagerado em relação a cada detalhe do caso, do número preciso de máscaras encontradas dentro da casa de Eddie até os cardápios de seus jantares na prisão, os crimes geraram um surto sem precedentes de humor mórbido, marcado por uma febre de piadas de mau gosto relacionadas a Gein (apelidadas de "Geiners") que rapidamente varreram o estado.

Poucos dias após a descoberta dos crimes, parecia que todos os jovens de Wisconsin estavam trocando "Geiners", não apenas com os colegas de escola, mas também com os próprios pais. As piadas sobre Gein tornaram-se a última moda, repetidas com uma frequência quase obsessiva onde quer que as pessoas se reunissem. Logo na sexta-feira, 22 de novembro, o dr. Rudolf Mathias, psicólogo-chefe do Centro de Diagnóstico de Wisconsin, em Madison, já estava teorizando sobre o significado do humor a respeito de Gein, o qual comparou às "piadas trocadas entre os soldados que estão indo para a batalha".

No entanto, foi um psiquiatra chamado George D. Arndt quem realizou o estudo mais extenso sobre o fenômeno. Após uma excursão ao centro de Wisconsin, onde reuniu dezenas de exemplos, Arndt publicou os resultados de sua pesquisa no *Bulletin of the Menninger Clinic*. Intitulado "Community Reactions to a Horrifying Event" [Reações da Comunidade a um Evento Horrível], o artigo do dr. Arndt argumentava que as piadas compulsivas sobre o assassino de Plainfield eram um mecanismo coletivo de defesa, uma forma de lidar com as profundas ansiedades provocadas pelo crime e de exorcizar o pesadelo por meio do riso.

Arndt classificou as piadas de acordo com os tabus com as quais elas lidavam: canibalismo, perversão sexual e assim por diante. Porém, em essência, todas eram os mesmos gracejos horríveis, variando entre graus de inteligência e perspicácia, mas cujo objetivo era afastar o terror com leviandade, da mesma forma que crianças assoviam uma melodia alegre enquanto passam por um cemitério.

> Por que tiveram que manter o aquecimento ligado na casa de Ed Gein?
> Para que os móveis não passassem frio.
>
> Por que a namorada de Ed Gein terminou com ele?
> Porque ele era um mestre em cortar o clima.

Por que ninguém joga cartas com Ed Gein?
Ele pode aparecer com uma boa mão.

O que Ed Gein disse ao xerife que o prendeu?
Por favor, tenha coração.

Por que deixaram Ed Gein sair da prisão no Dia das Bruxas?
Para que ele pudesse vestir uma fantasia de mulher.

No entanto, o exemplo mais notável coletado por Arndt não foi uma piada, mas um poema. Uma reformulação macabra de "Uma Visita de São Nicolau", de Clement Moore:

Era véspera de Natal, quando por todo o galpão,
Todas as criaturas se moviam, até o velho Ed, então.

Os corpos pendurados nas vigas a balançar,
Enquanto Eddie esperava um novo amor encontrar.

Ele foi até Wautoma, em Plainfield, para negociar,
Em busca do amor... e de algo para jantar.

E eis que diante de seus olhos famintos, quem veio aparecer,
A velha Mary Hogan de sutiã vermelho a resplandecer.

Os olhos brilhavam, tão alegres, a iluminar,
E as covinhas, que graça, faziam Ed suspirar.

As bochechas, como rosas ao sol a reluzir,
Mas um grito ela deu, ao ver a arma surgir.

O velho Ed puxou o gatilho, e Mary morta caiu,
Com seu velho machado, a cabeça dela ele partiu.

Pegou seu serrote e o corpo dividiu,
Metade para o hamburguer, a outra para o ensopado, ele pediu.

E com a mão ao lado de seu calcanhar,
Às vigas ele subiu, sua próxima refeição a guardar.

Pulou na caminhonete, e para o cemitério voou.
O tempo era curto, o trabalho dobrou.

Procurou a sepultura onde a mais robusta repousava,
E começou a cavar com a pá que empunhava.

Cavou e cavou, sem parar para pensar.
Até a antiga tampa do caixão alcançar.

Com um pé de cabra, o caixão arrebentou,
Astuto e esperto, tal qual uma raposa, ele se mostrou.

Pegou o corpo e a cabeça cortou,
Pelo cheiro, já sabia: a velha morreu, ele notou.

Enterrou de volta sob a luz do luar,
E, mais uma vez, Eddie encontrou um novo amor para de
seu chamar.

Soltou um grito ao sumir na escuridão:
"Se eu não for pego, amanhã me divirto mais um montão!"

Apesar de toda a grosseria, essa paródia bruta revela algo importante: uma transformação significativa na percepção popular acerca do assassino de Plainfield. Ela revela a metamorfose de Gein na imaginação do público, sua transformação de um homicida insano em uma criatura folclórica, um demônio noturno que, após o pôr do sol, desce de seu covil em busca de novas vítimas para satisfazer seus desejos mais profanos.

• • •

Dessa forma, o povo de Wisconsin, ao ser confrontado com um horror terrível demais para ser assimilado, encontrou refúgio no riso. No entanto, se no sábado, 23 de novembro, as piadas sobre o "velho Ed" geravam risadas em parquinhos e tavernas, em paradas de caminhões e salões de beleza por todo o estado, havia pelo menos um lugar onde as piadas sobre o conteúdo do pote de temperos de Ed Gein ("dedo de moça") ou sobre sua cerveja favorita ("muito encorpada, mas sem o colarinho") eram mais propensas a provocar uma resposta ríspida ou uma cara feia. Esse lugar, obviamente, era a cidade natal de Eddie.

Para os moradores de Plainfield, o caso Gein com certeza não era, nem nunca seria, motivo de risada.

29

BATERIA DE EXAMES

"Todos nós ficamos furiosos, às vezes."
Norman Bates

Eddie deveria ter sido transferido para o hospital psiquiátrico estadual em Waupun na noite de sexta-feira. Porém, ele ainda estava na prisão do Condado de Wautoma na manhã de sábado, sob o olhar atento do xerife Schley. A pedido de investigadores de outra jurisdição, os quais queriam interrogar Gein sobre mais um caso de pessoa desaparecida, Kileen concordou em postergar a mudança.

Na manhã de sábado, a habitual multidão de jornalistas se reuniu na prisão para cobrir a transferência de Eddie para o Hospital Psiquiátrico do Estado. Quando avistaram Schley, os repórteres começaram a gritar perguntas para o xerife, tentando saber com exatidão a hora prevista para a partida de Gein. O xerife, cujos poucos vestígios de civilidade em relação à imprensa haviam evaporado por completo após o tumulto na quinta-feira, praticamente rosnou uma resposta. Ele não fazia ideia de quando levaria Gein ao hospital. Pelo que sabia, a transferência poderia levar semanas. "Tenho o direito de mantê-lo aqui por um mês, se quiser", disse Schley, em um tom composto igualmente de amargura e desprezo.

No entanto, pouco tempo depois, ele abordou os repórteres para oferecer um acordo. Contudo, por mais que a proposta parecesse estranhamente conciliatória, ela não refletia de fato uma mudança na atitude do xerife. Schley continuava enxergando os jornalistas como um bando de predadores. Mas havia algo importante que precisava fazer e, para fazê-los largar de seu pé por um tempo, estava disposto a lhes conceder um agrado.

Schley contou que Eddie tinha algo para lhe mostrar em sua fazenda, e o xerife queria a palavra dos jornalistas de que eles permaneceriam em Wautoma. Ele não queria repetir a última saída de Eddie, a qual foi abortada quando uma quantidade enorme de repórteres e fotógrafos invadiu a fazenda e deixou o assassino pequeno e tímido com medo. Em troca de sua cooperação, Schley prometeu aos repórteres que não transferiria Eddie para Waupun sem informá-los com antecedência.

Tendo com relutância garantido o acordo com seus inimigos da imprensa, Schley, acompanhado pelo oficial Arnie Fritz, conduziu Eddie para fora de sua cela até uma viatura da polícia, que partiu em direção a Plainfield.

A viagem consumiu o resto da manhã. Eddie permaneceu sentado dentro da viatura a maior parte do tempo, saindo do carro apenas em sua casa fechada com tábuas, onde liderou Schley, Fritz e as autoridades do Condado de Portage (que, por um arranjo prévio, aguardavam a chegada de Gein à fazenda) em direção a um grande monte de cinzas localizadas em um canto remoto da propriedade. Era ali, informou Eddie aos policiais, que encontrariam os restos do corpo de Mary Hogan, os quais ele havia retalhado em sua cozinha externa e depois, após guardar as partes que desejava, cremado em seu fogão a lenha.

Em seguida, os dois grupos voltaram para os veículos e, seguindo as instruções de Eddie, refizeram o caminho que ele havia feito no dia em que matou a taberneira. Ao meio-dia, Eddie já estava de volta à cela em Wautoma.

Mantendo sua palavra, Schley informou à imprensa que o prisioneiro seria transportado para o hospital de segurança máxima por volta das 14h. No mesmo instante, o anúncio desencadeou um êxodo em massa, com os jornalistas partindo de imediato para a cidade de Waupun, localizada a cerca de oitenta quilômetros ao sudeste da sede do condado.

Após o incessante alvoroço midiático da semana anterior, o silêncio repentino que se abateu sobre Wautoma parecia um pouco destoante. Após uma semana de uma ocupação barulhenta da imprensa nacional, um ar de abandono, quase de desolação, passou a pairar sobre as duas hospedarias da cidade, o Brock's Motel e o Sheldon Hotel. Ainda assim, para a maioria dos cidadãos de Wautoma, a partida dos jornalistas não poderia ter causado um alívio maior.

Apenas dois jornalistas permaneceram em Wautoma para cobrir o início da jornada de Gein: um repórter e um cinegrafista do *Milwaukee Journal*. Às 14h15, Eddie saiu da prisão vestindo as roupas que a essa altura já haviam se tornado tão inseparáveis de sua imagem pública que ele teria ficado irreconhecível caso estivesse usando qualquer outra coisa: jaqueta de lã, calças de trabalho, botas de borracha de cano alto e um boné xadrez torto na cabeça. Quando parou para tirar uma foto na entrada, a única coisa faltando era seu sorriso bobo. Com as bochechas encovadas e a barba por fazer, ele olhava distraído para a câmera, tal qual um ser noturno atordoado pela luz do sol.

Schley conduziu Eddie para o banco de trás da viatura e sentou-se ao seu lado, enquanto Arnie Fritz assumiu a direção.

Exatos 65 minutos depois, o carro parou diante dos muros do Hospital Psiquiátrico do Estado, uma instituição semelhante a uma prisão que por um tempo seria o lar do psicótico mais famoso dos Estados Unidos.

Desde que foi convertido em um "centro de recepção correcional", o Hospital Psiquiátrico do Estado para os Criminalmente Insanos se tornou um ponto de passagem onde todos os criminosos condenados de Wisconsin eram levados para avaliação antes de serem transferidos para a prisão. Seu nome também havia sido alterado para Instituto Correcional Dodge. No entanto, em 1957, o lugar era — e tem permanecido assim desde sua fundação, em 1913 — uma instituição psiquiátrica de segurança máxima com uma população exclusivamente masculina de internos, os quais eram perigosamente perturbados e, em sua maioria, incuráveis. Construído em um terreno de trinta hectares nas proximidades, mas ainda separado da prisão estadual, o hospital era composto por uma área administrativa central com oito alas, as quais abrigavam, na época da chegada de Gein, pouco mais de trezentos internos.

Embora tenham sido tomadas precauções especiais para garantir que os prisioneiros permanecessem onde estavam, muitos deles desfrutavam de bastante liberdade dentro da instituição. Durante o dia, eles tinham permissão para circular à vontade pelo hospital, assistir televisão, ler revistas, jogar cartas, praticar esportes (havia um campo de beisebol no terreno) e participar de diversas atividades ocupacionais, como jardinagem, cerâmica e trabalho agrícola (o hospital mantinha uma fazenda de criação de animais de sessenta hectares com porcos e galinhas).

À noite, os presos eram enclausurados em quartos com portas trancadas e janelas gradeadas. Os quartos — alguns dos quais acomodavam até cinco homens — foram pintados em tons pastel, em um esforço para amenizar a distinta sensação de prisão.

Até passarem por um período prolongado de observação, no qual seus comportamentos e atitudes eram avaliados pela equipe, os novos internos não eram autorizados a participar do ciclo normal de atividades do hospital. Dada a natureza extraordinária do caso Gein, ainda seriam realizados testes e procedimentos adicionais, os quais foram descritos para a imprensa no sábado pelo dr. Edward F. Schubert, psiquiatra-chefe e superintendente do hospital.

Além de um exame físico completo "para determinar se ele estava fisicamente doente e se tal doença teve influência sobre seus atos", Gein seria submetido a uma "bateria completa" de testes psicológicos, incluindo o Inventário Multifásico Minnesota de Personalidade, a Escala de Inteligência Wechsler para Adultos, o teste de Rorschach (ou "borrão de tinta") e "muitos, muitos outros testes" para determinar suas atitudes psicológicas e, mais especificamente, suas atitudes sexuais. Gein também passaria por entrevistas "exaustivas" com a equipe. Enquanto isso, seus antecedentes familiares seriam pesquisados por Kenneth Colwell, chefe do departamento de serviço social do hospital, que pretendia procurar e questionar parentes e amigos de Gein, caso eles existissem.

O principal objetivo desse elaborado processo de avaliação, explicou Schubert, era determinar "a sanidade de Gein de um ponto de vista legal", se ele "compreende a natureza de seus atos, pode cooperar em sua defesa e sabe a diferença entre o certo e o errado". Se, ao final do período de observação de trinta dias, os psiquiatras considerassem Gein são, ele seria julgado por homicídio doloso pela morte de Bernice Worden.

Por outro lado, se os examinadores o considerassem mentalmente incapaz, Gein poderia passar o resto de seus dias enclausurado nos muros do Hospital Psiquiátrico do Estado.

Enquanto Schubert e sua equipe se preparavam para iniciar os exames do caso mais significativo já entregue aos seus cuidados, o advogado de Eddie, William Belter, estava de volta a Wautoma com uma revelação surpreendente. De acordo com ele, a semana de confinamento de Eddie na prisão permitiu que o prisioneiro se envolvesse em algum tipo de introspecção profunda — uma "investigação psicológica amadora", segundo Belter — que o levou direto para a fonte de seus problemas. Por conta própria, Gein havia resolvido o mistério de sua insanidade. A notícia que apareceu na edição do dia seguinte do *Madison Capital Times* resumiu os resultados da autoanálise de Gein em sua manchete: "Gein diagnostica o próprio caso: a culpa é do cachorro".

O que Gein havia descrito ao advogado era o angustiante incidente que ele e a mãe testemunharam em 1945, quando, ao se deslocaram até uma fazenda vizinha para comprar palha, encontraram o proprietário espancando um cachorrinho até a morte. Gein contou a Belter sobre a mulher que saiu correndo da casa da fazenda, gritando para o homem parar, e como sua mãe ficou chateada com o incidente, em especial porque a mulher "não era casada com o fazendeiro" e "não deveria estar na casa dele".

Gein estava convencido de que, como resultado desse episódio infeliz, Augusta tinha sofrido seu segundo derrame, o qual se tornou responsável por sua morte. Segundo ele, a solidão insuportável causada pelo falecimento da mãe o levou a cometer atos terríveis e extremos.

No entanto, a manchete do *Capital Times* se revelou enganosa em um ponto muito importante, porque Eddie não culpou o cachorro por sua ruína. Nem o fazendeiro que brutalizou o filhote. "De forma muito estranha", comentou Belter, "ele culpa a mulher. Se ela não estivesse lá, a mãe dele não teria sofrido o derrame e ele não teria ficado sozinho."

Como o dr. Schubert e sua equipe estavam prestes a descobrir, o hábito de Eddie de explicar os problemas da vida como consequência da perversidade das mulheres era uma marca registrada de sua loucura. Sem dúvida, sua culpabilização da mulher solteira — cujo maior crime foi a tentativa frenética de impedir o assassinato brutal de um cachorrinho — era algo evidentemente insano.

Ainda assim, seu autodiagnóstico e sua poderosa, mas indefinida, sensação de que uma mulher nefasta estava na raiz de seus problemas, não era, propriamente, imprecisa.

O problema era que Eddie já estava longe demais para reconhecer a verdadeira culpada, aquela que havia sido responsável por enlouquecê-lo.

30

VISITANTES INDESEJADOS

"Somos todos humanos e cometemos erros.
Poderíamos ter cometido os mesmos erros."
Retirado de um sermão sobre os crimes de Gein proferido pelo reverendo John Schmitt da Igreja de São Paulo em Plainfield, domingo, 24 de novembro de 1957

Domingo, 23 de novembro, foi um dia muito frio, mas ensolarado, com um céu cristalino e sem nuvens. A luz do sol brilhando no chão coberto de neve era forte o suficiente para machucar os olhos. Era o último dia da temporada de caça aos cervos de 1957 e os caçadores que aguardavam pela última chance de abater um animal partiram em massa para a floresta.

Mas os caçadores não foram os únicos a pegar a estrada cedo naquela manhã. Logo após o amanhecer, as rodovias que atravessavam a região central de Wisconsin estavam cheias de veículos que transportavam não os grupos de homens preparados para um dia na floresta, mas sim grupos de turistas vindos de todo o estado, todos indo para a mesma direção.

Ao longo do dia, uma procissão aparentemente interminável de carros — cerca de 4 mil segundo uma estimativa, sendo que a maioria estava transportando famílias inteiras — percorreu a pequena comunidade de Plainfield. Muitos dos passageiros pararam para comer alguma coisa nas tavernas e cafés locais, enquanto outros pararam em um dos postos de gasolina da cidade em busca de combustível e direções. Um comerciante local ficou tão cansado de responder a mesma pergunta repetidas vezes que simplesmente desenhou o mesmo mapinha em cada folha de um bloco de notas com cem páginas, de forma que, assim que um carro parava em sua loja, ele arrancava uma cópia e entregava ao motorista sem dizer uma palavra.

Era um dia perfeito para um passeio em família e todos esses turistas ansiosos tinham dirigido durante horas apenas para dar uma olhada na mais recente e badalada atração de beira de estrada de Wisconsin: a construção decadente que serviu de residência e matadouro para o "açougueiro louco de Plainfield".

Não que houvesse muito para ser visto: apenas uma casa velha de fazenda abandonada com uma varanda empenada, janelas fechadas com tábuas e pedaços enferrujados de equipamentos agrícolas espalhados pela neve. Policiais haviam sido posicionados na propriedade para manter o trânsito fluindo e afastar qualquer curioso que tentasse se aproximar da casa. Dessa forma, os peregrinos precisaram se contentar com a vista da estrada. Ainda assim, um vislumbre era tudo de que precisavam para sentir a sensação do lugar. Mesmo sob a luz radiante do sol, a casa de Eddie era insuportavelmente sombria e deprimente. Não era difícil imaginá-la como terreno fértil para a loucura.

Exceto pelos guardas, a fazenda parecia totalmente deserta. Embora os turistas não tivessem como saber disso, havia, de fato, uma atividade importante acontecendo no local naquele dia. Sete homens — o xerife Hebert Wanerski e seis policiais do Condado de Portage — estavam desenterrando e transferindo para barris de papelão de sessenta centímetros de altura a enorme pilha de cinzas que Gein lhes havia mostrado no dia anterior. Quando o trabalho enfim terminou, o grupo havia enchido nove recipientes que seriam transportados até o laboratório criminal para análise.

Outros itens também seriam encaminhados ao laboratório criminal, pois a pilha continha muito mais do que apenas cinzas. Durante a escavação, Wanerski e seus homens encontraram diversos dentes carbonizados e pedaços de ossos queimados. Logo se tornou evidente para os investigadores que Mary Hogan não era a única pessoa cujos restos mortais incinerados tinham acabado na pilha de cinzas de Eddie. Mesmo de relance, eles puderam ver que havia tantos fragmentos que era impossível que todos tivessem vindo de um único ser humano.

Com centenas de carros percorrendo a Main Street naquela manhã ensolarada de domingo (muitos deles praticamente parando ao passar em frente à Loja de Ferragens Worden), tornou-se impossível para qualquer um dos cidadãos de Plainfield tirar os horrores cometidos por Gein de seus pensamentos. O pesadelo era algo simplesmente incontornável. Até mesmo em seus locais de culto, os moradores não conseguiam afastá-lo.

Na Igreja Metodista Episcopal, ainda estava fresca na mente dos paroquianos a memória do funeral de Bernice Worden, sendo que seus companheiros de paróquia haviam criado um fundo especial para comprar um novo vitral em homenagem à mulher assassinada. Em outras igrejas, os pastores tentavam abordar os crimes de Gein ao longo de seus sermões dominicais. "Todos estão imaginando como um pecado tão grande pôde ocorrer em nosso meio", disse o reverendo David Wisthols, da Primeira Igreja Batista. "Mas todos pecaram, mesmo que não sejam culpados de assassinato." O padre John Schmitt, da Igreja Católica de São Paulo, também exortou sua congregação a considerar as inevitáveis deficiências morais da humanidade. Toda pessoa está sujeita a equívocos, insistiu ele, e qualquer um de nós "poderia ter cometido os mesmos erros" que Ed Gein cometeu. Ambos os clérigos incentivaram seus paroquianos a olharem para seu vizinho em desgraça, Edward Gein, com o máximo de compaixão e compreensão que pudessem reunir.

Contudo, por mais que em princípio concordassem com tais sentimentos, os habitantes da cidade de Plainfield não estavam prestes a perdoar e esquecer.

• • •

Em outro lugar do Centro-Oeste, uma criminologista chamada Lois Higgens, presidente da Associação Internacional de Mulheres Policiais, esboçava uma moral muito diferente para o caso Gein. Para a oficial Higgens, o caso foi um exemplo prático não da pecaminosidade inata da natureza humana, mas dos males da cultura norte-americana moderna. Observando o fato de que um assassinato amplamente divulgado poderia desencadear um ciclo de imitações, Higgens previu que o caso Gein levaria a "uma onda de crimes bizarros" por todo o país.

No entanto, o que Higgins achou mais alarmante não foi a perspectiva de uma onda de violência nacional inspirada em Gein, mas sim o fato bastante divulgado de que Eddie havia sido um ávido consumidor de revistas criminais e publicações tão sinistras quanto. Para Higgens, as atrocidades cometidas por Gein poderiam ser atribuídas de maneira direta à influência prejudicial de tais materiais em uma mente impressionável, o que era muito perigoso. Seu plano era viajar para Plainfield a fim de coletar informações em primeira mão para uma série de palestras sobre os perigos das revistas de crime e dos quadrinhos de terror — publicações que, segundo ela, ofereciam a seus leitores nada menos do que "rápidos cursos sobre assassinato, canibalismo, necrofilia e sadismo".

Nesse meio-tempo, enquanto os clérigos oravam, os criminologistas faziam previsões e os turistas esticavam os pescoços para ter uma visão melhor da casa de Eddie, estavam sendo realizados os preparativos para a próxima e mais emotiva fase da investigação do caso Gein: a exumação de caixões a fim de verificar a alegação feita por Eddie de roubo de sepulturas.

Durante todo o domingo, o promotor público Kileen e as autoridades dos condados de Waushara e Portage continuaram revisando a lista de sepulturas fornecida por Gein. Kileen revelou aos repórteres que as incursões noturnas de Gein aconteceram não apenas no cemitério de Plainfield, mas também no cemitério de Spiritland, na cidade vizinha de Almond, e que, ao longo de vários anos, Gein havia feito, segundo as próprias contas dele, mais de quarenta visitas aos dois cemitérios. Segundo Eddie, em todas essas ocasiões, com exceção de nove delas, ele retornou para casa sem tentar desenterrar um cadáver. A questão enfrentada então pelas autoridades era quais das noves sepulturas supostamente violadas deveriam ser verificadas.

Embora a decisão de exumar o caixão da sra. Eleanor Adams permanecesse firme, Kileen e seus colegas ainda estavam indecisos sobre os outros nomes presentes na lista de Eddie ao longo da tarde de domingo. Por mais que o promotor não fosse capaz de dizer com precisão quais caixões seriam desenterrados, ele foi categórico quanto à exumação em si.

Na manhã de terça-feira, os túmulos do cemitério de Plainfield seriam abertos — com ou sem a permissão dos familiares.

31

MOVIMENTAÇÕES NO CEMITÉRIO

"Doze meses e um dia se passaram
O morto começou a falar:
'Quem está chorando sobre a minha cova
E não me deixa descansar?'."
"The Unquiet Grave" [O Túmulo Inquieto]

Algo estava acontecendo no cemitério.

Apesar do anúncio de Kileen de que as sepulturas seriam examinadas na terça-feira, Ed Marolla, editor do *Plainfield Sun*, decidiu dirigir até o cemitério na manhã da segunda-feira após ouvir rumores de que as exumações poderiam, na verdade, ser realizadas mais cedo a fim de contornar a presença da imprensa. Como esperado, quando chegou na entrada do cemitério — um portão em ferro forjado com um sinal filigranado —, ele foi barrado por policiais.

Marolla perguntou então o que estava acontecendo. Os oficiais se recusaram a falar qualquer coisa. No entanto, enquanto o jornalista estava no local tentando analisar a situação, uma caminhonete surgiu e entrou no cemitério, seguida de perto por dois trabalhadores carregando pás e enxadas.

Não demorou muito para que a notícia se espalhasse. Dentro de cerca de uma hora, uma multidão de jornalistas havia se dirigido até o cemitério, apenas para encontrar o local cercado por um contingente de policiais, postados ali com o único propósito de manter a imprensa afastada. Das cinco estradas que conduziam ao cemitério repleto de pinheiros, três haviam sido interditadas. As duas restantes estavam sendo vigiadas pelos assistentes do xerife.

Um repórter astuto, que havia levado uma escada alta, encostou o objeto na cerca do cemitério e subiu até o degrau mais alto. No entanto, mesmo daquele ponto de vista elevado, não conseguiu distinguir muita coisa. Um grupo de homens estava reunido em torno de uma sepultura, contudo, o lote examinado por eles estava situado bem no interior do cemitério, o que impossibilitava uma visão nítida do perímetro.

Os jornalistas, no entanto, não foram dissuadidos com tanta facilidade. No meio da manhã, um avião monomotor transportando um cinegrafista do *Milwaukee Journal* sobrevoou o cemitério. Entretanto, as autoridades haviam previsto essa situação e estavam preparadas para enfrentá-la. Por volta das 10h, quando a escavação começou, uma cobertura em forma de tenda havia sido erguida sobre a sepultura da sra. Eleanor Adams, para que o trabalho de remoção de seu caixão daquele que deveria ser seu local de descanso final pudesse ocorrer com a maior privacidade possível.

O grupo reunido no túmulo era formado pelo promotor público Earl Kileen; o xerife Art Schley; o policial Arnie Fritz; o líder comunitário da vila de Plainfield, Harold Collins; o agente funerário e diretor do cemitério, Ray Goult; o viúvo da falecida, Floyd Adams, junto de seu filho e de seu genro; Allan Wilimovsky, do Laboratório Criminal do Estado, o qual estava acompanhado por dois colegas; e dois experientes coveiros, o zelador do cemitério Pat Danna e um assistente chamado Don Wallner.

Parados ali naquela sombria manhã de inverno, vários membros do melancólico grupo ficaram impressionados com dois detalhes que se destacavam do túmulo de Eleanor Adams: sua proximidade com a sepultura de Augusta Gein e a simples inscrição na lápide da sra. Adams, que consistia em seu nome, as datas de nascimento e morte, e então, no topo, a presença de uma única palavra, a qual deve ter ressoado com um significado especial para um homem como Eddie Gein: "Mãe".

Um vento frio soprou naquela manhã, e a crosta congelada de neve dificultou a escavação de Danna e seu assistente. Mesmo assim, o trabalho não levou muito tempo. Os céticos que zombaram da ideia de que um homenzinho como Eddie Gein pudesse, no decorrer de algumas horas, cavar até um caixão enterrado a dois metros de profundidade no solo, não levaram em conta um fator crucial. Era verdade que os caixões em si estavam bem enterrados no solo. No entanto, eles estavam fechados em cofres de concreto ou em caixas de madeira. E o topo desses invólucros ficava situado a pouco mais de sessenta centímetros abaixo da superfície.

Como resultado, Danna e Wallner cavaram por apenas uma hora até suas pás rasparem o topo da caixa de madeira rústica que guardava o caixão da sra. Adams. No mesmo instante, ficou evidente para os presentes que um ladrão de sepulturas com determinação poderia alcançar seu objetivo com facilidade em pouco tempo, em especial se o trabalho tivesse sido feito quando o túmulo ainda estava fresco e o chão não estava congelado.

Gein já havia revelado a seu advogado que saqueara o caixão da sra. Adams na mesma noite em que ele fora enterrado, antes mesmo de a cova ter sido completamente preenchida. Além disso, Eleanor Adams morreu no verão, no dia 26 de agosto de 1951.

Quando os escavadores começaram a remover os últimos centímetros de terra arenosa que cobriam as tábuas da caixa de madeira rudimentar, Kileen se preparou. Ele ainda tinha fortes dúvidas acerca da afirmação de Gein, e naquela manhã esperava ser confrontado com a terrível visão e fedor de um cadáver há muito enterrado. Mas, no instante em que a tampa da caixa ficou visível, Kileen, junto às outras testemunhas que encaravam a escuridão da sepultura recém-aberta, percebeu que algo estava errado.

A tampa havia sido claramente adulterada. Dividida de forma longitudinal em duas.

Em instantes, Danna e Wallner removeram os dois pedaços de madeira apodrecidos que formavam a cobertura. Dentro do invólucro estava o caixão de madeira da sra. Adams, com terra espalhada por toda a superfície. Os trabalhadores então estenderam a mão e levantaram o tampo.

Aglomerado, o grupo olhou para o caixão, sem palavras.

O caixão estava vazio. Com exceção de um objeto deixado no forro de cetim manchado. Um pé de cabra de trinta centímetros.

Como Floyd Adams, viúvo de Eleanor, mais tarde diria a uma multidão de repórteres: "Tudo estava lá, menos o corpo".

O túmulo saqueado foi fotografado, e o pessoal do laboratório criminal tomou posse do pé de cabra. Em seguida, os escavadores encheram a cova de terra e o grupo atravessou cerca de trinta metros pelo cemitério até o segundo túmulo selecionado.

Era o local de sepultamento da sra. Mabel Everson, que faleceu aos 69 anos em decorrência de uma doença prolongada em 15 de abril de 1951, poucos meses antes da morte de Eleanor Adams.

Mais uma vez, Danna e Wallner iniciaram sua tarefa, e mais uma vez, o trabalho demorou cerca de uma hora. No entanto, dessa vez, Kileen e os outros obtiveram sua resposta antes mesmo de os escavadores chegarem ao topo da caixa de madeira rústica que revestia o caixão.

Cerca de 38 centímetros abaixo da superfície, havia uma pilha de ossos humanos desgastados: uma mandíbula, um pedaço do crânio, parte de uma perna e inúmeros outros fragmentos menores. Os escavadores também encontraram uma dentadura superior e outra inferior, um pedaço de roupa ainda com a etiqueta da loja e uma aliança de ouro.

Assim que as autoridades olharam para a coleção sombria de vestígios, souberam que isso era tudo que encontrariam da sra. Mabel Everson.

A escavação foi retomada. Mais trinta centímetros para baixo, e os operários enfim alcançaram a tampa da rústica caixa de madeira. Dessa vez, nenhum dos homens presentes ficou surpreso ao ver que ela havia sido cortada em formato transversal.

Eles tampouco ficaram surpresos quando a tampa do caixão foi removida, revelando em seu interior nada além do revestimento mofado.

Vários deles se perguntaram sobre os ossos que haviam encontrado. O que os restos da sra. Everson estavam fazendo fora de seu caixão? No entanto, Eddie já havia confessado que, de vez em quando, após suas incursões noturnas, ele era perturbado por um "peso na consciência", sendo que em diversas ocasiões havia retornado ao cemitério para devolver aos túmulos os corpos roubados, ou pelo menos as partes que não lhe eram mais úteis. As terríveis descobertas feitas na cova da sra. Everson serviram apenas para confirmar a história de Eddie.

Toda a operação durou apenas duas horas e meia. Às 12h30, a melancólica equipe de investigadores saiu do cemitério para se encontrar com a multidão de repórteres, todos implorando pelos resultados das exumações. Até certo ponto, Kileen poderia ter ficado aliviado. A terrível experiência para a qual havia se preparado mentalmente não se materializou, e o promotor foi poupado do espetáculo e do fedor da decomposição humana. No entanto, as descobertas que ele e os outros haviam feito naquela manhã eram, à sua própria maneira, igualmente terríveis.

"Se puder evitar, não vou abrir mais nenhuma sepultura", disse Kileen aos jornalistas. "Para mim, isto confirma a história de Gein."

Não poderia haver mais dúvidas sobre o assunto. Durante os anos após o falecimento da mãe, Eddie Gein tentou aliviar sua solidão insuportável buscando companhia na comunidade dos mortos.

32
COMPULSÕES NECRÓFILAS

"Sou eu, meu amor, quem se senta em seu túmulo,
E não te deixa descansar,
Pois anseio um beijo de teus lábios frios,
E isso é tudo que venho buscar."
"The Unquiet Grave" [O Túmulo Inquieto]

Embora Eddie tenha admitido abertamente o roubo dos túmulos e não tenha hesitado em fornecer informações às autoridades — uma lista completa das vítimas, as datas das incursões e um relato detalhado dos métodos que utilizou —, ele nunca mencionou nenhuma atividade sexual com os mortos, a não ser para negar o uso dos corpos para esse propósito. Na verdade, quando lhe perguntaram se alguma vez ele havia feito sexo com um cadáver, Eddie reagiu de maneira indignada; não porque a ideia de copular com o cadáver de uma senhora debilitada de 69 anos lhe parecesse monstruosa, mas porque era algo muito anti-higiênico. Ele tinha evitado relações sexuais com os corpos desenterrados, contou às autoridades, porque "eles cheiravam muito mal".

Ninguém pode dizer com certeza o que Eddie fazia com os corpos quando os tinha na privacidade de sua casa — com exceção, é claro, de dissecá-los, preservar suas partes e, de vez em quando, vestir-se com suas peles. Mas é possível fazer algumas deduções examinando seus crimes à luz de outros casos semelhantes. Gein iria para o túmulo insistindo que, além da masturbação, ele nunca tinha tido nenhum tipo de experiência sexual na vida. No entanto, seus desejos e compulsões enquadravam-se nitidamente na categoria de necrofilia, aquela perversão que Richard Von Krafft-Ebing, em seu clássico estudo *Psychopathia Sexualis* [Psicopatia do sexo], chamou de a mais horrível de todas as "aberrações do instinto sexual".

O exemplo mais bem documentado dessa parafilia — "o caso clássico de perversão necrófila", segundo um especialista — é o de um jovem soldado francês conhecido como "Sargento Bertrand", que nasceu em 1822 e iniciou sua mórbida carreira quando tinha 23 anos. Em uma tarde de 1846, Bertrand estava passeando perto de sua guarnição quando passou por um cemitério e se deparou com uma sepultura parcialmente coberta. Um médico, chamado Epaulard, que mais tarde estudou o caso, descreve o que aconteceu: "Na mais abjeta excitação, sem pensar que poderia ser visto, em plena luz do dia, ele abriu a sepultura com uma pá e, por falta de outro instrumento, começou a golpear o cadáver com a pá em um frenesi. Fez tanto barulho que um trabalhador que estava perto do cemitério ficou curioso e veio até a entrada. Quando B. o viu, ele se deitou ao lado do cadáver na sepultura e permaneceu quieto por um curto período de tempo. Enquanto o trabalhador notificava as autoridades, ele cobriu o cadáver mais uma vez e pulou o muro do cemitério. [...] Dois dias depois, em uma noite chuvosa, ele cavou a sepultura de novo, dessa vez com as próprias mãos. Elas estavam sangrando, mas ele cavou até que a parte inferior do corpo estivesse exposta. Ele o dilacerou e fechou o túmulo mais uma vez".

Pouco tempo depois, Bertrand começou a desenterrar corpos de mulheres e a cortar seus órgãos genitais, ato que lhe proporcionava "imensa satisfação".

Ele também começou a ter relações sexuais com os cadáveres. No cemitério de Douai, Bertrand desenterrou o corpo de uma adolescente e ali mesmo, como mais tarde descreveu a experiência, "entreguei-me pela primeira vez aos braços enlouquecidos de um cadáver. Não consigo descrever minhas sensações, mas toda a alegria proporcionada pela posse de uma mulher viva não era nada comparada ao prazer que senti. Beijei todas as partes de seu corpo, apertei-a contra o meu coração como um louco delirante. Sobrecarreguei-a com as carícias mais apaixonadas. Depois de ter me entretido com esse prazer durante um quarto de hora, comecei a abrir o corpo e retirar suas entranhas. Depois, coloquei o corpo de volta na sepultura, cobri-o gentilmente com terra e voltei ao quartel pelo mesmo caminho pelo qual tinha vindo".

Ainda assim, por mais intenso que fosse, o prazer que Bertrand sentia ao ter relações sexuais com um cadáver "não era nada" diante do deleite que sentia ao cortá-lo em pedaços, como ele mesmo explicou. "O desejo de desmembrar os corpos", declarou, "era incomparavelmente mais violento do que o desejo de violá-los."

Muito do comportamento de Eddie coincide com as ações insanas do Sargento Bertrand e de outros de sua espécie. Até mesmo a atitude de Gein em relação à coleta de cadáveres — a qual, apesar das ocasionais pontadas de culpa, ele não considerava um crime particularmente grave — se enquadra no padrão. Segundo um especialista, o necrófilo "ao tentar analisar o próprio comportamento, provavelmente vai sentir que não poderia ter feito de outra forma, que foi conduzido por forças muito além de seu controle e que, portanto, não há nenhuma base para remorso ou culpa; já que ele também 'não machucou ninguém'".

Há o caso, por exemplo, do infame necrófilo francês Henri Blot, um sujeito de 26 anos de aparência agradável, que tinha o hábito de cair em "sono profundo, ou coma, ou estado de transe" depois de desenterrar e ter relações sexuais com cadáveres de jovens mulheres do cemitério de Saint-Ouen. Em uma dessas ocasiões, após seu ato macabro, Blot ficou completamente inconsciente, sendo encontrado na manhã seguinte pelos funcionários do cemitério que o acharam dormindo profundamente ao lado de um cadáver violentado. Ao ser levado a julgamento, Blot demonstrou uma indiferença surpreendente em relação ao seu comportamento e, nas palavras de um comentarista, "conquistou para si uma certa imortalidade" nos anais da psicopatologia quando, após ser repreendido pelo juiz pela "depravação de seu crime", respondeu de forma arrogante: "Como o senhor gosta? Cada homem tem seu gosto. O meu é por cadáveres".

Como foi visto, Eddie também sentia que havia sido induzido a suas atividades macabras por uma força irresistível, que ele vivenciou e descreveu aos interrogadores como um "espírito maligno" que invadia sua mente e vinha de fora de seu corpo. Ele também confessou outro motivo para suas expedições ao cemitério. A princípio, Eddie havia sido impelido ao cemitério de Plainfield pela convicção de que possuía o poder de ressuscitar os mortos.

Com essa crença, ele se assemelha a outro desviante notório, um jovem chamado Viktor Ardisson, que nasceu em 1872 e que, aos 28 anos, após ter exercido suas atividades perversas por mais de nove anos, foi capturado e condenado quando os vizinhos se queixaram à polícia acerca de um cheiro terrível que emanava da casa dele. A fonte desse odor foi revelada como o cadáver de uma menina de 3 anos e meio, que, uma semana antes, Ardisson havia trazido do cemitério para casa e no qual (até o corpo atingisse um estado de decomposição tão avançado que ele "não se aventurava mais a tocá-lo") praticava cunilíngua, acreditando, nas palavras do médico que o examinou, que "esse tipo de carícia poderia despertar os mortos".

Outras características presentes no comportamento de Eddie podem ser encontradas nos históricos de casos de necrófilos "clássicos". Tal como Eddie, muitos desses indivíduos obtinham uma satisfação intensa e fetichista ao possuir partes específicas das vítimas. Antes de ser preso, por exemplo, Ardisson desenterrou e decapitou o cadáver de uma menina de 13 anos, levando acabeça para casa e a guardando por tanto tempo que ela acabou "passando por uma espécie de mumificação". Ardisson conversava com esse objeto valioso utilizando os tons mais ternos, sufocando-o com beijos e chamando-o de "minha noivinha".

Outro necrófilo, um trabalhador de meia-idade, "primeiro encontrou satisfação sexual com um cadáver, para depois, em um estado de fúria, cortá-lo em pedaços e levar consigo os seios decepados e as partes genitais do corpo, incluindo o ânus". Em outro caso semelhante, um homem de 43 anos chamado Albert Beyerlin "usou uma mulher morta para ter relações sexuais, para depois abrir seu abdômen e cortar seus seios e partes sexuais, carregando-os dentro do bolso no dia seguinte".

Foram relatados também casos de necrófilos que se sentiam particularmente atraídos pelos cabelos dos mortos, coletando seus couros cabeludos (como fez Eddie Gein). Em outro caso, descrito por R.E.L. Masters, o indivíduo "obtinha sua satisfação comendo as unhas aparadas dos cadáveres".

Há ainda uma última característica, mas tão importante quanto, que Eddie compartilhava com muitos outros necrófilos. Quase sem exceção, escreveu Masters, o necrófilo é um homem "incapaz por completo de se aproximar sexualmente de uma mulher viva com eficácia".

Alojado no Hospital Psiquiátrico do Estado, Eddie Gein estava prestes a passar por uma bateria de testes com duração de um mês para determinar a questão de sua sanidade. No entanto, o dr. Schubert e sua equipe poderiam ter resolvido esse ponto simplesmente consultando Krafft-Ebing que, ao mencionar a necrofilia, escreveu que "esse tipo horrível de indulgência sexual é tão monstruoso que a presunção de um estado psicopata é, em todas as circunstâncias, justificada". A descoberta dos túmulos vazios no cemitério de Plainfield não só corroborou a história de Eddie, como lhe concedeu um lugar permanente nas histórias padrões da psicopatologia sexual. A lista que incluía alguns dos criminosos sexuais mais perturbados da humanidade — Bertrand, Ardisson, Beyerlin e seus colegas necrófilos e sadistas — acabara de crescer com a adição de outro nome: Edward Gein.

33
NOVO CORPO NA FAZENDA

"O Dia das Bruxas chegou um pouco mais tarde esse ano."
Jim McBriar, morador de Plainfield

Para a maioria daqueles que estavam acompanhando o desenrolar da história de Gein, as revelações feitas no cemitério na segunda-feira representaram um desfecho chocante. É claro que o desenvolvimento do caso continuou a estampar as manchetes em todo o Centro-Oeste. Mas, até onde o público poderia dizer, o verdadeiro clímax havia ocorrido quando o caixão da sra. Adams foi aberto, revelando nada em seu interior a não ser o pé de cabra de trinta centímetros de Eddie Gein. Que resolução poderia ser mais dramática que essa? De fato, pelo menos por um tempo, parecia que o público estava certo.

Na verdade, durante algum tempo parecia que a investigação do caso Gein poderia ser completamente interrompida devido às exumações. De acordo com a lei estadual da época, qualquer condado que solicitasse a assistência do Laboratório Criminal em um caso de assassinato era obrigado a pagar 50% das despesas do laboratório. A análise do caminhão carregado de evidências recolhidas na fazenda Gein estava custando ao Laboratório Criminal cerca de mil dólares por dia. Assim, um pesado fardo financeiro recaiu de súbito sobre Waushara, um condado escassamente povoado e pouco próspero.

Earl Kileen já havia deixado claro que Waushara não poderia pagar a conta de uma investigação prolongada de cada crime que Gein pudesse ter cometido. Presumindo que Gein fosse considerado são pelos especialistas, o promotor público tinha provas mais do que suficientes para condená-lo pelo assassinato de Bernice Worden. As dúvidas sobre suas alegações de roubo de sepulturas haviam sido resolvidas em definitivo. Na opinião de Kileen, não havia necessidade de continuar uma investigação que estava se revelando onerosa demais para o condado.

No entanto, outras autoridades — em especial, o diretor do Laboratório Criminal, Charles Wilson — assumiram posturas muito diferentes. Para Wilson, o fato de parte da coleção de Eddie ter sido adquirida no cemitério local não descartava a possibilidade de que seus outros "troféus" fossem restos de vítimas de assassinato. Argumentando que "considerações contábeis" não deveriam interferir em um assunto que "preocupava todos os cidadãos do estado", Wilson apelou ao governador Vernon Thompson. A resposta de Thompson foi rápida e decisiva. Na tarde de segunda-feira, logo após as exumações no cemitério de Plainfield, o governador anunciou que estava ordenando que o procurador-geral Stewart Honeck assumisse de imediato o comando da investigação do caso Gein.

"Os desdobramentos do caso agora indicam uma preocupação estadual na apuração dos fatos", declarou Thompson. A ordem, que também assegurava que o Estado forneceria todos os recursos necessários para que o Laboratório Criminal concluísse seu trabalho, garantia que a investigação continuasse até que, nas palavras do próprio governador, "fossem eliminadas as possibilidades de homicídios adicionais" cometidos por Gein.

O primeiro ato de Honeck como novo chefe da investigação Gein foi anunciar que, por sugestão de Charles Wilson, Eddie seria levado de volta a Madison para outro teste no detector de mentiras.

O anúncio de Honeck foi feito à imprensa na manhã de quarta-feira, 27 de novembro, após uma reunião a portas fechadas com Wilson, Kileen e John Haka, promotor público do Condado de Portage. As autoridades queriam questionar Gein sobre os ossos e outros objetos descobertos durante a exumação: "evidências valiosas", segundo Honeck, que poderiam lançar mais luz sobre os crimes. Naquele momento, o procurador-geral não sabia dizer se mais caixões seriam abertos. Contudo, se o envolvimento de Gein em quaisquer outros homicídios só pudesse ser "determinado escavando mais sepulturas", declarou, "fiquem certos de que elas serão cavadas".

O Estado, continuou Honeck, estava "prosseguindo com base na presunção de que Gein seria considerado são e então levado para julgamento", primeiro pelo assassinato de Bernice Worden e depois pelo de Mary Hogan (embora ainda não tivesse sido acusado deste segundo crime).

Havia outra suposição sob a qual o Estado estava operando: de que esses dois assassinatos não eram os únicos pelos quais Eddie era responsável, já que Gein, como afirmou Honeck, "poderia estar envolvido em mais mortes".

Naquela manhã, Eddie, acompanhado por funcionários do hospital psiquiátrico estadual, chegou à sede do laboratório criminal em Madison para realizar um teste do polígrafo. Embora tenha se estendido até o período da tarde, o exame não produziu nenhuma revelação surpreendente. As autoridades confirmaram que uma das nove sepulturas que Eddie havia saqueado estava localizada em outro cemitério rural, pertencente à cidadezinha de Hancock, situada vários quilômetros ao sul de Plainfield, no Condado de Waushara. Foi também confirmado, de acordo com o comunicado divulgado mais tarde naquele dia pelo procurador-geral Honeck, que "as atividades do sujeito, as quais envolveram a perturbação de sepulturas e assassinato, não envolveram nenhuma vítima do sexo masculino".

Grande parte do interrogatório se concentrou na questão de um possível cúmplice, mas, apesar dos rumores persistentes de que Eddie havia sido auxiliado por uma figura sombria chamada "Gus", o detector de mentiras pareceu comprovar a afirmação de Gein de que ele havia realizado suas atividades macabras sozinho.

Gein também foi interrogado mais uma vez acerca dos desaparecimentos de Evelyn Hartley, Georgia Weckler e Victor Travis. E de novo os resultados do polígrafo o excluíram como suspeito.

Às 16h30, após sete e horas e meia de interrogatório, Gein começou a reclamar de dor de cabeça. O exame foi então interrompido e o prisioneiro transportado de volta para seu quarto no Hospital Psiquiátrico do Estado.

Na quinta-feira, 28 de novembro, famílias por todo o país se acomodaram para desfrutar seus jantares compostos por perus e tortas de abóbora. No entanto, para a maioria dos cidadãos de Plainfield, a data não se parecia muito com o Dia de Ação de Graças. Como mais de um indivíduo comentou, parecia mais o Dia das Bruxas.

Talvez as pessoas estivessem simplesmente saturadas de tanto terror. Ou talvez, depois do pesadelo ininterrupto das duas semanas anteriores, o horripilante tivesse passado a parecer algo comum. Seja qual for o motivo, a notícia de que mais restos mortais haviam sido descobertos na fazenda Gein já não parecia muito surpreendente. Sem dúvida, não foi algo chocante o suficiente para perturbar um público que havia se habituado a ler descrições diárias de avós esquartejadas, paredes decoradas com rostos humanos, móveis revestidos de pele e cadáveres roubados.

A nova descoberta foi feita na sexta-feira, dia 29 de novembro. Herbert Wanerski, xerife do Condado de Portage, e seu assistente, George Cummings, foram informados sobre uma valeta de lixo localizada em uma área arborizada na propriedade de Gein, cerca de quatrocentos metros da casa da fazenda. Segundo alguns vizinhos de Eddie, o estranho e pequeno ermitão tinha o hábito de sair por aí com uma pá, a qualquer hora do dia ou da noite, com o objetivo de enterrar coisas. Até duas semanas atrás, os vizinhos presumiam que ele estava simplesmente enterrando lixo.

Equipados com pás, Wanerski e seu assistente foram até a fazenda na tarde da sexta-feira, caminhando até o local indicado pelos vizinhos de Gein. Não demorou muito até que a dupla localizasse a valeta de doze metros. Eles começaram os trabalhos por uma das extremidades, cavando até uma profundidade de sessenta centímetros. Trinta minutos depois, encontraram os ossos, que estavam espalhados no chão em meio a latas enferrujadas e pedaços de lixo doméstico em decomposição.

Mesmo à primeira vista ficou evidente que, embora estivessem faltando algumas partes (não havia caixa torácica, por exemplo, e foi encontrado apenas um pé), os restos que haviam sido desenterrados formavam um esqueleto humano quase completo. E quando os dois homens se curvaram para examinar o crânio, foram surpreendidos de imediato por duas coisas. A primeira era a condição dos dentes, ou, mais precisamente, de um dente em particular: um molar com uma coroa de ouro. A segunda era o tamanho do crânio, o qual parecia visivelmente maior do que as outras cabeças encontradas dentro da casa de Eddie.

Escavações adicionais revelaram um pedaço de jeans de sete centímetros de largura por doze de comprimento, com um botão de latão anexado e vários pedaços endurecidos de um material feito de couro que, após inspeção, revelaram ser pedaços secos de pele humana. Às 15h40, os policiais abandonaram as escavações, retornando na manhã seguinte com um grupo de quinze homens, o qual incluía o xerife Frank Searles do Condado de Adams e o xerife Schley. Dessa vez, no entanto, embora a escavação tenha sido realizada em vários locais da fazenda, nada foi encontrado, com exceção de alguns ossos adicionais próximos ao local onde os restos mortais haviam sido descobertos na sexta-feira.

A notícia da descoberta de sexta-feira desencadeou especulações generalizadas de que os ossos pertenciam a um dos homens desaparecidos da área em 1952: o estranho misterioso conhecido como Ray Burgess, a última pessoa a ser vista na companhia de Victor Travis, o "Bunk", fazendeiro desaparecido do Condado de Adams.

Para alguns investigadores, as dimensões do crânio sugeriam que, diferente dos outros itens na coleção de Eddie, este pertencia a um homem adulto. Sabia-se também que Burgess era conhecido por ter um dente de ouro. De fato, uma semana antes da malfada viagem de caça (durante a qual a dupla simplesmente desapareceu de vista após sair para caçar na propriedade de Lars Thompson, vizinho de Gein), Burgess havia chamado uma quantidade considerável de atenção para si mesmo em uma taverna local ao exibir um largo sorriso com dentes de ouro e um maço de notas de 100 dólares.

A descoberta de um crânio com um molar coroado a ouro na valeta de lixo de Eddie Gein deu peso à suspeita de que, apesar dos resultados dos testes do polígrafo, que pareciam exonerar Gein, o "assassino carniceiro" havia sido responsável pelo desaparecimento dos dois caçadores. Na manhã de sábado, começaram a se espalhar rumores por Plainfield de que o carro dos homens desaparecidos, que havia sumido com eles, estava escondido em algum lugar nas terras de Gein. Um grupo de busca, liderado pelo xerife Schley e composto por oficiais dos condados de Waushara, Portage e Adams, passou a maior parte do dia percorrendo a pé a propriedade de 64 hectares de Gein. No entanto, nenhum carro foi encontrado.

Enquanto isso, o procurador-geral Honeck reuniu-se com a imprensa para anunciar que, de acordo com a opinião dos técnicos do laboratório criminal, era muito improvável que o crânio com dentes de ouro pertencesse a Burgess. Com base nas informações fornecidas por Gein durante seu mais recente exame poligráfico, eles acreditavam que os restos mortais encontrados pertenciam a outro cadáver retirado do cemitério de Plainfield. Além disso, as autoridades estaduais continuavam convencidas de que, como repetiu Honeck, os crimes de Gein "não envolveram homens".

E, de fato, depois que os novos restos mortais foram transportados para o laboratório criminal, os técnicos levaram apenas um dia ou dois para confirmar que os ossos pertenciam a uma mulher adulta, entre 30 e 50 anos, cujo cadáver, assim como os de outras onze esposas e mães que faleceram nas proximidades de Plainfield entre 1947 e 1952, foi arrancado de seu túmulo.

Em Plainfield, o primeiro dia de dezembro foi um domingo muito parecido com o anterior, com milhares de turistas passando pela cidade a caminho da fazenda Gein. Durante a tarde toda, o trânsito ficou congestionado na Main Street. Porém, mais uma vez, os curiosos que esperavam ver de perto a cena do crime ficaram muitíssimo desapontados. Afinal, as medidas de segurança haviam sido reforçadas na fazenda desde a descoberta da sexta-feira. Até mesmo o advogado de Eddie, William Belter, teve seu acesso negado quando foi até a casa de seu cliente examinar o local da última descoberta.

Belter, inclusive, havia se tornado objeto de muita especulação em Plainfield. Corria o boato de que, como pagamento por seus serviços jurídicos, ele acabaria ganhando a posse da fazenda Gein. Além de seu valor inerente, a propriedade — em especial, a casa em si — havia adquirido de repente um valor novo e talvez incalculável. Sabia-se que vários empresários já haviam sondado a compra do local, e os cidadãos de Plainfield acreditavam que o novo proprietário, quem quer que fosse, provavelmente converteria a "casa dos horrores" de Eddie Gein em uma atração turística.

Algumas pessoas mencionaram o caso da taverna Little Bohemia, onde anos antes John Dillinger* havia fugido sob tiros de uma emboscada policial. Supostamente, o dono do bar teria ficado rico ao cobrar dos curiosos uma taxa de entrada no local. É desnecessário dizer que a possibilidade da cidadezinha se tornar lar de um museu dos horrores permanente dedicado a Eddie Gein não deixou os bons habitantes de Plainfield muito entusiasmados.

Se ainda existiam lugares nos Estados Unidos que não tinham ouvido falar dos crimes de Gein, essa situação mudou na segunda-feira, 2 de dezembro, quando a edição semanal da revista *Life* chegou às bancas. O caso Gein foi a matéria principal com uma cobertura de nove páginas intitulada "Casa do Horror Choca a Nação". O texto não apenas transmitiu a essência macabra do caso, como as ilustrações que o acompanhavam — fotografias melancólicas do assassino de bochechas encovadas, de sua casa sombria e decadente e dos quartos insanamente bagunçados que habitava — capturaram com grande poder sua essência do *Gótico Americano.*†

Na mesma semana, o caso também recebeu uma cobertura detalhada em outro grande semanário, a revista *Time*, que, em contraste com os tons de horror da matéria da *Life,* adotou uma atitude claramente desdenhosa em relação a Gein. O artigo descreveu o assassino carniceiro (cujo sobrenome, explicou o escritor, "rima com '*wean*'"‡) como um caso extremo de "atraso de desenvolvimento", um "filhinho da mamãe" de meia-idade cuja mãe fanática e dominadora o ensinara a evitar todas as mulheres, a não ser ela mesma.

* Famoso ladrão de bancos norte-americano conhecido por seus assaltos elaborados e fugas espetaculares da prisão.

† Referência à famosa pintura de 1930 de Grant Wood.

‡ O termo em inglês "*wean*" significa desmamar, sendo utilizado pelo jornal para enfatizar a relação de Gein com a mãe.

Após relatar os detalhes do assassinato de Bernice Worden e as terríveis descobertas feitas dentro da fazenda, o artigo citou diagnósticos feitos por psiquiatras anônimos, os quais enxergavam Gein "como vítima de um conflito comum: embora de forma consciente amasse a mãe e odiasse outras mulheres, em seu inconsciente, ele a odiava e amava todas as outras. Ela o havia submetido a uma profunda frustração. [...] Para Gein, mutilar mulheres que o lembravam da mãe e preservar suas partes satisfazia dois impulsos contraditórios: trazê-la de volta à vida e destruí-la como fonte de sua frustração".

O artigo da *Time* concluiu com a observação de que, no final da semana anterior, Gein havia sido internado no Hospital Psiquiátrico do Estado para os Criminalmente Insanos de Wisconsin. Lá, segundo a reportagem, os especialistas esperavam resolver o que talvez fosse o maior de todos os mistérios ligados ao caso: "por que as lamentáveis experiências da infância de Eddie Gein, longe de serem únicas no mundo, em seu caso culminaram em um crime tão horrendo".

34
DECLARAÇÃO DE INSANIDADE

"O quadro geral não é o de uma pessoa sã."
Do perfil psicológico de Edward Gein

Entre 25 de novembro — dois dias após sua admissão no Hospital Psiquiátrico do Estado — e 18 de dezembro, Eddie passou por uma série exaustiva de testes físicos e psicológicos. Os resultados desses exames foram compilados em um extenso relatório, o qual foi apresentado ao juiz Bunde na semana anterior ao Natal. Um documento fascinante, o relatório contém a primeira informação verdadeiramente substancial sobre Gein, cuja vida e comportamento foram objeto de tantas especulações infundadas.

Os exames físicos aplicados em Eddie foram muito mais completos do que qualquer outro que ele já havia sido submetido na vida, com certeza mais minuciosos do que o exame físico do exército que havia feito quinze anos antes em Milwaukee, durante sua única viagem longe de casa. Gein foi examinado dos pés à cabeça, com cada parte do corpo pesada, medida, estimulada, cutucada, radiografada e analisada. O couro cabeludo foi examinado em busca de vermes, as amígdalas em busca de inflamação e o reto em busca de hemorroidas. Uma pequena lesão na língua foi detectada e devidamente registrada, e os testículos foram apalpados à mão ("dor provocada pela pressão", observou o médico). Amostras de sangue, urina e líquido cefalorraquidiano foram coletadas e analisadas.

Apesar de um aumento suspeito do gânglio linfático "na área supraclavicular esquerda", o qual o médico queria biopsiar, no geral Eddie parecia estar em boas condições de saúde. Seu tônus muscular não era o mesmo de antes (aliás, o homenzinho magro estava começando a ficar flácido). Ainda assim, o peso de 63 quilos estava apenas um pouco acima do ideal para um homem da altura dele (1,52 metro). A postura era ruim (Eddie manteve os ombros arqueados durante toda a vida), mas a temperatura, pulso, pressão arterial e frequência respiratória estavam normais. No geral, para um homem de 51 anos que levara em muitos aspectos uma vida de extrema privação, ele estava em boa forma.

O relatório também apontou observações especiais para algumas coisas. Uma delas foi o crescimento macio e carnudo na pálpebra esquerda de Eddie, que, embora não fosse maligno, fazia com que a pálpebra ficasse caída, contribuindo para o semblante simplório e um tanto interrogativo que Gein tinha com tanta frequência. O médico também ficou impressionado com as constantes, e aparentemente psicossomáticas, queixas de Eddie acerca de dores de cabeça e náuseas. Muitas vezes, durante os exames, ele começava a choramingar como uma velha doente, insistindo que a cabeça doía ou que estava enjoado e precisava de uma cadeira de rodas para levá-lo de volta à sua ala.

E depois havia ainda a questão dos cheiros.

Eddie estava sempre reclamando de "cheiros ruins". Quando o médico pediu que descrevesse com exatidão o odor que estava sentido, Eddie pensou por um tempo e então veio com a analogia mais próxima.

"Tem cheiro", disse ele, "de carne."

Após os exames físicos, Eddie foi submetido a uma bateria completa de testes psicológicos padronizados, começando com a Escala de Inteligência Wechsler para Adultos. Seu QI verbal foi calculado em 106, o QI de execução em 89 e o QI total em 99, uma pontuação que o colocou na categoria "média baixa". No entanto, de acordo com o examinador de Eddie, um psicólogo chamado Robert Ellsworth, Gein possuía "uma boa quantidade de informações, um bom vocabulário e uma capacidade de raciocinar de maneira abstrata", o que apontava "para um potencial intelectual mais elevado, próximo da categoria 'brilhante normal'". A grande discrepância entre seus níveis verbais e de execução sugeriu a Ellsworth que o funcionamento de Gein estava prejudicado por um "forte distúrbio emocional", o qual provavelmente era de "natureza psicótica".

A avaliação de Ellsworth sobre a inteligência de Eddie parecia confirmada pelos resultados do teste de Rorschach, que indicava, mais uma vez, que o sujeito tinha "inteligência acima da média", mas funcionava em um nível "ineficiente". Nas palavras de Ellsworth, "o quadro geral" que emergiu desse teste "não era o de uma pessoa sã, mas sim de alguém com ego insuficiente, imaturidade, conflitos relativos à identidade e possivelmente a presença de processos de pensamento ilógicos".

Outros testes administrados por Ellsworth, como o Teste Gestáltico Visomotor de Bender, o Teste de Apercepção Temática, o Inventário Multifásico Minnesota de Personalidade e outros, trouxeram à luz outras características de Eddie: uma forte "identificação feminina", "crenças religiosas bizarras", uma tendência a "projetar a culpa do mal em outra pessoa" e um nível surpreendentemente imaturo de sexualidade, caracterizado por "fortes sentimentos de culpa".

Em suma, concluiu Ellsworth, os testes mostraram que o paciente era "uma pessoa muito influenciável que parece emocionalmente entorpecida. Por trás disso está a agressividade que pode ser expressa por reações inadequadas, seguidas de remorso e momentos tranquilos. Ele é uma pessoa imatura que se retrai e tem dificuldade em estabelecer relacionamentos com outras pessoas. Tem conceitos morais bastante rígidos, os quais espera que os outros sigam. Desconfia dos outros e tende a projetar neles a culpa pelas próprias inadequações. Sua vida de fantasia é de natureza imatura e possivelmente ele se imagina como um homem muito mais adequado e maduro do que é de fato.

"No âmbito sexual, é um indivíduo em conflito, que opera em um nível de imaturidade. Os sentimentos de culpa são grandes e a repressão é posta em prática com bastante frequência nessa área.

"Em geral, parece que se trata basicamente de uma personalidade esquizofrênica com diversas manifestações neuróticas. No momento, ele está confuso e tem dificuldade em encarar de maneira realista sua situação."

O relatório também incluía uma "história social" do paciente, elaborada pelo assistente social do hospital, Kenneth Colwell, que obteve a maior parte de suas informações do próprio Gein, embora também tenha se baseado em entrevistas feitas com alguns dos vizinhos dele em Plainfield. Eddie, como sempre, foi bastante cooperativo. Na verdade, parecia profundamente grato, de uma forma quase comovente, por toda a atenção que estava recebendo no hospital. Segundo Colwell, Gein parecia "enxergar a abordagem profissional da equipe como uma aceitação pessoal, algo que há muitos anos não vivenciava em sua comunidade natal". Colwell observou que Eddie falava "de livre e espontânea vontade em voz baixa, frequentemente com a cabeça entre as mãos". Contudo, às vezes, ele "declarava confusão, perda parcial de memória, bem como dificuldade em distinguir entre o que lembrava e o que lhe fora dito".

A maior parte do relatório de Colwell consistia em uma breve recapitulação da vida de Eddie: seu passado familiar, escolaridade, as mortes dos pais e do irmão mais velho e sua relação com a comunidade. No entanto, no que diz respeito à condição psicológica de Eddie, a parte mais esclarecedora do relatório de Colwell é a seção intitulada "Histórico Sexual":

> As informações sexuais preliminares do paciente foram fornecidas pela mãe, que lhe impeliu a necessidade de abstinência sexual antes do casamento. Porém, ele indicou que ela não era tão rígida em suas advertências contra a masturbação. Dessa forma, o paciente obteve informações adicionais de uma maneira mais grosseira a partir dos colegas de classe. Em parte, ele também enxerga o ato de não se casar como uma característica familiar, afirmando que seu irmão não se casou, assim como os dois irmãos de sua mãe.
>
> Após a morte da mãe, o paciente passou a pensar mais no casamento e sentiu que teria se casado caso tivesse encontrado "a garota certa". Ele rejeitou uma jovem após descobrir que ela não se dava bem com a própria mãe, afirmando que "não poderia endireitá-la nisso. Quase me apaixonei por outra garota, mas descobri que essa moça tinha muitos casos com outros homens. A moralidade é muito baixa em Plainfield".

> O paciente também descreveu os padrões morais de suas duas vítimas. A primeira "era uma boca-suja que administrava uma taverna e que as pessoas diziam estar envolvida em algum negócio desonesto". Ele afirma que a segunda vítima roubou o marido de uma garota e se casou com ele logo após a outra ter cometido suicídio. (Ele ficou com lágrimas nos olhos ao descrever a tristeza sentida pela outra garota.) Então, passa a descrever a morte do marido como uma punição justa e depois relata que sua vítima destruiu outro casamento. Seus comentários possuem uma forte conotação religiosa. [...]
>
> Ele indicou que não estaria passando por essas dificuldades atuais se tivesse se casado, se os vizinhos o tivessem tratado melhor ou se tivesse sido capaz de vender sua fazenda e viajar. Afirmou que antes do primeiro incidente de roubo de túmulos, tinha lido histórias de aventuras sobre caçadores e canibais. Contou em detalhes a história de um indivíduo que assassinou outro homem, adquiriu sua embarcação e anos mais tarde foi capturado e morto por caçadores. Foi em histórias semelhantes que ele aprendeu sobre cabeças encolhidas, máscaras mortuárias etc.
>
> Ele admitiu ter se sentido empolgado durante os roubos de sepulturas e descreveu períodos em que sentiu que deveria devolver os corpos. Havia também sentimentos de que os corpos deveriam ser preservados e que ele deveria cuidar deles. Quando questionado sobre os aspectos sexuais dessa atividade, ele comentou sobre as grandes variações de idade entre os corpos. Quando foi apontado que ele estava interessado apenas em corpos femininos, ele afirmou que os artigos que havia lido indicaram que essas cabeças eram mais valiosas por causa de seus cabelos mais compridos.

Contudo, o cerne do documento Estadual Central consistia em três longos relatórios. O primeiro foi escrito por Schubert, que entrevistou Gein em duas ocasiões. O primeiro encontro entre os dois ocorreu em 9 de dezembro e, quase de imediato, escreveu Schubert mais tarde, Gein começou a falar "sobre a dificuldade que o havia levado até à instituição":

> Ele foi veemente ao afirmar que nada disso teria acontecido se os vizinhos tivessem demonstrado algum interesse nele e o tivessem visitado. Afirmou que os vizinhos iam até sua casa somente quando queriam pedir coisas emprestadas. Reclamou que os vizinhos se envolviam em "negócios sujos", aplicando essa frase a negociações comerciais que estabelecera com um vizinho em particular, o qual havia alugado um de seus terrenos há alguns anos por 10 dólares anuais. Este vizinho pagou o aluguel do primeiro ano, mas deixou de pagar nos anos seguintes. Ele afirma que cerca de cinco de seus vizinhos constantemente se aproveitavam dele e que todos lhe deviam dinheiro. Ele negou ter tido qualquer dificuldade com as pessoas de Plainfield, embora tenha dito que muitas delas não valorizavam as coisas que ele fazia por elas.
>
> Queixou-se de déficits de memória, especificamente no que diz respeito aos crimes pelos quais é acusado. Afirmou que não consegue se lembrar de nenhum detalhe do assassinato da sra. Hogan e... não tem clareza sobre muitos dos detalhes envolvidos no assassinato da sra. Worden. Ele se lembra vagamente de ter colocado um cartucho, o qual encontrou em seu bolso, em um rifle que pegou de uma prateleira na loja Worden, mas sente que a morte da mulher foi um acidente porque a arma deve ter disparado de maneira não intencional. Ele afirma não se lembrar de ter colocado o corpo na caminhonete e de o ter levado até sua casa, embora admita que deve ter sido ele mesmo quem fez isso.
>
> A opinião dele sobre a sra. Worden é de que ela era uma mulher bastante desonesta, conhecida por ter má reputação. Para ilustrar tal opinião, ele afirmou que, antes do casamento do sr. e da sra. Worden, o sr. Worden estava cortejando a filha de um dentista e que a sra. Worden roubou

seu futuro marido dessa outra mulher, a qual mais tarde se matou com clorofórmio por causa disso. Ele nega culpar a sra. Worden pela morte da moça, mas também afirmou que sente que ela teve o que merecia quando o marido morreu de discrasia sanguínea, que foi como uma punição para ela.

Grande parte da entrevista foi dedicada à discussão de seus sentimentos em relação à mãe. Ela era uma mulher muito religiosa e a única descrição que fez dela era de que "era boa em todos os sentidos". A mãe sofreu dois derrames, e grande parte de seu tempo foi gasto cuidado dela após o primeiro. Ele começou a chorar ao descrever as enfermidades da mãe e afirmou que "ela não merecia todo esse sofrimento".

Seus sentimentos pelo pai são completamente negativos. Ele afirmou que o pai bebia demais e era abusivo tanto com ele quanto com o irmão. [...]

Com relação às suas alegações de déficits de memória, ele conta que os lapsos de memória começaram após a morte da mãe. Quando questionado especificamente sobre seus interesses desde o falecimento dela, a única resposta foi que gostaria de ter tido mais contato com outras pessoas. Ele afirmou que, desde a morte da mãe, passou a ter a sensação de que as coisas a seu redor eram irreais e certa vez, logo após o falecimento dela, sentiu que poderia ressuscitar os mortos pela força de vontade. Também afirmou que, cerca de um ano após a morte dela, em diversas ocasiões a ouviu conversando com ele. A voz aparecia enquanto ele adormecia.

Ele mencionou uma experiência incomum que ocorreu há dois ou três anos, em que viu uma floresta sem as copas das árvores e com abutres sentados nelas.

Sente que a morte da sra. Worden foi justificada porque ela merecia morrer e então continua explicando que, na verdade, é um fatalista e que toda essa sequência de eventos estava fadada a acontecer.

Três dias depois, em 12 de dezembro, Schubert concluiu sua análise de Gein.

> Mais uma vez, ele negou ter qualquer conhecimento sobre a morte da sra. Hogan e afirmou que admitiu o crime porque era isso que os investigadores desejavam que fizesse. Foi impossível estabelecer uma cronologia dos eventos relativos à morte da sra. Worden. Ele se negou categoricamente a se lembrar da evisceração do corpo.
>
> Afirmou ter violado nove sepulturas e, quando questionado sobre os motivos que o levaram a fazer isso, contou que pensava que era porque queria se lembrar da mãe. Ele negou qualquer relação sexual com esses corpos e forneceu como motivo o fato de que "eles cheiravam muito mal". Mais uma vez, admitiu que, durante um período de tempo após a morte da mãe, sentiu que poderia despertar os mortos por meio de um ato de força de vontade. Ele alegou ter tentado despertar sua falecida mãe por meio desse poder e ter ficado desapontado quando não obteve sucesso. Ele também admitiu ter tentado esse tipo de coisa com alguns dos corpos que havia exumado. [...]
>
> Há amplas razões para acreditar que a violação de túmulos foi uma resposta às exigências de sua vida de fantasia, a qual era motivada por um apego anormal à própria mãe.

Em 13 de dezembro, um dia após a segunda entrevista de Schubert, Eddie foi examinado pelo chefe dos serviços médicos do hospital, o dr. R. Warmington. O registro desse encontro lança uma luz adicional ao funcionamento bizarro da mente muitíssimo desordenada de Gein.

Após uma breve revisão do histórico familiar do paciente, o relatório do dr. Warmington passa a considerar três aspectos principais da condição psicológica de Gein: sua construção de personalidade, seu estado mental e motivação criminosa:

O sujeito tem uma personalidade introvertida, estranha e retraída, a qual apresenta dificuldade em se relacionar de forma íntima com outras pessoas. Ele também demonstrou algumas tendências paranoicas, mas, por outro lado, em algumas ocasiões, como quando fala de ter trabalhado para outros agricultores e não ter sido pago, ele pode simplesmente ter sido enganado e usado de maneira injusta. É passivo, inibido e um tanto evasivo quando questionado sobre o crime e pode nutrir profundos sentimentos de hostilidade.

Ele nega ter tido algum tipo de experiência sexual e, nesse sentido, declara que a mãe lhe ensinou um código moral de que a experiência sexual antes do casamento era errada: "Se uma mulher é boa o suficiente para uma relação sexual, ela é boa o suficiente para o casamento". [...]

Desde que chegou aqui, o paciente tem sido muito dócil e cooperativo, cumprindo prontamente as regras da instituição. Sua consciência é clara, não há histórico de crises epilépticas, a orientação está correta em todos os campos e a linha de pensamento é coerente e relevante, embora às vezes um pouco ilógica. Ele falou sobre ter enxergado rostos em folhas e sobre ter escutado a voz da mãe durante um sono profundo, mas é incerto se essas coisas devem ser designadas como alucinações explícitas.

Nenhum dado de delírio foi obtido, mas seu comportamento tem sido bastante incomum quando admite a escavação de vários corpos. Durante as entrevistas, ele falou sob o uso de um bastão para determinar a natureza da caixa pelo som produzido ao bater nela e também sobre como conhecia algumas das pessoas exumadas quando ainda estavam vivas. Eram todas mulheres de idades variadas. Os corpos foram removidos de três cemitérios — Plainfield, Spiritland e Hancock —, mas alguns foram devolvidos após um curto período de tempo porque o paciente sentiu remorso.

Em outros casos, ele fez as chamadas máscaras de cabeças, retirando a pele e separando-as dos ossos. O tecido da nuca era cortado e a cavidade recheada com papel ou serragem. Uma delas foi colocada em um saco de celofane, mas as outras foram mantidas por toda a casa. As partes dos corpos que não eram utilizadas foram queimadas ou enterradas, sendo que a alimentação é algo negado por ele. Ele também negou ter relações sexuais com os corpos ou com partes deles, pois declarou que o odor era ultrajante.

Em relação a maioria dos assuntos, sua memória está intacta, mas quando são encontradas situações carregadas de emoção há sugestão de uma amnésia ou imprecisão bastante conveniente. Às vezes, a seguinte observação era feita: "Parece um sonho, algo impossível".

Em uma entrevista, a sra. Worden foi descrita como baixa, desrespeitosa e ríspida, enquanto em uma entrevista posterior foi pintada como uma mulher simpática e agradável. Não foi admitida nenhuma atração física por essas mulheres, e ele negou com veemência ter tentado acompanhar a sra. Worden a uma pista de patinação. A sra. Hogan era uma taberneira. É presumido que ela era considerada um péssimo exemplo de mulher pelo paciente, que por sua atitude rígida e seu senso de justiça própria, poderia ter se sentido no direito de atirar nela.

A motivação é elusiva e incerta, mas vários fatores vêm à mente: hostilidade, sexo e o desejo de encontrar uma substituta para a mãe por meio de uma réplica ou corpo que poderia ser mantido indefinidamente. Ele falou dos corpos como se fossem bonecos e de como havia certo conforto em sua presença, embora provavelmente tenham ocorrido sentimentos ambivalentes a este respeito. Quando questionado sobre os motivos por trás de sua conduta bizarra, nenhuma explicação foi dada, mas qualquer relação sexual com os corpos foi negada repetidas vezes. Isto parece não corroborar os boatos de que ele teria admitido ter engajado em atividades sexuais com os cadáveres.

Ele tem sido um homem solitário, em especial desde a morte da mãe, e algum impulso, ainda indefinido neste momento, pode ter surgido nessa área para explicar sua conduta imprópria.

Em 18 de dezembro, a estadia de Eddie no hospital psiquiátrico estava chegando ao fim. Nessa data, Gein foi levado perante um conselho de especialistas para uma última rodada de interrogatórios. Seis médicos participaram da sessão: Schubert, Warmington, um psiquiatra chamado Larimore, um médico com o nome de Goetsch, o dr. Leonard Ganser do Departamento de Saúde e Serviços Sociais e o dr. H. J. Colgan, diretor clínico do Hospital Estadual de Winnebago. Também estavam presentes o psicólogo do hospital, Robert Ellsworth, e Kenneth Colwell, o assistente social responsável por pesquisar o histórico familiar de Gein.

O objetivo da reunião, que se estendeu por várias horas, foi chegar a um consenso sobre o estado mental de Eddie. Como resultado, o registro desta sessão provavelmente representa a parte mais significativa do relatório do Hospital Psiquiátrico do Estado, uma vez que a questão polêmica acerca da sanidade jurídica de Gein seria em grande parte determinada com base no diagnóstico do conselho.

> Foi realizado um longo período de interrogatórios, marcado pela participação de todas as autoridades presentes. Através desse questionamento, foi determinado que o paciente vivia uma existência isolada e solitária havia vários anos e que, desde a morte da mãe em 1945, ele tivera pouco contato social com as pessoas da comunidade. Sua descrição da mãe era a de que ela era a melhor mulher possível e que, por meio de seus ensinamentos, ele havia desenvolvido uma rígida atitude moralista em relação às mulheres e ao uso de bebidas alcoólicas. Ele alegou que, no geral, as mulheres estavam contaminadas pelo mal e deveriam ser evitadas ao máximo. [...]
>
> A maioria das respostas foi marcada por uma preocupação sexual bastante acentuada. Quando questionado sobre quem era responsável por suas atividades, ele afirmou que tudo se devia a "uma força acumulada dentro de mim". Ele sente que tal força era da natureza de um espírito maligno que o influenciou a escavar as sepulturas.

No que diz respeito à acusação que o levou até a instituição, nomeadamente a morte da sra. Worden, ele afirmou ter sido escolhido como instrumento de Deus para executar o que o destino havia ordenado que acontecesse a essa mulher. [...]

Houve inúmeras queixas de dores físicas. Ele reclamou de dores de cabeça, dor de garganta, dores no peito, desconforto abdominal e prisão de ventre. A equipe considerou que esta sintomatologia poderia ser classificada de maneira adequada como um processo esquizofrênico pseudoneurótico.

Ele prontamente admitiu que ouvira a voz da mãe vários anos após a morte dela, dizendo-lhe para ser bom e que, uma vez, havia vivenciado o que provavelmente era uma alucinação olfativa, na medida em que sentiu o cheiro do que pensava ser carne em decomposição nas redondezas de sua propriedade. Em certas ocasiões, afirmou ter enxergado rostos em pilhas de folhas no chão.

Foi consenso entre a equipe que este homem seria melhor diagnosticado como sofrendo de uma "reação esquizofrênica do tipo crônico indiferenciado". Como seu julgamento é altamente influenciado por seu envolvimento em um mundo de fantasia, considera-se que ele não sabe a diferença entre o certo e o errado. Sua concepção sobre a natureza de seus atos é marcadamente influenciada pela existência de um conteúdo delirante, em específico pela ideia de que forças externas são responsáveis pelo que aconteceu. Devido à sua extrema sugestionabilidade, ele não é capaz por completo de agir em próprio nome ou em consulta com seu advogado.

Na opinião da equipe, este homem é legalmente insano e não tem competência para ser julgado neste momento.

O período de observação de trinta dias de Eddie terminou oficialmente em 22 de dezembro, mas, para todos os efeitos práticos, a reunião da equipe no dia 18 marcou o verdadeiro fim do processo de exame e avaliação. Em 19 de dezembro, os registros médicos e psiquiátricos de Eddie foram reunidos em um pacote e encaminhados a Sua Excelência Herbert A. Bunde, acompanhados por uma carta de apresentação de Schubert que resumia a opinião final da equipe médica.

"O sr. Gein", escreveu Schubert, "vem sofrendo de um processo esquizofrênico há um número indeterminado de anos." Como resultado, "embora o sr. Gein possa expressar conhecimento acerca da diferença entre o certo e o errado, sua capacidade de fazer tal julgamento sempre será influenciada pela doença mental existente. Ele não é capaz de perceber plenamente a consequência de qualquer ato porque não é um agente livre para determinar a natureza ou a consequência dos atos resultantes de pensamentos perturbados e anormais".

"Por causa dessas descobertas", concluiu Schubert, "devo recomendar a internação dele no Hospital Psiquiátrico do Estado como insano."

35

ATIVIDADES PSICÓTICAS

"De muitas maneiras, este paciente viveu uma vida psicótica por vários anos. Ele trocou a companhia de seres humanos por partes de corpos humanos, ao mesmo tempo que passou por uma existência superficial, de modo que aos olhos das pessoas a seu redor ele parecia bastante racional. Isso pode acontecer com pessoas com esquizofrenia crônica."
Dr. Milton Miller

Voyeurismo, fetichismo, travestismo e necrofilia não foram os únicos conceitos do campo da psicopatologia apresentados a um público mais amplo através do caso Gein. Ainda houve a esquizofrenia. Contudo, na maior parte do tempo, esse termo tendia a ser usado de maneira muito vaga em diversos relatos da imprensa focados na condição mental de Gein. Como resultado, o público recebeu uma ideia extremamente simplificada, e até mesmo distorcida, da natureza do distúrbio de Eddie.

Já no dia 22 de novembro, ao citar as opiniões de Edward Kelleher, um psiquiatra de Chicago, o *Milwaukee Journal* definiu a esquizofrenia como uma "personalidade dividida", um equívoco popular perpetuado pela mesma obra que garantiu aos crimes de Gein um lugar permanente na mitologia popular norte-americana: *Psicose*. (No romance original de Robert Bloch, o protagonista possui três personalidades distintas: Norman, "o garotinho que precisava da mãe"; Norma, "a mãe que não poderia morrer"; e Normal, "a versão adulta Norman Bates".)

Embora certos psicóticos de fato sofram daquilo que é conhecido como "transtorno de personalidade múltipla", a personalidade esquizofrênica não está dividida e sim despedaçada. Entre os principais sintomas dessa desordem (todos os quais manifestados por Gein) estão alucinações e delírios (como a sensação de que os próprios impulsos e ações "não são seus, mas impostos por alguma força externa"); crenças bizarras (como a convicção de que é possível ressuscitar os mortos por meio da força de vontade); isolamento social extremo; "prejuízo acentuado" de funcionamento em "áreas como trabalho, relações sociais e cuidado pessoal"; confusão de gênero e incerteza acerca de sua identidade sexual.

Entretanto, há uma maneira pela qual os esquizofrênicos muitas vezes vivenciam uma "divisão" patologicamente grave, a qual ocorre em relação a seus pais, na maioria das vezes, às mães. De acordo com a teoria psicanalítica na época, pessoas criadas por mães gravemente perturbadas e pouco amorosas muitas vezes lidam com essa situação removendo de sua consciência as memórias das experiências dolorosas da infância. O dr. Silvano Arieti, uma das principais autoridades em esquizofrenia, escreveu: "A criança que sofre por causa dos contatos com o progenitor que a rejeita, em geral a mãe, tenta desesperadamente preservar uma boa imagem dele. Quer sentir que o progenitor é bom. Se o progenitor é punitivo e provoca ansiedade, não é porque é malévolo, mas porque ela, a criança, é má: a mãe tem razão em ser dura e rigorosa com ela, mostrando o quão má ela é. [...] A preservação da boa imagem dos pais é possível pela remoção dos traços mais desagradáveis dos progenitores da consciência. Assim, a criança terá duas imagens dos pais: a imagem boa, que é consciente, e a imagem ruim, que permanecerá inconsciente".

Até certo ponto, é claro, todas as pessoas experimentam uma certa ambivalência — tanto de amor quanto de raiva — em relação às mães. No entanto, muitas vezes, e de acordo com essa teoria, o esquizofrênico é alguém que vivencia esses sentimentos confusos de uma forma particularmente aguda, sendo que, mesmo quando adulto, continua preservando a percepção radicalmente dividida de uma criança pequena. De forma consciente, ele enxerga a mãe como "muito agradável, suprema, sublime e perfeita". Mas, em um nível muito mais profundo da mente, ele a vê como o exato oposto: uma figura que personifica o mal absoluto.

Eddie Gein representa um caso clássico dessa divisão. Em sua mente consciente, Augusta era um modelo de virtude maternal: "uma mulher tão boa quanto era possível uma pessoa ser". Todo o ódio que sentia por ela, toda a raiva pelos terríveis maus-tratos que sofrera nas mãos dela, foram afastados para longe de sua consciência, projetando-o em outras mulheres que o lembravam da mãe. (É significativo que tanto Mary Hogan quanto Bernice Worden não possuíam apenas uma vaga semelhança física com Augusta Gein, mas também se pareciam com ela em outro aspecto crucial: eram mulheres de negócios sensatas, tal qual Augusta havia sido durante a infância de Eddie em La Crosse.) E foi contra essas duas mulheres, substitutas inocentes e involuntárias da mãe maligna de Eddie, que o homenzinho desferiu sua vingança.

Em grande parte, até mesmo suas atividades de roubo de sepulturas foram motivadas por essa divisão psicótica profunda. Por um lado, desenterrar os cadáveres de mães substitutas de meia-idade representava o esforço doentio de Gein para resgatar Augusta da morte. Ao mesmo tempo, as atrocidades que cometia nos corpos das vítimas eram uma forma desvairada de retaliação, uma tentativa insana de se vingar da mãe pela tortura que ela lhe havia infligido durante toda a sua vida.

36
HISTÓRIA DO ANO

"Se alguém já foi louco, com certeza foi ele."
Robert E. Sutton

Com a conclusão de seus exames mentais, Eddie deveria retornar à prisão do Condado de Waushara na segunda-feira, 23 de dezembro, uma perspectiva bastante deprimente para Arthur Schley, que não ficou nem um pouco animado com a ideia de recuperar a custodia de Gein durante as festas de fim de ano. "Prefiro que fiquem com ele até a semana que vem", explicou o xerife aos repórteres. "Afinal, tenho uma família e gostaria de aproveitar o Natal com ela. Mas, de qualquer jeito, farei o que me disserem para fazer."

Na esperança de adiar o retorno de Gein, Schley entrou em contato com o dr. Schubert, solicitando a prorrogação de internamento do assassino até o dia 26 de dezembro. Schubert não demonstrou nenhuma objeção. Gein, disse ele aos jornalistas, era um paciente modelo: "cooperativo, sem qualquer tipo de dificuldade". Durante as horas livres de Eddie na instituição, quando não estava passando por exames, ele tinha "permissão para sair no pátio dos fundos e passear pelo recinto". Ele havia se adaptado bem à vida institucional e "foi muito bem aceito pelos demais pacientes".

Ainda assim, explicou Schubert, seria necessária uma ordem oficial do juiz Bunde para que Gein fosse mantido no hospital psiquiátrico após o dia 22 de dezembro. No final das contas, o juiz também não tinha objeções em prolongar a estadia de Eddie no Hospital Psiquiátrico do Estado. Na verdade, depois de analisar o relatório de Schubert, ele emitiu uma ordem prorrogando a internação de Gein por um período indefinido. O juiz ainda divulgou uma declaração que resumia as principais recomendações da equipe do hospital, ainda que omitindo quaisquer detalhes das descobertas psiquiátricas.

"O tribunal recebeu o relatório do Hospital Psiquiátrico do Estado relativo a Edward Gein", começava a declaração do juiz, "e conferiu-lhe uma leitura e estudo cuidadosos.

"Existe, com base no relatório de especialistas do Hospital Psiquiátrico do Estado, uma opinião definitiva de que Edward Gein não é mentalmente competente para ser levado a julgamento. [...] Outras audiências sumárias serão realizadas em uma data adequada para todos os envolvidos, quando o réu estiver disponível para tais audiências. Nessa ocasião, tanto a defesa quanto a acusação terão a oportunidade de apresentar provas periciais para ajudar o tribunal a chegar a uma decisão. O tribunal não tem outra alternativa a não ser depender do testemunho de tais peritos, cujas opiniões devem constituir a base da decisão do tribunal. A competência mental é um assunto sobre o qual necessitamos da opinião de especialistas para enfim chegar a uma conclusão.

"A notificação da hora e local de tal inquérito sumário será realizada em um futuro próximo, provavelmente dentro de uma semana ou dez dias. A definição de uma data de julgamento deve obrigatoriamente aguardar o resultado desse inquérito."

O anúncio de que Gein havia sido considerado mentalmente incapaz provocou uma nova onda de raiva e protestos em sua comunidade natal. Desde o início, os habitantes de Plainfield temiam que Eddie escapasse da punição alegando insanidade, uma defesa jurídica que consideravam especialmente ultrajante no caso de Gein. Eles conheciam Eddie por quase toda a vida dele: haviam ido para a escola com ele, trabalhado a seu lado na época de debulha, conversado com ele nos cafés locais, feito provocações com ele quando o assunto eram mulheres, escutado suas mais recentes histórias de crimes da revista *Starling Detective*, o procurado para pedir favores e o contratado para diversos tipos de bicos, como pintar casas, remover neve e até, de vez em quando, cuidar das crianças. Gein pode ter sido um tipo excêntrico; alguém, como afirmou Ed Marolla, com "uma mente peculiar". Mas, segundo seus vizinhos, ele com certeza não era louco. Assim como também não era tão simplório como muitas vezes parecia ser. Aos olhos daqueles que conheciam Eddie Gein, o poeminha "Noite Antes do Natal" que todas as crianças da escola recitavam na época resumia perfeitamente a situação: "Com um pé de cabra, o caixão arrebentou/Astuto e esperto, tal qual uma raposa, ele se mostrou".

Enfim, ele se mostrou astuto o suficiente para enganar os chamados especialistas, fazendo-os pensar que era mesmo louco.

O dia 25 de dezembro acabou sendo um dia feliz para o xerife Schley. Afinal, seu desejo de Natal se tornou realidade. O edifício de tijolos de dois andares que servia tanto como alojamento do xerife quanto prisão do condado estava vazio, a não ser por ele e a família. Eddie Gein havia permanecido internado no Hospital Psiquiátrico do Estado, a oitenta longos quilômetros de distância.

À medida que o ano se encaminhava para o fim, a Associated Press conduziu sua pesquisa anual com editores de jornais de Wisconsin para determinar as dez principais notícias do estado em 1957. Os resultados da pesquisa foram publicados no sábado, 28 de dezembro.

Por votação unânime, o caso Edward Gein foi escolhido como a "História do Ano", superando (em ordem decrescente de importância) a vitória do Milwaukee Braves na National League e no campeonato da World Series, a morte do senador Joseph McCarthy, a eleição de William Proxmire (o primeiro democrata em 25 anos a representar Wisconsin no Senado) para completar o mandato vigente de McCarthy e vários casos de incêndios trágicos, fatalidades no trânsito e corrupção local. Os vice-campeões incluíam a adoção do horário de verão, um surto de gripe asiática e uma ação judicial federal na qual sete grandes empresas de alimentos buscaram uma ordem para evitar que os lucros inesperados nas vendas de queijo retornassem ao governo.

37

A AUDIÊNCIA

"Acredito que se deva considerar o que Gein fez como uma indicação de sua perturbação mental. O fato de ele ter matado uma pessoa ou talvez duas ou até mais, per se, não creio que seja de grande importância no que diz respeito a seu transtorno mental. Mas... a forma como ele vivia, como raciocinava, como queria voltar a ser uma criança nos braços da mãe e como tentava recriar sua mãe com os corpos que desenterrava — esses são sinais incomuns de transtorno mental. Sinais deveras incomuns de transtorno mental."
Dr. Edward F. Schubert

A sala do tribunal estava lotada, principalmente por vizinhos carrancudos do acusado. Jornalistas e fotógrafos dos principais veículos de notícias estavam presentes e cinegrafistas de canais de televisão se apinhavam nos corredores do lado de fora do fórum lotado.

Era a manhã de segunda-feira, 6 de janeiro, e a audiência que discutiria a sanidade de Eddie Gein, um processo judicial que ocuparia a maior parte do dia, estava prestes a começar na cidade de Wisconsin Rapids.

Com as mãos algemadas diante de si, o prisioneiro foi escoltado até o tribunal pelo xerife Schley e por Tom Forsyth, xerife do Condado de Wood. Pela primeira vez, Eddie não estava usando seu boné xadrez e as roupas de trabalho. Na verdade, em consonância com a importância da ocasião, os três homens vestiam trajes formais: Eddie de calça marrom, camisa branca e gravata e os dois homens da lei com ternos executivos.

Enquanto os policiais conduziam Gein para a parte dianteira do tribunal, a maioria dos espectadores se levantou um pouco dos assentos, esticando os pescoços para ter uma visão melhor de seu antigo vizinho, o homem pequeno e insignificante que praticamente da noite para o dia havia se tornado uma figura quase lendária: a versão local de Jack, o Estripador ou de Lizzie Borden. Olhando para ele, não puderam deixar de notar outra mudança, bem menos marcante, mas ainda assim bastante surpreendente, que havia ocorrido em Eddie Gein nos poucos meses desde que o viram pela última vez. Ele havia engordado. Na verdade, o homenzinho, outrora frágil e de bochechas encovadas, estava começando a ficar nitidamente rechonchudo. Era evidente que a vida institucional — "três refeições e uma cama", como foi dito por um dos cuidadores de Eddie — havia feito muito bem a ele.

Na época da audiência de Gein, no estado de Wisconsin, a questão da sanidade jurídica do réu era decidida com base em um princípio conhecido como a Regra de M'Naghten. De acordo com esta regra, um diagnóstico de doença mental não era, por si só, suficiente para impedir que uma pessoa acusada fosse levada à julgamento. Um réu só poderia ser considerado legalmente insano se, como explicou o procurador-geral Honeck em sua declaração inicial, "dois fatos forem apurados pelo tribunal: (1) que o acusado é incapaz de colaborar com um advogado e auxiliar na própria defesa; e (2) que o acusado não sabe a diferença entre o certo e o errado".

Para determinar se esses critérios se aplicavam ao caso de Gein, o tribunal baseou-se principalmente no testemunho de três psiquiatras, que foram interrogados de forma minuciosa pelo juiz Bunde e acareados por Honeck, assim como pelo advogado de Eddie, William Belter.

O dr. Schubert foi o primeiro a depor. Ele resumiu os resultados dos vários testes psicológicos aplicados em Gein durante sua estadia no Hospital Psiquiátrico do Estado. Ele esclareceu, em resposta às questões levantadas pelo juiz Bunde, a natureza precisa da doença mental de Gein. E concluiu repetindo a "opinião fundamentada" da equipe do hospital, ou seja, de que Gein era um esquizofrênico crônico que, desde a morte da mãe doze anos antes, havia se perdido em "seu próprio mundinho" de fantasia e ilusão.

Schubert foi então interrogado pelo procurador-geral Honeck, que fez o possível para levantar dúvidas sobre o diagnóstico feito pelo médico. Honeck, que na quinta-feira anterior havia feito uma viagem até o Hospital Estadual para examinar os registros médicos e psiquiátricos de Eddie, começou sua acareação observando que em nenhum lugar do registro do comportamento de Gein, feito de hora em hora durante sua estadia no hospital, havia qualquer indicação de "destrutividade, perturbação, choque, confusão ou outro comportamento inapropriado".

"Presumo, então, que o doutor diria", perguntou Honeck a Schubert, "que a estadia dele durante este período até o presente momento foi tranquila?"

"Isso mesmo", respondeu Schubert.

"E, no que diz respeito a esses registros, que o comportamento dele, de modo geral, não é diferente do de uma pessoa comum sem doença mental?"

"Sim", confirmou Schubert.

Honeck então questionou o médico sobre as ações de Gein logo após ele ter assassinado a sra. Worden na loja dela, em especial seus esforços para se livrar do veículo que usou para transportar o corpo da mulher. Esse comportamento não indicava que Gein sabia muito bem que havia feito algo errado e que "a lei não via com bons olhos o assassinato?".

Embora reconhecesse a questão levantada por Honeck, Schubert permaneceu firme em sua afirmação de que Gein não poderia ser responsabilizado criminalmente por seus atos. O fato de ele conseguir funcionar com racionalidade durante um período de tempo, mesmo prolongado, não era em si um sinal de sanidade, uma vez que, em determinados momentos, esquizofrênicos podem ser ativamente psicóticos, enquanto em outros podem ter um contato racional com o ambiente. Schubert afirmou que, a julgar pelos dois critérios estabelecidos por Honeck no início da audiência, Gein era legalmente insano e que as chances de algum dia se recuperar de sua doença eram "mínimas".

Era hora de fazer uma pausa para o almoço. O juiz Bunde elogiou os espectadores — "especialmente os repórteres" — por seu bom comportamento e depois fez uma advertência gentil. "Vocês se saíram muito bem esta manhã", disse. "No entanto, se acontecer de não se comportarem muito bem, suponho que precisaremos pedir que saiam. Tenham isso em mente. Recesso até às 14h."

Durante toda a manhã, Eddie ficou sentado em silêncio em seu banco, mascando chiclete e com um olhar impassível. Contudo, pouco depois da audiência ter sido retomada, uma expressão doentia tomou conta de seu rosto e ele começou a reclamar com Belter que "não conseguia segurar". Foi convocado outro recesso, desta vez de quinze minutos, enquanto Eddie era levado ao banheiro. Ele então voltou a seu assento, enfiou um novo pedaço de chiclete Black Jack na boca e ficou lá sentado (a não ser em outra ocasião, quando disse ao advogado que precisava ir mais uma vez ao banheiro), com as mandíbulas trabalhando devagar e uma expressão perfeitamente apática.

A primeira testemunha da tarde foi o dr. Milton Miller, professor assistente de psiquiatria da Faculdade de Medicina da Universidade de Wisconsin, o qual havia sido convocado pelo advogado de Gein, William Belter. Em duas ocasiões, 14 e 21 de dezembro, Miller havia viajado para o Hospital Psiquiátrico do Estado, passando um total de seis horas examinando Gein no consultório de Schubert.

Miller concordou com o diagnóstico de Schubert, testemunhando que Gein estava "sofrendo de uma esquizofrenia de longa data". Ele reconheceu que, em certas áreas, Gein poderia muito bem "distinguir entre o certo e o errado". "Acho", explicou Miller, "que ele saberia em qual lado do prato colocar a faca e o garfo. Acho que saberia se levantar quando o juiz entra no recinto. Acho que saberia ser respeitoso com uma pessoa mais velha." De fato, se lhe perguntassem sobre as próprias atividades criminosas, Gein poderia muito bem dizer que "é errado matar pessoas e que é errado roubar sepulturas".

No entanto, prosseguiu Miller, "não é correto dizer que ele sabe dessas coisas da mesma forma que uma pessoa normal saberia ou de que elas são significativas para ele". O fato de Gein ter conseguido viver uma vida tão radicalmente compartimentalizada por mais de dez anos, parecendo "normal e racional na superfície" para a comunidade enquanto "realizava atividades grosseiramente insanas", não era um sinal da astúcia diabólica do homenzinho (como muitos de seus vizinhos acreditavam ser), mas sim de sua loucura extrema. No final, embora Miller reconhecesse não entender muitas coisas presentes na mente do réu, ele estava convencido, assim como Schubert, de que Gein era legalmente insano. As respostas emocionais dele foram "extremamente inadequadas". Seu comportamento estava, em muitos aspectos, "além da compreensão" e "em termos de discernimento, houve muitos, muitos exemplos de anomalias em seu pensamento".

O terceiro e último psiquiatra, o dr. Edward M. Burns, foi convocado para testemunhar pelo estado. Embora Burns concordasse que Gein era um "doente mental crônico" e estivesse sujeito a "delírios envolvendo seu papel de predestinado", ele discordou da opinião compartilhada entre Schubert e Miller acerca de sua responsabilidade criminal. De acordo com Burns, Gein era capaz de cooperar "com seu advogado e, portanto, era legalmente são".

O juiz Bunde queria esclarecimentos. "Doutor, o senhor está tentando dizer que ele é clinicamente insano, mas legalmente são? É isso que está tentando dizer?"

"Sim", respondeu Burns, embora reconhecesse que, ao dizer isso, estava tomando uma decisão bastante difícil: de que Gein estava "muito perto da fronteira" da insanidade legal.

No final, o julgamento "limítrofe" de Burns, somado aos vereditos categóricos de Schubert e Miller, deixou Bunde com pouquíssima escolha. "Em um assunto deste tipo, devo confiar na opinião de especialistas", começou o juiz, as palavras ressoando no silêncio tenso que ecoava no tribunal. "Não tenho ilusões, delírios ou alucinações acerca das críticas que serão feitas à decisão do tribunal, seja ela qual for." A decisão que estava diante dele, confessou Bunde, era a mais difícil que já havia enfrentado. No entanto, ele afirmou: "Não consigo ver como a minha opinião poderia ser outra além de considerar o réu insano. Eu o considero assim e dessa forma o reencaminho para o Hospital Psiquiátrico do Estado em Waupun para um período indeterminado de internação. A partir das opiniões de vários especialistas, acredito que é adequado dizer que não parece que ele voltará a ficar em liberdade. Talvez este seja um desfecho conveniente.

"Isso encerra a audiência. A sessão está encerrada."

38

O NOVO LAR

"Estou feliz que tenha terminado desse jeito.
Acho que é o melhor para mim."
Ed Gein

As conexões de Eddie Gein com a sociedade humana normal eram tão tênues que ele nem parecia se importar com o fato de estar deixando isso para trás, possivelmente para sempre. Na verdade, parecia aliviado, até mesmo feliz, de partir do amargo isolamento do mundo exterior para adentrar as paredes protetoras da instituição mental.

Essa partida aconteceu na noite de 6 de janeiro, poucas horas depois do término da audiência de sanidade mental. Era a última vez, por muitos anos, que Gein seria visto fora dos muros do Hospital Psiquiátrico do Estado.

Assim que o juiz Bunde anunciou sua decisão, Gein foi levado às pressas para fora do tribunal e para dentro do carro do xerife Schley, que já estava à sua espera — não a viatura policial, mas em seu carro próprio e novíssimo em folha, um Plymouth 1957. A escolha do veículo parecia consistente com o humor de Schley, que estava consideravelmente melhor agora que o xerife estava enfim se livrando do fardo que dominava sua vida desde aquele terrível dia de novembro, quando junto do capitão Schoephoerster adentrou a cozinha externa de Gein. Ou talvez ele só quisesse o carro mais rápido disponível para levar Gein ao hospital. Com certeza, ele e seus companheiros mal podiam esperar para chegar o mais rápido possível em Waupun. Schley, sentado no banco de passageiro, deixou o oficial Virgil Batterman, o "Buck", dirigir e, embora as condições da estrada estivessem longe de ser ideais, com neve poeirenta dificultando a visibilidade e manchas de gelo brilhando no asfalto, Batterman manteve o pé no acelerador com uma velocidade constante de 128 quilômetros por hora durante a maior parte da viagem de 152 quilômetros.

Enquanto isso, o subxerife Arthur Schwandt estava sentado no banco de trás ao lado de Eddie, que permanecia afundado em um canto com as mãos algemadas estendidas no colo e um olhar distante no rosto.

Os corredores do hospital eram de um tom ictérico de amarelo e cheiravam a desinfetante. Um grupo de jornalistas — repórteres e fotógrafos — aguardava junto à passagem gradeada que separava a área administrativa das alas de internação. Precisamente às 20h02, Eddie Gein saiu de um dos escritórios de admissão, ainda vestindo camisa social e gravata, e se aproximou da porta. Ele estava acompanhado por dois funcionários: o supervisor do hospital, Norman Popham, e um guarda, trajando um uniforme cáqui, que segurava em uma das mãos um anel cheio de chaves enormes de latão.

Enquanto Eddie estava ali, esperando o guarda destrancar a porta, os fotógrafos apontavam as câmeras para ele.

"Ah, chega disso", disse ele, impaciente. Os repórteres ficaram impressionados com a dureza em seu tom de voz. Nunca tinham ouvido o homenzinho gentil — o "carniceiro tímido", como às vezes era chamado nos jornais — falar daquela maneira antes.

"Só esta última vez, Ed", implorou um dos fotógrafos.

Eddie esboçou um sorriso. "Só não queria que vocês gastassem mais dinheiro", disse ele, suavizando um pouco o tom da voz. Ainda assim, permaneceu inflexível em relação às fotografias. Então, afastou-se dos jornalistas e, apesar das súplicas, recusou-se a olhar de novo para eles.

No instante em que a porta de aço se abriu, Popham pegou Eddie pelo cotovelo e o conduziu às pressas pelo corredor, deixando para trás os fotógrafos que tiravam fotos das costas de Eddie desaparecendo de vista. Por muitos anos, estes foram os últimos vislumbres que o público teve de Gein.

Depois que Gein desapareceu na ala, vários jornalistas abordaram o dr. Schubert para perguntar como seria a vida de Eddie no hospital. Dali em diante, declarou o médico, haveria "pouca variedade na existência de Gein". Seus aposentos consistiam em um pequeno quarto espartano, contendo uma cama simples, uma cômoda e uma mesa de cabeceira. Ele seria então designado a algum tipo de trabalho doméstico — "passar pano, trabalhar na limpeza, lavar roupa ou algo semelhante" — pelo qual receberia 10 centavos por dia e até um máximo de 50 centavos por semana, quantia que poderia gastar em doces e chiclete no refeitório do hospital. Quando não estivesse realizando suas tarefas, ele estaria livre para passar algum tempo na sala que dividiria com cerca de uma dezena de outros internos. Lá, poderia ler um jornal, assistir à televisão ou ouvir rádio. Além dessas fontes, ele não teria contato com o mundo exterior. Apenas parentes próximos eram autorizados a visitar os internos. E, próximos ou não, Gein não tinha parentes vivos.

A internação de Gein em uma instituição mental parecia marcar o fim do caso que havia obcecado por meses o estado de Wisconsin. "A história sórdida e triste de Ed Gein terminou com o tinido da porta do hospital", escreveu Harry S. Pease, um dos repórteres que testemunhou o encarceramento de Gein. "Não há dúvidas de que o mundo será um lugar melhor com a ausência dele."

Mas, embora o carniceiro em si pudesse ser trancafiado em segurança, os pesadelos que ele havia despertado e a indignação suscitada não foram resolvidos com tanta facilidade.

Pease estava equivocado. O retorno de Eddie Gein ao Hospital Psiquiátrico do Estado pode ter encerrado mais um capítulo desta terrível saga. Mas a história ainda não estava concluída.

39

VENDE-SE TUDO

"O ressentimento corria solto pela Main Street."
Ed Marolla

Apesar das garantias do juiz Bunde de que Gein nunca mais andaria pelas ruas da cidade, os cidadãos de Plainfield ficaram muito amargurados com o desfecho do caso. Não houve protestos durante a audiência de imputabilidade propriamente dita. Os habitantes da cidade que estavam presentes mantiveram a compostura e permaneceram contidos durante todo o processo. Contudo, na manhã seguinte, os protestos da comunidade contra a decisão do juiz ficaram bastante vocais e intensos.

Muitos moradores da cidade continuaram ridicularizando a ideia de que Gein era louco. A seus olhos, ele havia escapado do julgamento por meio da combinação da própria astúcia e da parcialidade das testemunhas, especialmente do dr. Miller, cujo depoimento, sentiam, não era confiável porque o médico havia sido contratado pelo advogado de Eddie. Embora outros moradores estivessem dispostos a aceitar que Gein era insano, eles ainda acreditavam que a questão relativa a sua inocência ou culpa deveria ter sido resolvida por um júri, de forma que "o caminho normal da justiça foi desviado", segundo as palavras do presidente do conselho municipal, Harold Collins.

Havia ainda outras pessoas, é claro, em particular os familiares das vítimas de Eddie, cujo desejo humano por vingança acabou frustrado pela decisão do juiz Bunde. É compreensível que quisessem ver Gein punido, e de forma severa, pelos horrores que havia perpetrado a seus entes queridos. No entanto, longe de ser penalizado por seus atos, Gein estava, aos olhos dessas pessoas, se beneficiando deles. Em comparação com as condições de vida a que estava habituado anteriormente — isolado do mundo e vivendo à base de comida enlatada em uma casa de fazenda tão imunda que era impossível descrever, sem eletricidade ou água encanada —, sua permanência no Hospital Psiquiátrico do Estado, onde lhe seria fornecido um quarto limpo, três refeições ao dia, roupas, cuidados médicos e até mesmo um aparelho de televisão, soava como férias permanentes com todas as despesas pagas pelo Estado. Para essas pessoas, o encarceramento de Eddie em uma instituição psiquiátrica era muito mais do que um erro judiciário. Era uma afronta quase dolorosa demais para ser suportada.

Mesmo a passagem dos meses não conseguiu amenizar esse sentimento de indignação. No início de março, os cidadãos de Plainfield realizaram uma reunião municipal para discutir a possibilidade de recorrer da decisão do juiz Bunde, se necessário, até mesmo para o Supremo Tribunal. O promotor público do Condado de Portage, John Haka, foi convencido a entrar em contato com o procurador-geral Honeck para indagar se o Estado considerava entrar com um recurso. Em uma carta, Haka informou ao procurador-geral que os residentes de Plainfield estavam firmes em sua crença de que Gein "deveria ter sido considerado legalmente são".

A resposta de Honeck não foi encorajadora. O fato de Eddie "parecer perfeitamente são" para as "pessoas que o conheciam" não provava nada sobre sua condição mental. Afinal, escreveu o procurador-geral em sua resposta, "os psiquiatras que o examinaram e testemunharam na audiência indicaram que a doença mental do réu se constituía de forma que não era aparente para pessoas leigas durantes transações e assuntos comuns da vida". Honeck estava convencido de que recorrer da decisão do juiz Bunde seria algo "obviamente inútil".

No entanto, o procurador-geral ainda tinha algumas garantias para oferecer àqueles que acreditavam que Gein deveria ser julgado por seus crimes. A ordem de Bunde, enfatizou Honeck, "não resultou em uma decisão final do caso. A ordem apenas afirma que o réu Gein não é capaz de ser julgado no presente momento".

Dessa forma, o procurador-geral declarou que "após sua recuperação, se ela acontecer, o réu poderá ser levado a julgamento".

Entretanto, a possibilidade de um julgamento ocorrer em um algum momento indeterminado no futuro oferecia pouco conforto para aqueles que acreditavam que Gein havia se safado de seus crimes. Na verdade, a raiva e o ressentimento da comunidade ficavam apenas mais intensos à medida que o inverno avançava, sendo inflamados pela aproximação de um evento que renovou a atenção da imprensa e trouxe um enorme afluxo de novos turistas à cidade traumatizada. Era o leilão da fazenda e dos bens pessoais de Ed Gein, marcado para o domingo, 30 de março de 1958.

A pedido de William Belter, que atuava como guardião legal do patrimônio de Gein, o juiz Boyd Clark nomeou Harvey Polzin, gerente distrital aposentado da Companhia de Energia e Luz de Wisconsin, para atuar como curador geral da propriedade de Gein. Em específico, Polzin foi incumbido "a tomar posse de toda a propriedade de Gein, preparar um inventário e vender tudo que fosse necessário para atender a quaisquer reinvindicações feitas contra Gein". Eddie já estava sendo processado por Floyd Adams, viúvo de Eleanor Adams, uma das mulheres cujo caixão vazio havia sido exumado no cemitério de Plainfield e cujos restos mortais haviam sido posteriormente identificados entre os troféus macabros de Gein. O processo do sr. Adams acusava Gein de "deliberadamente perturbar" o túmulo de sua esposa e causar no requerente um "sofrimento mental no valor de 5 mil dólares". Outras ações judiciais seriam iniciadas em breve, incluindo um processo no valor de 57,8 mil dólares contra Gein movido por Frank Worden e sua irmã, Miriam.

Uma empresa chamada Farm Sales Service de Reedsburg, Wisconsin, foi escolhida para comandar o leilão. No início de março, um comunicado anunciando a venda da fazenda e dos bens pessoais de Edward Gein, com início imediato ao meio-dia do domingo, 30 de março de 1958, foi impresso e distribuído por todo o estado. O comunicado também trazia um inventário dos pertences de Gein. Sem a presença dos souvenirs retirados do cemitério, o conteúdo da casa de Eddie parecia perfeitamente normal, o tipo de mercadoria que poderia ter sido colocada à venda em quase todos os leilões do país.

Havia fogões, armários, panelas e frigideiras, pratos, camas, uma máquina de costura, um sofá, um fonógrafo à manivela, lâmpadas, vasos, três rádios movidos a pilha, instrumentos musicais (um violino, uma cítara, uma gaita e um acordeão), cadeiras de balanço, um álbum de família, uma "combinação de mesa e estante de livros", um dicionário e seu suporte, tapetes, um aspirador manual, cômodas e diversos móveis que eram "antiguidades", incluindo uma mesa, uma namoradeira e um gaveteiro.

Além disso, havia vários equipamentos e máquinas agrícolas: uma máquina de debulha, diversos arados, um enleirador, um espalhador de estrume, um cortador de grama e muitos outros itens. O Ford sedã 1949 de Eddie e a caminhonete Chevy 1940 também estavam sendo colocados à venda.

A fazenda em si estava sendo oferecida em sua totalidade ou em dois lotes distintos, o primeiro consistindo nas construções (a casa de nove cômodos, o celeiro, o silo, o galinheiro, o armazém de milho e o galpão de máquinas) mais dezesseis hectares de terreno plano, "quase inteiramente destinado a plantações". O segundo lote consistia nos 22 hectares restantes de terra, os quais não possuíam nenhuma construção.

Os licitantes em potencial foram informados de que os bens domésticos e a propriedade poderiam ser inspecionados na semana anterior ao leilão, na tarde de domingo do dia 23 de março. O comunicado concluía com o nome da pessoa que autorizava a venda: Harvey Polzin, "guardião legal de Edward Gein, insano".

À primeira vista, não havia nada no comunicado que pudesse ser considerada uma provocação. Pelo contrário, parecia um documento perfeitamente objetivo, que detalhava quais itens seriam leiloados e as condições de venda. Mas, como tudo relacionado ao caso Gein, sua circulação gerou de imediato um furor na cidade natal de Eddie. Duas coisas em particular ofenderam os residentes de Plainfield. A primeira foi uma declaração impressa em letras pequenas na parte inferior do comunicado. A linha que vinha logo em seguida à informação da data da inspeção dizia: "Uma taxa de 50 centavos será cobrada de todas as pessoas que passarem pela vistoria da residência".

Para os moradores de Plainfield, em especial para a família Worden, a ideia de ser cobrada uma taxa para que as pessoas conferissem o interior da casa de Gein era profundamente repugnante. Parecia confirmar seus piores medos de que o odiado local estava prestes a ser transformado em uma atração turística, um "museu mórbido", nas palavras de um morador indignado. Assim que o anúncio do leilão foi divulgado, a cidade enviou um protesto formal ao juiz Boyd Clark, que havia aprovado a petição de Polzin para que o leilão ocorresse em 30 de março. Clark respondeu depressa. Embora Polzin insistisse que o único propósito da taxa era "desencorajar e limitar o número de curiosos", o juiz proibiu o serviço de leilões de cobrar a entrada na casa.

É evidente que a decisão de Clark agradou a comunidade. No entanto, havia ainda outra coisa relacionada ao leilão que levantou a oposição dos moradores locais, suscitando protestos ainda mais engajados do que a questão da taxa de admissão. O reverendo Wendell Bennets, antigo pastor da Igreja Metodista de Plainfield, foi o primeiro a levantar esse novo ponto, salientando em uma carta ao *Plainfield Sun* que 30 de março, a data proposta para o leilão, era Domingo de Ramos.

O reverendo advertiu que realizar o leilão de Gein naquela data "não era muito sábio". Na verdade, sugeriu ele, tal ato beirava a blasfêmia. "Deus abençoou nossa nação acima de todas as outras da Terra", escreveu o reverendo Bennets, "e se desejamos ser abençoados, devemos honrar a Deus e obedecer a Suas leis. Ao obedecer a Suas leis, nós O honramos, e permitir que o Estado faça um leilão não é condizente com Seus comportamentos e regras. Grandes nações cresceram e desapareceram, sendo que em praticamente todos os casos isso aconteceu porque o povo ignorou as leis de Deus. Esta nação não será exceção aos olhos de Deus, pois qualquer nação que se esqueça de Deus será destruída por Ele."

A moral do sermão do reverendo Bennetts era clara. Realizar o leilão de Gein no Domingo de Ramos — "um dia santo, não um feriado", em suas palavras — era ir diretamente contra as leis de Deus. Era um convite aberto à retribuição divina e um desastre com certeza aconteceria em seguida.

Outros ministros de Plainfield, incluindo Gerald Tanquist da Igreja Metodista, David Wisthoff da Igreja Batista e Irving Bow da Igreja Assembleia de Deus, se juntaram ao reverendo Bennets para expressar suas objeções à data do leilão. Os protestos produziram resultados imediatos. Vários grupos comunitários, que pretendiam vender cartões-postais e sanduíches durante os dias da fiscalização e do leilão, abandonaram seus planos. Ainda assim, de acordo com o juiz Clark, não havia nada que pudesse ser feito em relação à data. O leilão já havia sido amplamente divulgado por todo o estado.

A venda da propriedade e dos pertences pessoais de Eddie Gein ocorreria conforme anunciado, no domingo, 30 de março, e não havia nada que a comunidade — ardendo de raiva e ressentimento — pudesse fazer para impedi-la.

Pelo menos, era o que parecia.

40

FAZENDA EM CHAMAS

> "A casa dos ímpios será destruída."
> Provérbios 14:11

Os vizinhos mais próximos de Eddie Gein eram os membros da família Johnson. Na quinta-feira, 20 de março, Roger, o filho mais novo dos Johnson, foi acordado por uma luz brilhante que entrava pela janela de seu quarto. Enquanto lutava para recuperar a consciência, Roger pensou se tratar do nascer do sol. No entanto, mesmo em seu estado semiconsciente, ele percebeu que havia algo estranho sobre aquele amanhecer em particular. Por um lado, não parecia que ele estivesse dormindo havia muito tempo. Mas havia algo a mais também, algo muito mais estranho...

De repente, sua mente acordou e ele correu em direção à janela, percebendo o que estava errado.

O brilho intenso estava vindo do oeste. Da casa de fazenda de Eddie Gein.

Eram 2h30 quando Burt Carlson, delegado de Plainfield, avistou o incêndio. Ele notificou de imediato o chefe de bombeiros da cidade, que despertou seus quinze bombeiros voluntários. No entanto, quando os homens terminaram de percorrer os onze quilômetros até a casa de Gein havia pouco o que pudessem fazer. O incêndio estava fora de controle. Embora tenham conseguido salvar as dependências, os bombeiros apenas puderam observar enquanto o fogo reduzia a casa de madeira branca de dois andares de Eddie a um monte carbonizado de cinzas fumegantes.

Apesar disso, é provável que a destruição da qual eram testemunhas não passasse de uma visão alegre, em especial para a crescente multidão de espectadores que se reuniam para assistir à casa de Gein queimar. Quanto aos sentimentos do chefe do corpo de bombeiros, eles podem ser adivinhados com facilidade. O nome dele era Frank Worden.

Com o amanhecer do dia, o xerife Schley, que tinha ido até a fazenda Gein no momento em que recebeu a notícia do incêndio, entrou em contato com o corpo estadual de bombeiros em Madison, que na mesma hora enviou um oficial, John E. Hassler, para Plainfield. Tanto para Hassler quanto para seu chefe, assim como para a maioria dos habitantes da cidade, a hipótese era de que o incêndio havia sido provocado. Afinal, o momento era bastante oportuno e suspeito, ocorrendo três dias antes da data programada para a inspeção. Além disso, fazia algumas semanas que circulavam pela comunidade conversas entre certos moradores, os quais falavam em tomar atitudes drásticas para impedir o leilão do Domingo de Ramos. Também não parecia existir qualquer outra explicação provável para o incêndio. Como afirmou o guardião legal de Gein, Harvey Polzin, "não havia fiação elétrica, não houve uma tempestade de raios e não sabemos de nada na casa que pudesse ter iniciado um incêndio. Mas ele começou mesmo assim".

No entanto, a suposição de incêndio criminoso permaneceria apenas isso, uma suposição. Nem a investigação de Hassler nem qualquer outra investigação subsequente revelariam algum suspeito ou qualquer evidência de que a casa de Gein havia sido incendiada.

A despeito da forma como o incêndio havia começado, os cidadãos de Plainfield ficaram satisfeitos ao ver a abominável residência virar fumaça. Até mesmo as pessoas menos interessadas na destruição dela pareciam sentir um tipo de satisfação com o incêndio, enxergando-o como o clímax perfeito para o caso Gein: "um final grotesco e apropriado", nas palavras de um preeminente criminologista, "para o caso mais bizarro presente nos registros criminais desde os tempos medievais". Na verdade, até o próprio Gein pareceu ter ficado aliviado com o incêndio de sua residência.

Eddie soube do ocorrido por meio de Darold Strege, o agente psiquiátrico encarregado de sua unidade no Hospital Psiquiátrico do Estado, o qual tinha ouvido a notícia no rádio naquela manhã, enquanto se preparava para ir trabalhar. O turno de Strege começou às 6h, e Gein ainda estava dormindo quando ele chegou ao hospital. Sem saber como o homenzinho reagiria, Strege esperou que Gein tivesse se levantado, se vestido e terminado o café da manhã para informá-lo das notícias.

Pelo resto da vida, Strege se lembraria da resposta de Eddie, que consistiu em apenas duas palavras. No entanto, elas sugeriram a Strege que talvez houvesse alguma verdade nas histórias de que outros horrores, ainda maiores, haviam sido escondidos nas paredes da casa de Eddie, horrores que agora estavam para sempre a salvo de qualquer descoberta.

Strege puxou Gein de lado.

"Sua casa pegou fogo, Eddie", disse ele, no tom mais gentil possível.

Eddie fez uma pausa por um momento e depois respondeu, calmo.

"Melhor assim", disse ele.

41

LEMBRANÇAS DA CASA MALDITA

"As pessoas querem ver esse tipo de coisa."
Bunny Gibbons, expositor do "carro maldito" de Ed Gein

O incêndio da quinta-feira resolveu uma das preocupações de Plainfield. Ninguém mais iria transformar a casa de Eddie Gein em um "museu mórbido". No entanto, para aqueles que esperavam que a incineração da casa acabasse com o leilão, o incêndio foi uma grande decepção. O evento, anunciou Harvey Polzin na manhã de sexta-feira, aconteceria conforme o programado. Na verdade, segundo Polzin, por mais que a perda da casa de Eddie e de seu conteúdo fizesse com que "muitos caçadores de souvenirs" não comparecessem à venda, ele ainda esperava "uma grande multidão".

Polzin estava certo em relação a isso. O dia 23 de março, data da inspeção, foi um domingo fresco e ensolarado, um dia perfeito para um passeio em família; e, para os moradores de Plainfield, de fato deve ter parecido que todas as famílias de Wisconsin haviam decidido dar um passeio até sua cidadezinha. Entre o meio-dia e o pôr do sol, cerca de 20 mil turistas chegaram no povoado, um comparecimento surpreendente considerando que, naquela época, toda a população do Condado de Waushara somava pouco mais 13 mil pessoas.

Nas estradas de terra que levavam à fazenda, o xerife Schley e alguns policiais fizeram o possível para manter a interminável procissão de carros em movimento. O vizinho de Eddie, Milton Johnson, havia colocado uma placa em sua propriedade oferecendo estacionamento a 20 centavos por carro, mas a maioria dos turistas simplesmente estacionou seus veículos nas terras de Gein. Uma cerca de neve foi instalada ao redor das ruínas da casa e, durante o dia inteiro, nunca houve menos de trezentas pessoas pressionadas contra ela, as quais se esforçavam para enxergar o monte de cinzas que um dia havia sido a casa do assassino carniceiro, Eddie Gein.

O leilão em si, realizado conforme o programado, no Domingo de Ramos, 30 de março, atraiu uma multidão consideravelmente menor, mas ainda bastante significativa. Duas mil pessoas compareceram naquele domingo fresco e ensolarado, embora apenas algumas estivessem presentes com a intenção de dar lances. A maioria era composta por curiosos que vieram testemunhar o descarte final dos poucos bens restantes de Ed Gein.

Walter Golla, um negociante de sucata de Plainfield, comprou grande parte dos equipamentos agrícolas velhos e enferrujados de Eddie, incluindo um arado por 14 dólares, um disco e um cortador de grama por 9 dólares cada e um espalhador de estrume por 35 dólares. As peças restantes de ferro-velho foram para Chet Scales, da Chet's Auto Wreckers, que as transportou em sua outra grande aquisição, a picape Chevy 1940 de Eddie, a qual Scales adquiriu por 215 dólares. Wayne Heinke, da vila de Neshkoro, comprou uma pilha de madeira por 10 dólares e um homem chamado William Smith adquiriu duas enxadas velhas por 2,50 dólares. Também foram vendidas oito rodas de carroça (7 dólares), um velho fogão de ferro (15,50 dólares), um barril de pregos (7 dólares) e um velho violino (7,50 dólares).

A fazenda em si — todos os seus 79 hectares de pinheiros e solo arenoso, mais o terreno carbonizado e as cinco dependências em ruínas que foram salvas do incêndio — foi vendida por 3.883 dólares a um empreendedor imobiliário de Sun Prairie chamado Emden Schey. Dentro de alguns meses, Schey realizaria um grande reflorestamento na propriedade, demolindo as construções restantes e plantando mais de 60 mil árvores no terreno.

A única surpresa da tarde envolveu a venda do Ford sedã marrom 1949 de Eddie, o carro que ele dirigia no dia do assassinato de Bernice Worden. Este foi o único item que desencadeou uma guerra de lances, com quatorze pessoas competindo pelo item. No final, o carro foi vendido pela impressionante quantia de 760 dólares a um comprador misterioso identificado com uma série de nomes variados: "Irmãos Koch", "Irmãos Cook" ou "Irmãos Kook" de Rothschild, Wisconsin. Por que alguém pagaria uma quantia tão alta por um veículo surrado de nove anos era uma questão que intrigava e preocupava os habitantes de Plainfield, que rezavam para que, com Eddie preso para sempre e seus bens descartados, a morbidez persistente do caso Gein fosse enfim expurgada de suas vidas.

Não demorou muito para que o quebra-cabeça fosse resolvido. No entanto, quando a resposta veio, ela desencadeou uma última onda de protestos, não apenas na cidade natal de Eddie, mas em todo o estado de Wisconsin.

"Os Irmãos Koch/Cook/Kook" foi revelada como a identidade fictícia de um empreendedor de 50 anos chamado Bunny Gibbons, de Rockford, Illinois, o qual trabalhava como expositor em um espetáculo itinerante. Embora sua especialidade fossem truques envolvendo camundongos, Gibbons tinha um amigo que, segundo ele, "se saiu muito bem com o carro de Dillinger. Então tive uma ideia brilhante quando li as notícias sobre Gein". Após adquirir o Ford de Gein no leilão, Gibbons deu uma ajeitada no veículo e depois o equipou com dois bonecos de cera: um no banco de motorista, simulando Eddie Gein, e outro deitado no banco de trás, representando uma de suas vítimas femininas, mutiladas e encharcadas de sangue.

O "carro maldito de Ed Gein" fez sua primeira aparição pública em julho de 1958 na Feira do Condado de Outgamie em Seymour, Wisconsin, onde foi exibido durante três dias dentro de uma grande tenda de lona repleta de cartazes retumbantes: "Veja o carro que arrastou os mortos de seus túmulos! Você leu na revista *Life*! Está aqui o carro criminoso de Ed Gein! Recompensa de mil dólares caso não seja verdade!". Uma placa pintada de maneira grosseira mostrava um homem levantando o caixão de uma sepultura. Outra retratava uma mulher prestes a ser golpeada na cabeça por uma tábua. No topo da tenda, três bandeiras estampadas com uma caveira e ossos cruzados balançavam na brisa do verão.

Duas mil pessoas pagaram 25 centavos cada uma para dar uma espiada no carro da morte. Porém, em poucos dias, a notícia da exposição se espalhou por todo o estado, gerando uma grande polêmica. A cidade de Plainfield, cujos cidadãos temiam que algo assim poderia acontecer, após o carro obter um preço tão alto no leilão, ficou revoltada com a exposição temática. No Condado de Outgamie, diversos pais telefonaram furiosos para os funcionários da feira, afirmando que os filhos estavam sendo emocionalmente prejudicados pela exposição. Representantes da Associação de Saúde Mental de Wisconsin reclamaram que, enquanto sua organização dedicada à promoção da conscientização pública em questões de saúde mental não havia tido permissão para montar um estande na feira por não haver espaço suficiente, os organizadores haviam encontrado espaço para a horrível exposição de Gibbons.

Gibbons, sem dúvida alguma satisfeito por toda a publicidade gratuita, permaneceu imperturbável pelo alvoroço. "As pessoas querem ver esse tipo de coisa", explicou ele, contente. Gibbons até prometeu que um dia "apareceria em Plainfield". No entanto, apesar da promessa, ele decidiu não comparecer à Feira do Condado de Columbia, na cidade vizinha de Portage, por medo de incitar a população local. Contudo, até mesmo em outras partes do estado, a exposição de Gibbons estava começando a enfrentar problemas. Na Feira do Clube 4-H do Condado de Washington, em Slinger, Wisconsin, o carro da morte ficou em exibição por apenas algumas horas até o xerife chegar e ordenar que Gibbons fizesse as malas. Logo, feiras municipais por todo o estado estavam impedindo a exibição. Queixando-se dessa inesperada reviravolta, Gibbons não teve outra escolha a não ser seguir para o sul, para as exposições de Illinois, onde esperava que as pessoas fossem um pouco menos sensíveis ao assunto Eddie Gein.

Com a expulsão de Gibbons e de seu "carro maldito" do estado, a história de Eddie Gein parecia ter chegado ao fim. Havia, no entanto, uma última notícia ainda por vir. Ela apareceu nos jornais no final de julho, no momento em que a comoção em torno da exposição do automóvel estava enfim diminuindo. A matéria, intitulada "300 dólares reservados para o funeral de Gein", dizia respeito à distribuição do dinheiro arrecadado pelo leilão da propriedade de Eddie. A maior parte do dinheiro (5.375 dólares) deveria ser distribuída proporcionalmente entre as pessoas que haviam entrado com ações contra o patrimônio de Gein. Outros 800 dólares seriam destinados ao estado para os cuidados de Gein. Isso havia deixado um total de 300 dólares, os quais, por ordem do juiz do Condado de Waushara, Boyd Clark, deveriam "ser colocados na tesouraria do condado e liberados apenas para pagar as despesas do enterro de Gein".

A decisão de Clark foi a última palavra sobre o caso Gein que o público ouviria pelos próximos anos. O fato de a decisão ter relação direta com cemitérios transformou esse final em um desfecho particularmente adequado para o caso.

STATE OF WISCONSIN
DEPARTMENT OF HEALTH AND SOCIAL SERVICES

ORIGINAL CERTIFICATE OF DEATH

STATE FILING DATE AUG 9

STATE DEATH 84 017771

Middle | Last: GEIN Gein | SEX: ☒ Male ☐ Female | DATE OF DEATH: July 26 19

UNDER 1 YEAR | UNDER 1 DAY | DATE OF BIRTH: Month 8 Day 26 Year 06 | COUNTY OF DEATH: 7a. Dane | INSIDE CITY VILLAGE LIMITS ☒ Yes

HOSPITAL OR OTHER INSTITUTION – Name (If not in either, give street and number): 7d. Mendota Mental Health Institute | IF HOSP. OR INST. ☐ DOA ☐ OP/Emer Rm ☒ Inpatient

MARITAL STATUS: ☐ 1 Married ☐ 2 Separated ☐ 3 Divorced ☒ 4 Never Married ☐ 5 Widowed | SURVIVING SPOUSE (If wife, give maiden name): None | WAS DECEDENT EVER IN ARMED FORCES? ☐ Yes ☒ No

USUAL OCCUPATION: 14a. Farming Labor | KIND OF BUSINESS OR INDUSTRY: 14b. Agri-business

CITY, VILLAGE OR TOWNSHIP OF RESIDENCE: 15c. Madison ~~Plainfield~~ | INSIDE CITY OR VILLAGE LIMITS: ☒ Yes ☐ No | STREET AND NUMBER: 15e. 301 Troy Drive

Middle | Last: Gein | MOTHER MAIDEN NAME: 17. Augusta (nee Lochrke) Gein

MAILING ADDRESS: 18b. P.O. Box 847 Wautoma, Wisconsin 54982

CEMETERY OR CREMATORY NAME: 19b. Plainfield Village | LOCATION: 19c. Plainfield, Wisconsin

NAME OF FACILITY: 20a. Gasperic F.H. | ADDRESS OF FACILITY: 20b. P.O. Box 336 Plainfield Wisc 549

[illegible] occurred at the time, date and place and due to: [signature] MD

HOUR OF DEATH: 21c. 7:45 A.M.

22a. On the basis of examination and/or investigation, in my opinion death occurred at the time, date and place and due to the cause(s) stated.

Signature and Title | DATE SIGNED 22b. Month Day Year | HOUR OF DEATH | PRONOUNCED DEAD 22d. Month Day Year | 22e.

(PHYSICIAN, MEDICAL EXAMINER OR CORONER) Type or Print: [illegible]nser MD 309 Troy Drive Madison, Wisconsin 537[illegible]

[signature] Mehnke

DATE RECEIVED BY REGISTRAR: 24b. JUL 30 1984

(ENTER ONLY ONE CAUSE PER LINE FOR (a), (b) AND (c))

[illegible]atory failure

DUE TO OR AS A CONSEQUENCE OF: [illegible]carcinomatosis

DUE TO OR AS A CONSEQUENCE OF: [illegible]noma of Colon metastasis to Liver and lungs

CONDITIONS contributing to death but not related to cause given in PART I (a): [illegible] Disorder Chronic Dementia

AUTOPSY: ☐ Yes ☒ No | WAS CASE REFERRED TO MEDICAL EXAMINER OR CORONER? ☐ Yes ☒ No

HOUR OF INJURY 29b. | DESCRIBE HOW INJURY OCCURRED 29d.

LOCATION 29e. Street or R.F.D. No. | City or Village | State

CONCLUSÃO

O PSICOPATA

42

ETERNO MONSTRO AMERICANO

Truffaut: Eu li o romance no qual Psicose foi inspirado...
Acho que [o livro] foi baseado em um artigo de jornal.
Hitchcock: Era a história de um homem que mantinha o corpo da mãe em casa, em algum lugar em Wisconsin.
François Truffaut, *Hitchcock/Truffaut: Entrevistas*

Dez anos se passariam até que "Gein, o Horrendo" (como passou a ser chamado pela imprensa) voltasse a ser o centro das atenções. No entanto, durante a década que se passou, algo interessante aconteceu com Eddie. Ele alcançou a imortalidade.

Toda uma geração de habitantes de Wisconsin cresceu contando piadas e histórias assustadoras sobre o "Açougueiro Louco de Plainfield". Eddie se tornou uma lenda local, uma criatura que rondava a noite, atacando jovens enamorados desavisados e crianças desobedientes. Para a juventude de Wisconsin, o fato de que Gein estava internado em um hospital psiquiátrico estadual até poderia ser reconfortante à luz do dia. Mas as portas trancadas e as janelas gradeadas não conseguiam conter o bicho-papão. Com o anoitecer, bastava uma única ameaça vinda de um pai irritado — "Se você não ficar quieto e ir pra cama agora mesmo, Eddie Gein vai vir te pegar!" — para que a criança mais indisciplinada fosse subjugada.

Para as crianças que cresceram contando histórias de terror sobre ele, o velho Eddie Gein seria para sempre uma figura grandiosa, seu próprio Frankenstein, Drácula e Múmia. Um carinho peculiar por "Ed, o Louco" desenvolveu-se entre elas, algo semelhante à popularidade que Alferd Packer, o canibal do século XIX, desfruta no Colorado, onde um o refeitório estudantil da universidade estadual se chama "Lanchonete Alferd Packer". (Membro de um grupo de seis exploradores de ouro que ficaram presos na neve das montanhas Uncompaghre, Packer massacrou e viveu da carne dos companheiros. Reza a lenda que, em seu julgamento de 1883, o juiz que o sentenciou à forca declarou com indignação: "Packer, havia apenas sete democratas em todo o Condado de Hinsdale, e você comeu cinco deles, seu filho da puta".) Assim como o canibal do Colorado, Eddie Gein, o açougueiro de Plainfield, se tornou membro permanente da mitologia de seu estado.

No entanto, o acontecimento que de fato imortalizou Eddie foi, é claro, o lançamento em 1960 de *Psicose*, o primoroso filme de terror dirigido por Alfred Hitchcock e baseado no romance que Robert Bloch criou a partir de matérias-primas do caso Gein. Embora não exista nenhuma indicação de que Eddie tenha visto ou até mesmo ouvido falar do clássico cinematográfico inspirado em seus crimes, o filme de Hitchcock o transformou de uma lenda local em uma parte imortal da mitologia popular norte-americana. Graças ao conceito inicial de Robert Bloch e à genialidade cinematográfica de Alfred Hitchcock, que pegou uma pequena e inteligente obra de ficção e a transformou em uma obra-prima que deixou uma marca duradoura na vida idealizada de uma nação, Eddie Gein se tornou — e sempre seria famoso como — o assassino original de *Psicose*, o "verdadeiro Norman Bates".

Enquanto isso, dentro dos muros do Hospital Psiquiátrico do Estado, Eddie estava se adaptando bem à vida institucional, completamente alheio ao fascínio que continuava exercendo sobre o mundo exterior. Os administradores do hospital haviam instituído uma política resoluta proibindo pessoas de fora de entrevistar Eddie, de forma que ele não tinha como saber que, desde o momento em que fora admitido no hospital, seus diretores haviam sido bombardeados com pedidos de jornalistas, redatores de revistas, sociólogos e outros indivíduos que buscavam permissão para falar com Eddie. De forma bizarra, às vezes ele recebia cartas de fãs, mas o que Eddie pensava dessas correspondências macabras, em especial das cartas de admiradoras que lhe imploravam por uma mecha de cabelo, ninguém sabe.

Ao longo dos anos, pequenas notícias relacionadas a Gein apareceriam de tempos em tempos nos jornais. Em maio de 1960, trabalhadores plantando árvores na antiga propriedade de Eddie avistaram diversos cachorros arranhando furiosamente o solo. Incitados pela curiosidade, os homens largaram o trabalho e percorreram um campo para investigar o que estava acontecendo. No local onde os cachorros estavam cavando, eles descobriram uma pilha de ossos humanos: costelas, pernas, braços e uma pélvis. Embora todas as construções da propriedade já tivessem sido demolidas naquela época, os ossos estavam enterrados perto do lugar onde antes ficava o celeiro de Eddie. Esses restos de esqueletos foram então enviados na mesma hora para o Laboratório Criminal para serem analisados e adicionados ao restante da coleção de Gein.

O descarte final desse terrível estoque aconteceu vários anos depois. Em dezembro de 1962, Charles Wilson, o diretor do Laboratório Criminal, compareceu perante o Conselho Estadual de Operações Governamentais para pedir fundos para a compra de um lote que seria destinado ao enterro dos restos mortais do cemitério particular de Gein, que, naquela época, estavam armazenados no Laboratório Criminal havia cinco anos. As relíquias, explicou Wilson, poderiam simplesmente ser cremadas, mas ele havia recebido um pedido do bispo William O'Connor, da arquidiocese de Madison, pedindo que fossem mais uma vez enterradas em solo sagrado. Sem nenhuma hesitação, o conselho aprovou o pedido de Wilson, destinando 125 dólares para a aquisição de um lote no cemitério. Pouco tempo depois, cerca de uma década desde que haviam sido arrancados de seus túmulos, os restos mortais das vítimas de Eddie Gein foram, sem alarde, devolvidos à terra.

Pouco antes do sepultamento das relíquias de Gein, o governador eleito, John Reynolds, visitou o hospital psiquiátrico estadual em Waupun para realizar uma audiência orçamentária antes de assumir seu cargo. Durante o passeio pela instituição, Reynolds, acompanhado por uma multidão de repórteres, foi levado à oficina de artesanato, onde um pequeno homem grisalho estava curvado sobre uma mesa, polindo pedras para bijuterias. O governador eleito foi até o paciente, apertou sua mão e se apresentou, perguntando o que ele achava do hospital.

"Estou feliz aqui", respondeu o homenzinho, de maneira agradável. "É um bom lugar." Então, baixando um pouco o tom de voz, ele acrescentou: "Mas algumas pessoas aqui são bastante perturbadas".

O governador eleito assentiu com compreensão, disse ao homem que tinha sido um prazer conhecê-lo e seguiu em frente. Foi só então que um dos repórteres o informou de que ele acabara de apertar a mão de Edward Gein.

De fato, Eddie *estava* feliz no hospital; mais feliz, talvez, do que já estivera na vida. Ele se dava bem com os outros pacientes, embora na maior parte do tempo permanecesse sozinho. Comia três refeições por dia (os jornalistas que acompanharam Reynolds ficaram impressionados com o quanto Eddie parecia ter engordado desde a sua prisão, cinco anos antes). Ele continuou a ser um leitor ávido (embora tivesse que recorrer a novos assuntos, pois a biblioteca do hospital estava mal abastecida de histórias de atrocidades nazistas e livros sobre caçadores de cabeças nos Mares do Sul). Gostava das conversas regulares com os psicólogos da equipe e apreciava o trabalho artesanal que lhe era designado: polimento de pedras, fabricação de tapetes e outras formas de terapia ocupacional. Ele até desenvolveu um interesse em rádios amadores e teve permissão para usar o dinheiro que havia ganhado para encomendar um receptor barato do catálogo da Sears.

No geral, Eddie era um paciente perfeitamente amável, até mesmo dócil, um dos poucos internos do hospital que nunca havia precisado de medicamentos tranquilizantes para controlar sua loucura. Na verdade, para além de certas peculiaridades — a maneira desconcertante como olhava fixamente para as enfermeiras ou para qualquer outra funcionária que aparecesse em seu campo de visão, por exemplo — era difícil dizer que ele era mesmo insano.

Não que a condição subjacente de Eddie tivesse melhorado muito. "Duvido que algum dia o sr. Gein mude", disse o superintendente Schubert aos repórteres ao final da audiência de Reynolds. Contudo, ele acrescentou que Gein era um paciente modelo. "Se todos os nossos pacientes fossem como ele", afirmou Schubert, "não teríamos nenhum tipo de problema."

A cada seis meses, explicou o médico, a condição mental de Gein era avaliada por psiquiatras para determinar se ele estava apto para enfrentar julgamento. Não que Gein algum dia fosse libertado, acrescentou o médico às pressas. "Se ele for levado a julgamento, será considerado louco e devolvido ao hospital ou então considerado culpado e enviado à prisão." O juiz Bunde havia designado Gein ao Hospital Psiquiátrico do Estado apenas até o momento em que fosse considerado apto para ser julgado. Embora houvesse quem acreditasse que esse momento nunca chegaria (por volta desta época, durante um discurso no Clube Elks, o próprio Bunde anunciara que havia uma "possibilidade quase nula" de Gein ser levado a julgamento), o dr. Schubert não tinha plena certeza disso.

43
VOLTANDO PARA CASA

"O tribunal não aceita a história do réu. Ela simplesmente não soa verdadeira para mim."
Juiz Robert Gollmar

Em janeiro de 1968, precisamente dez anos depois de Eddie Gein ter sido enviado para o Hospital Psiquiátrico do Estado, o juiz Robert Gollmar recebeu uma carta do dr. Schubert, notificando-o de que, segundo a opinião da equipe psiquiátrica do hospital, Gein havia se recuperado o suficiente para compreender as acusações feitas contra ele e colaborar com a própria defesa. Em resumo, ele estava apto para ser levado a julgamento.

Gollmar, no entanto, só conseguiu balançar a cabeça diante da última frase escrita por Schubert. Gein, dizia o médico, continuava sofrendo de uma psicose esquizofrênica crônica. Do ponto de vista clínico, ele ainda era insano. Anos mais tarde, o juiz descreveria esta situação como um exemplo do que chamou de "o labirinto *Alice no País das Maravilhas* da jurisprudência norte-americana", o qual poderia levar, como neste caso, a um longo e custoso processo legal com um "fim predeterminado". Qualquer que fosse o resultado do julgamento, Gein acabaria de volta ao Hospital Psiquiátrico do Estado.

Contudo, Eddie Gein, que havia sido internado sem nunca ter sido julgado por seus crimes, tinha direito a seu dia no tribunal e, uma década depois de ter desaparecido da vista do público, ele enfim o teria.

A reabertura do caso Gein suscitou algumas reações bastante previsíveis: entusiasmo por parte da imprensa e protestos furiosos em Plainfield. Na cidade natal de Eddie, a pergunta que estava na boca de todos era a mesma que estampava a manchete de um editorial de um jornal local: "Caso Gein: por que desenterrá-lo?". Em Wisconsin, Gein até poderia ter se transformado em um personagem semilendário, um ogro de conto de fadas que ganhou vida e cuja história proporcionava arrepios empolgantes em crianças e adolescentes. Mas, entre os antigos habitantes da cidade de Eddie, os sentimentos continuavam à flor da pele quando o assunto era o pequeno e perturbado faz-tudo que massacrou uma de suas vizinhas mais queridas e, durante anos, atacou seus mortos.

Sentado em um restaurante em Wautoma, pouco antes do início da audiência preliminar de Eddie, um repórter do *Madison Capital Times* ouviu dois homens conversando no bar. "Charley", perguntou um deles, "você vai contribuir para o fundo de defesa de Gein que estamos organizando? Vamos comprar para ele um terno novo, sapatos novos e uma pá."

"Claro", acrescentou o outro homem. "Vou contribuir com uma bala calibre .30-06."

A sala do tribunal estava lotada de espectadores (em sua maioria, mulheres), assim como jornalistas, fotógrafos e equipes de televisão, todos presentes para o primeiro dia de processo, no dia 22 de janeiro de 1968. Enquanto os flashes disparavam e as câmeras dos noticiários chiavam, Gein, cercado por policiais, foi escoltado até o Tribunal do Condado de Wautoma e conduzido à mesa da defesa.

A imagem familiar de Eddie Gein — as bochechas encovadas, barba por fazer, o boné torto e roupas de trabalho amarrotadas — estava tão profundamente impressa na imaginação popular que sua aparição naquele dia, a primeira vez em que era visto publicamente em dez anos, causou um choque em todos. Apesar da palidez, ele havia claramente prosperado no Hospital Psiquiátrico do Estado. Todos ficaram impressionados com os quilos que ele havia ganhado no corpo outrora franzino. Ainda mais notável era seu estilo de roupa: terno azul, camisa branca impecável, gravata listrada vermelha e azul e sapatos pretos engraxados até ficarem brilhantes. Com o cabelo grisalho bem cortado e o rosto recém-barbeado, ele decerto parecia distinto.

Porém, apesar de toda a elegância, ele parecia bastante desconfortável e envergonhado perante os olhares dos espectadores e os clamores da imprensa. O juiz Gollmar — um cavalheiro cortês e bem-humorado, cujo pequeno cavanhaque branco o fazia parecer mais um coronel do Kentucky do que um juiz de condado — permitiu que os jornalistas permanecessem na sala, sentados no banco dos jurados, mas os advertiu contra tirarem fotos de Gein enquanto o tribunal estivesse em sessão.

No entanto, assim que o recesso foi convocado, os jornalistas se aglomeraram em torno da mesa da defesa, enfiando microfones e câmeras na cara de Eddie e bombardeando-o com perguntas. Gein parecia atordoado com toda aquela atenção. Ele conseguiu gaguejar uma resposta quando questionado sobre a pronúncia correta de seu nome: "Algumas pessoas dizem 'Gine', mas nós... eu... sempre disse 'Geen'. É meio a meio, não sei".

Porém, quando os jornalistas continuaram o atacando com perguntas, seu guardião, o xerife Vergili Batterman, o "Buck", levantou-se da mesa e ordenou que se retirassem. Gein colocou um chiclete na boca e começou a mascar, nervoso, mantendo o olhar fixo em frente. Tímido, quieto e mais velho, ele parecia tão diferente do monstro insano da lenda que, vendo seu desconforto, alguns dos espectadores ficaram surpresos ao perceber que estavam com pena dele. "Não acredito", comentou uma mulher de meia-idade, voltando-se para a amiga. "Na verdade, quase sinto pena daquele velhote solitário. Mas então começo a lembrar do passado..."

Por fim, uma vez dissipada a empolgação inicial associada ao ressurgimento de Gein, o julgamento revelou-se, como previra o juiz Gollmar, um caso prolongado e bastante anticlimático, com um resultado previsível e bem pouco drama. Quando as questões preliminares foram resolvidas — a nomeação de advogado, moções para suprimir provas e arquivar o caso, a apresentação de petições, uma decisão da suprema corte estadual sobre a validade da denúncia original e do mandado contra Gein e diversas manobras legais —, mais de nove meses haviam se passado. Foi no início de novembro que o julgamento finalmente começou.

E durou apenas uma semana. A equipe de defesa de Eddie consistiu em seu advogado de 1958, William Belter (que renunciou ao cargo de promotor assistente do Condado de Waushara para representar seu antigo cliente), um advogado chamado Nicholas Catania e o principal advogado da defesa, Dominic Frinzi, de Milwaukee. Os promotores do caso foram Robert E. Sutton de Milwaukee e o promotor do Condado de Waushara, Howard Dutcher.

A pedido da defesa, que havia apresentado alegações de inocência e inocência por motivo de insanidade, o julgamento foi conduzido perante o juiz Gollmar sem um júri. Seria um julgamento "bifurcado" ou dividido. Primeiro, Gein seria julgado por homicídio doloso pela morte de Bernice Worden. Então, caso fosse considerado culpado, um segundo julgamento seria realizado logo em seguida para determinar se ele estava são no momento do assassinato.

O julgamento começou na quinta-feira, 7 de novembro de 1968. Na tarde seguinte, a promotoria encerrou seus argumentos. Ao todo, sete testemunhas foram chamadas para depor, incluindo Leon Murty, conhecido como "Specks", o antigo assistente do xerife que descreveu o rastro de sangue encontrado na loja vazia da sra. Worden na noite de 16 de novembro de 1957; o capitão Lloyd Schoephoerster, cujo relato explícito da descoberta do corpo decapitado e eviscerado da sra. Worden provocou espanto nos espectadores; e vários técnicos do Laboratório Criminal que testemunharam que a bala extraída da cabeça da sra. Worden havia sido disparada por um rifle calibre .22 em sua loja e que as impressões encontradas na arma correspondiam com as do dedo médio esquerdo e da palma superior direita de Gein.

Contudo, uma testemunha importante estava faltando no julgamento: o ex-xerife Arthur Schley, cujo manuseio brusco de Gein na noite de sua prisão havia sido um problema na fase anterior do processo. Em março de 1968, poucos meses antes do início do julgamento, Schley — na época, um dos cidadãos mais preeminentes de Waushara, dono de inúmeras propriedades à beira do lago e chefe da comissão rodoviária do condado — sofreu um ataque cardíaco fatal após passar uma noite de sexta-feira fritando peixes com a esposa e alguns amigos. Ele tinha 43 anos e havia quem achasse que a ansiedade causada por ter sido intimado para depor no julgamento que se aproximava poderia ter contribuído para sua morte prematura.

Na tarde de sexta-feira, o promotor especial Sutton encerrou seu caso. Argumentando que as provas circunstanciais apresentadas durante sua apresentação de dois dias constituíam "prova conclusiva" da culpa do réu, Sutton terminou com um floreio, citando *Henrique VI, Parte II*, de Shakespeare:

> Quem encontra a novilha morta e ainda sangrando,
> E vê depressa um açougueiro com um machado,
> Não suspeitaria que foi ele quem fez matança?

Após ouvir e rejeitar uma moção do advogado de defesa Frinzi para que a acusação de homicídio contra Gein fosse descartada com base na insuficiência de provas, o juiz Gollmar suspendeu o julgamento até a manhã da terça-feira seguinte, 12 de novembro, quando a defesa apresentaria o seu caso.

Na terça-feira, quando o julgamento foi retomado, Gein foi a principal testemunha da defesa. Ao longo de seu depoimento, ele afirmou com firmeza que havia atirado na sra. Worden por acidente, quando o rifle que estava examinando disparou sem querer após ele inserir uma bala de calibre .22 no pente para se certificar de que a arma poderia acomodar um cartucho daquele calibre. Quanto aos acontecimentos posteriores — a remoção do corpo da sra. Worden da loja e a mutilação de seu cadáver —, Gein insistiu que não se lembrava de nada a respeito. Ele teorizou que a visão da sra. Worden morta no chão da loja de ferragens deve ter feito com que ele perdesse a memória. Desde pequeno, explicou Eddie, sempre que via sangue "desmaiava ou apagava. É por isso que não consigo me lembrar".

Um dos poucos momentos dramáticos do dia ocorreu durante a acareação de Eddie por Sutton, quando o promotor pediu que ele olhasse as fotos tiradas pela polícia da carcaça aberta da sra. Worden pendurada nas vigas do telhado do galpão. Sutton perguntou a Gein se ele se lembrava "do que essas fotos retratavam". No entanto, mais uma vez, Eddie negou qualquer conhecimento da carnificina. "Eu sei o que elas retratam", respondeu. "Mas não me lembro de ter visto nada assim." O que tornou o momento tão perturbador, porém, não foi o que Gein disse, mas a maneira como examinou as fotografias. Ele as segurou nas mãos por quase cinco minutos, contemplando-as, conforme afirmou Sutton mais tarde, da mesma forma que outro homem desfrutaria de um pôster central da *Playboy*.

Na quinta-feira, 14 de novembro de 1968 — apenas uma semana depois do início do julgamento e quase exatos onze anos desde que Frank Worden retornou de um dia sem sorte de caça ao cervo e descobriu que a mãe havia desaparecido de sua loja —, Edward Gein foi considerado culpado por homicídio doloso pela morte de Bernice Worden. Ao proferir sua decisão, o juiz Gollmar rejeitou a alegação de Gein de que o assassinato teria sido acidental, observando, entre outras coisas, que as ações de Gein "logo após o tiroteio" lançavam um certo grau de dúvida sobre essa desculpa em particular. Em vez de se comportar como "a maioria das pessoas se comportaria em um tiroteio acidental", correndo "para a rua em busca da ajuda imediata de um médico", Gein, explicou Gollmar, "carregou o corpo em um caminhão e depois em seu carro. E embora ele tenha testemunhado que não tem nenhuma lembrança pessoal de dissecar o corpo, acho que não há dúvida de que isso foi feito pelo réu e que ele a pendurou em seu galpão.

"Essa linha de conduta", concluiu Gollmar, "não se enquadra com um tiroteio acidental."

Logo após o juiz proferir seu veredito, a segunda fase do julgamento, para determinar se Gein estava são no momento do assassinato, começou. Foram necessárias apenas algumas horas para concluir esta parte do processo. Duas testemunhas foram chamadas a depor: o dr. E. F. Schubert e o dr. William Crowley, diretor da divisão norte do Hospital Psiquiátrico do Condado de Milwaukee. Ambos os psiquiatras reiteraram que Gein era um esquizofrênico de longa data. Após ouvir esses depoimentos, o juiz Gollmar proferiu sua decisão: "O tribunal considera que, em 16 de novembro de 1957, o réu, Edward Gein, estava sofrendo de uma doença mental. O tribunal ainda considera que, como resultado desta doença mental, ele não tinha capacidade suficiente para adequar a sua conduta às exigências da lei. O tribunal, portanto, considera o réu inocente por motivo de insanidade".

Assim, por meio de um julgamento bifurcado, Eddie Gein foi condenado e absolvido — culpado por homicídio doloso pela morte de Bernice Worden e inocente por motivo de insanidade —, tudo no mesmo dia. Ele então foi devolvido ao Hospital Psiquiátrico do Estado para os Criminalmente Insanos. O julgamento do homem que cometera o conjunto de crimes mais horríveis da história de Wisconsin havia enfim chegado a seu fim predeterminado.

Antes de Gein ser devolvido ao hospital psiquiátrico, a imprensa teve uma breve oportunidade de se encontrar com ele. A entrevista de dez minutos foi conduzida em uma sala de conferências do tribunal repleta de livros. Eddie sentou-se a uma pequena mesa, respondendo às perguntas em um tom de voz tão baixo que os repórteres no fundo da sala tiveram dificuldade em ouvi-lo.

Ele estava usando o mesmo terno azul que vestira durante todo o processo. Era o único que possuía e que agora parecia tão folgado e amassado quanto suas antigas roupas de trabalho. Assim como os espectadores do julgamento, foi difícil para os jornalistas imaginarem a pequena e tímida figura que estava sentada diante deles como um monstro. Ele parecia, como descrito por um dos repórteres mais tarde, "um velho angustiado, quase patético".

Questionado sobre como se sentia em relação ao veredito, Eddie respondeu que estava acima de tudo aliviado pelo fim do julgamento. Ele não esperava ficar em liberdade e estava, na verdade, ansioso para voltar ao hospital. "Eles nos tratam muito bem lá", declarou.

Como já havia feito no passado, ele atribuiu seus problemas às circunstâncias externas. "O local tem muito a ver com a vida de uma pessoa", refletiu. "Acredito que se tivéssemos ficado em La Crosse, isso nunca teria acontecido. Acredito que tive azar ao me mudar para uma localidade onde as pessoas não eram tão amigáveis quanto deveriam ser."

Um dos repórteres perguntou o que ele teria feito se tivesse sido posto em liberdade. "Não sou capaz de dizer", respondeu Eddie. Porém, uma coisa era certa: ele não teria retornado para Plainfield. "Não há mais nada lá, nada de interessante."

Ele concluiu afirmando que não guardava rancor da sociedade e, em geral, não tinha nenhum ressentimento pela forma como as coisas haviam se desenrolado. Durante sua estadia no hospital, afirmou que tinha visto muitos "outros em situação pior do que a minha".

"Pelo menos tenho a minha saúde", declarou ele.

Alguns momentos depois, a conferência de imprensa foi encerrada e Eddie foi conduzido à viatura que o levaria de volta ao hospital psiquiátrico. Ele estava voltando para casa.

44

O FIM DO MONSTRO DE PLAINFIELD

"O assassino carregado de culpa fugirá até
a cova; que ninguém o detenha!"
Provérbios 28:17

A ordem do juiz Gollmar de reconduzir Gein ao Hospital Psiquiátrico do Estado não excluía por completo a possibilidade de uma eventual libertação de Eddie, uma vez que previa que Gein deveria permanecer institucionalizado até que os funcionários do hospital considerassem que ele estava são e que sua alta não seria um perigo para a sociedade. Ainda assim, embora o dr. Schubert não descartasse a remota possibilidade de uma cura milagrosa para a esquizofrenia ser descoberta durante a vida de Eddie, as chances de que Gein (naquela época com 62 anos) recuperasse sua sanidade pareciam escassas, para dizer o mínimo.

Logo, foi um choque para a maioria das pessoas quando, em fevereiro de 1974, Eddie Gein apresentou uma petição ao oficial de justiça do Condado de Waushara, alegando que tinha "recuperado totalmente sua saúde mental e era completamente competente, não havendo razão para permanecer em qualquer hospital".

Em discussões com jornalistas, o dr. Schubert continuou descrevendo Gein como um indivíduo bem adaptado à vida no hospital psiquiátrico. Durante os últimos anos, Eddie trabalhara como ajudante de carpinteiro, pedreiro e atendente de hospital, ganhando 1,50 dólar por semana. Ele havia aberto uma conta poupança e acumulado quase 300 dólares. Durante o tempo livre, ele assistia à televisão (gostava em especial de jogos com bola), ouvia seu rádio de ondas curtas, lia livros e revistas. Era livre para vagar pelo prédio e pelos jardins. Embora continuasse sendo uma pessoa solitária e tivesse pouco contato com outros pacientes (que o consideravam "estranho"), nunca causara nenhum tipo de problema.

No entanto, depois de passar dezessete anos trancado em um hospital psiquiátrico, Eddie começou a se sentir aprisionado. "Duvido que alguém consiga ser feliz lá", diria mais tarde aos jornalistas que lhe perguntaram se estava satisfeito no Hospital Psiquiátrico do Estado. "Se você quer ir a algum lugar, não pode ir. É da natureza humana querer ir a lugares." Eddie não tinha certeza para onde iria se conseguisse sua liberdade. Mas uma coisa era certa: ele queria sair.

A petição de Eddie foi analisada pelo juiz Gollmar, que ordenou que diversos psiquiatras reexaminassem Eddie, marcando uma audiência para 27 de junho. No dia da audiência, uma quinta-feira quente e ensolarada, Eddie compareceu ao Tribunal do Condado de Waushara vestindo seu terno azul, a gravata listrada e a camisa branca, parecendo consideravelmente mais velho do que seis anos antes. Um pouco antes do início da audiência, ele se reuniu com a imprensa, sorrindo para as câmeras, brincando com um artista de televisão que havia esboçado às pressas seu retrato falado ("Você poderia ter me deixado um pouco mais bonito", disse Eddie com um sorriso) e respondendo às perguntas com tranquilidade.

O que, perguntou um repórter, Eddie considerava uma questão importante no mundo de hoje?

"Trabalho", respondeu ele. "Em alguns lugares, há mais pessoas querendo trabalhar do que há emprego e em outros lugares é o contrário."

Para onde ele iria caso fosse posto em liberdade?

Eddie afirmou que provavelmente se mudaria para uma cidade grande, onde havia melhores oportunidade de emprego. "Conheço vários ofícios. Posso fazer quase tudo."

Quando um jornalista indagou se ele consideraria voltar para o Condado de Waushara, Eddie balançou a cabeça. Não havia motivo para voltar para lá, disse ele, embora acreditasse que, se o fizesse, "não teria problemas com a população local".

E quanto a seus relacionamentos com mulheres, quis saber um repórter. Como eles eram hoje em dia?

Eddie sorriu com timidez. As únicas mulheres com quem tinha contato eram as enfermeiras do hospital, explicou, e seu relacionamento com elas era completamente normal. Afinal, disse Eddie com uma piscadela, "elas são todas casadas".

Pelo que os repórteres podiam perceber, o fato mais notável sobre o homenzinho de cabelos grisalhos era o quão comum ele parecia ser. Era simpático, educado e tinha uma voz suave; um pouco nervoso, talvez, mas ainda assim perfeitamente lúcido. Ele decerto não parecia nem soava como um louco. Talvez (por mais improvável que isso parecesse), ele tivesse recuperado a sanidade depois de tudo.

Então foram iniciados os depoimentos dos médicos.

O primeiro psiquiatra a testemunhar foi o dr. Thomas Malueg. No início do ano, após concluir o exame de Eddie, Malueg havia encaminhado um relatório ao juiz Gollmar no qual confirmava que "para qualquer observador casual" Gein "não apresentaria nenhuma evidência óbvia de um transtorno mental grave". Ele era "amigável" e "disposto a falar às claras" (pelo menos "quando discutia algum assunto relativamente não ameaçador"). Seus "processos de pensamento, no geral, estavam intactos e razoavelmente bem-organizados".

No entanto, Malueg relatou que havia indicações inequívocas de que a psicose de Gein estava latente logo abaixo da superfície, pronta para ser reativada sob as condições adequadas. Sempre que Malueg fazia perguntas diretas a Eddie sobre seus crimes, por exemplo, ele ficava muito agitado. "Não quero remexer no passado", dizia com raiva. "Se você mexer no passado pode se queimar com o próprio fogo. Por fazerem as pessoas desenterrarem o passado, os psiquiatras provavelmente são responsáveis por muitos dos problemas no mundo. Acho que muitos dos prisioneiros daqui podem sair e matá-los, roubá-los e espancá-los por desenterrarem o passado."

As interpretações de Eddie sobre provérbios comuns também eram, nas palavras do dr. Malueg, "muito personalizadas". Malueg apresentou a Eddie alguns ditados famosos e perguntou o que ele achava que significavam.

Malueg começou com: "Quem tem telhado de vidro não atira pedra no do vizinho". Gein respondeu sem hesitação: "Todo mundo tem algo que deseja acobertar".

"Não chore pelo leite derramado", disse Malueg.

"Não desenterre o passado; o que está feito, está feito", respondeu Eddie.

"Águas paradas são profundas", citou Malueg.

Eddie pensou por um momento e então respondeu: "Algumas pessoas são calmas na superfície e esquentadas na profundeza".

Malueg ainda tinha mais uma: "Mais vale um pássaro na mão do que dois voando".

Por alguma razão, Eddie pareceu se divertir com esse provérbio. Ele riu, escreveu Malueg em seu relatório, "de uma maneira um tanto inadequada" antes de fornecer sua interpretação: "Se você tem um pássaro na mão", disse Eddie, "você pode apertá-lo com muita força e matá-lo".

Era evidente que Gein ainda era um homem doente, uma possível ameaça para si mesmo e para os outros. No entanto, Malueg acreditava que, por mais que não devesse ser liberado ou até mesmo transferido para um centro de reintegração, ele poderia prosperar em um hospital diferente, sugerindo então que fosse transferido para o Instituto de Saúde Mental de Winnebago, um "estabelecimento menos restrito" do que o Hospital Psiquiátrico do Estado.

As três testemunhas restantes, no entanto, não compartilhavam da mesma crença do dr. Malueg. O dr. Leigh M. Roberts, chefe do Departamento de Psiquiatria da Faculdade de Medicina da Universidade de Wisconsin, testemunhou que a condição de Gein — em específico, sua "tolerância ao estresse" — havia piorado significativamente nos últimos anos e desaconselhou uma transferência para Winnebago devido à "acessibilidade de mulheres" por lá. Tanto o dr. Schubert quanto o dr. George Arndt (que, anos antes, havia pesquisado e escrito sobre o fenômeno do "humor Gein") concordaram que o melhor lugar para Gein ainda era o Hospital Psiquiátrico do Estado. Mandá-lo para o mundo — ou mesmo para uma instituição com menos supervisão — seria um erro. "Não creio que agora ele tenha forças para lidar com a sociedade", afirmou Schubert, "e acho que ele nunca teve forças para tanto." Gein, afirmou o médico, estava absolutamente sozinho no mundo. Em todos os seus anos de confinamento, ele nunca havia recebido uma única visita. Se fosse deixado à própria sorte, ele "seria uma pessoa patética, confusa e deslocada", um pária social e uma potencial vítima de exploração.

Por fim, após um longo dia de depoimentos na pequena, superlotada e abafada sala do tribunal, o juiz Gollmar não teve escolha a não ser rejeitar a petição de Gein. Destacando que se Eddie tivesse sido condenado à prisão perpétua pelo assassinato da sra. Worden, ele já teria sido elegível para a liberdade condicional, Gollmar afirmou que gostaria de saber uma maneira de dar um pouco de liberdade a Gein. Mas não tinha o poder de transferir Eddie para Winnebago.

Quanto a "arrancá-lo" do hospital psiquiátrico e "colocá-lo de volta na rua", Gollmar concordou com os especialistas. "Acho que seria perigoso para o próprio sr. Gein colocá-lo em liberdade. Sei que seria algo terrivelmente frustrante para ele. Esta é uma situação Rip Van Winkle.* Ele não conseguiria resolver simples questões do dia a dia. Após tantos anos em uma instituição, o sr. Gein teria dificuldade em atravessar a rua ou conseguir comida e um lugar para dormir.

"As pessoas podem não o tratar muito bem. Algumas podem até tentar se aproveitar dele."

Após anunciar sua decisão de reconduzir Gein ao Hospital Psiquiátrico do Estado, Gollmar encerrou a sessão. Eddie, que aceitou a decisão com a tranquilidade de sempre, levantou-se e caminhou em direção à saída. Enquanto passava pelos espectadores na primeira fila de bancos, notou uma garotinha sentada ao lado da mãe e deu um largo sorriso. "Está muito quente aqui", comentou ele, baixinho.

Na manhã seguinte, Eddie foi levado de volta ao Hospital Psiquiátrico do Estado, onde retornou sem alarde às atividades que faziam parte de sua vida: colocar suas habilidades de faz-tudo em prática no hospital, ouvir as notícias em seu rádio de ondas curtas e sonhar com a viagem ao redor do mundo que planejava fazer algum dia, assim que tivesse economizado dinheiro suficiente.

* Personagem do conto homônimo escrito por Washington Irving em 1819 sobre um homem que adormece por vinte anos e acorda em um mundo completamente diferente após a revolução norte-americana.

No final das contas, Eddie conseguiu sair do Hospital Psiquiátrico do Estado, mas apenas para ser transferido para outra instituição. Em 1978, quando o Hospital foi convertido em uma "instalação correcional", Gein, junto a outros nove pacientes, foi transferido para o Instituto de Saúde Mental Mendota, em Madison. De acordo com o porta-voz do Departamento Estadual de Saúde e Serviços Sociais, Gein foi considerado elegível para a transferência "em virtude de sua condição estável e baixo status de segurança". A essa altura, ele já tinha 72 anos e estava frágil, com a saúde debilitada e começando a apresentar os primeiros sinais de senilidade.

Ele logo se tornou a celebridade do hospital. Os novos funcionários — enfermeiras, auxiliares e funcionários administrativos — mal podiam esperar para dar uma olhada no notório Edward Gein. Quando Eddie foi designado a seus cuidados, eles mal podiam acreditar que aquele homenzinho gentil, que se arrastava devagar pelos corredores ou pelos vastos terrenos da instituição, fosse o mesmo monstro que assombrara seus sonhos infantis.

Eddie ainda aparecia nas notícias. Um ano após sua transferência para Mendota, um assassinato particularmente horrível aconteceu em Milwaukee. Uma mulher de 86 anos, chamada Helen Lows, foi encontrada espancada até a morte em seu quarto. Os olhos haviam sido arrancados e cortes tinham sido feitos em seu rosto, ao que tudo indicava na tentativa de descolar a pele do crânio.

O suspeito preso pelo crime acabou sendo um antigo paciente psiquiátrico chamado Pervis Smith, que, em 1974, havia sido internado no Hospital Psiquiátrico do Estado. Lá, contou ele à polícia, aprendeu todos os tipos de coisas interessantes sobre assassinato, mutilação e fabricação de máscaras faciais humanas com seu melhor amigo do hospital, o "Pequeno Eddie" Gein.

Gein tinha 78 anos, estava senil e sofrendo de câncer quando morreu de insuficiência respiratória na enfermaria geriátrica de Mendota em 26 de julho de 1984. Jornais de todo o mundo publicaram o obituário do homem cujos crimes serviram de base para o filme *Psicose*, de Alfred Hitchcock, já há muito reconhecido como um clássico do cinema norte-americano.

Na madrugada seguinte, entre 3h e 6h, Gein foi enterrado em um lote não identificado no Cemitério de Plainfield. Apenas alguns funcionários da Funerária Gasperic estiveram presentes para testemunhar o enterro.

No entanto, uma mulher que morava nas redondezas notou algumas luzes vindas do cemitério naquela hora imprópria e, na manhã seguinte, notificou sua amiga, uma correspondente de notícias chamada Linda Akin, que dirigiu até o cemitério para investigar. Demorou um pouco, mas Akin por fim encontrou o local. "Eles tentaram fazer parecer como se não houvesse uma nova sepultura", explicou ela mais tarde. "Da próxima vez que chover, ninguém vai saber que há um túmulo ali." Mas havia uma sepultura recente, a qual foi cavada no único local apropriado.

Eddie havia sido sepultado bem ao lado da mãe.

Entre os mistérios deixados sem solução com a morte de Gein estava o número exato e a identidade de suas vítimas. Desde o momento de sua prisão até os dias de hoje, muitas pessoas acreditam que Gein cometeu mais assassinatos do que os dois casos que confessou. Elas parecem especialmente convencidas de que ele foi o responsável pelo desaparecimento de duas garotas, Georgia Weckler e Evelyn Hartley.

Outras pessoas, porém, acham que Gein era, como ele mesmo havia afirmado, inocente desses crimes. Era óbvio que ele era capaz dos atos mais perturbadores e horríveis, como roubo de sepulturas, necrofilia, mutilação sexual e muito mais. No entanto, segundo muitos indivíduos que o conheciam, raptar crianças simplesmente não era seu estilo. Eddie, argumentavam, não estava interessado em crianças. Como os casos de Mary Hogan e Bernice Worden revelam, sua insanidade em particular envolvia o rapto e o massacre de mães.

Além das questões não resolvidas, Eddie deixou algo mais: um legado de terror. A essa altura, ele é apenas uma lembrança ruim para os cidadãos mais velhos de Plainfield. Mas é uma memória que não vai embora. Ainda hoje, a maioria dos habitantes da cidade prefere não falar sobre Eddie ou até mesmo ouvir seu nome ser mencionado. Na verdade, sua maior esperança é de que um dia o nome dele seja totalmente esquecido e que a comunidade não seja mais identificada na mente do público como a cidade natal do assassino mais infame e pervertido de Wisconsin.

No entanto, essa esperança mostrou-se cada vez mais ilusória. Na verdade, nos trinta anos que se passaram desde que seus crimes se tornaram conhecidos por um público horrorizado e incrédulo, a notoriedade de Gein apenas aumentou, em grande parte graças a seu impacto na cultura popular norte-americana. Em 1974, um jovem cineasta de Austin chamado Tobe Hooper — que quando criança ouvira histórias do monstro de Wisconsin através de parentes que vinham visitá-lo — transformou suas memórias infantis sobre os horrores de Gein em um dos filmes mais angustiantes já feitos: *O Massacre da Serra Elétrica*. Um triunfo do drive-in à la Grand Guignol, o filme de Hooper desencadeou uma enxurrada de filmes adolescentes violentos conhecidos coletivamente como "splatter", com títulos como *O Assassino da Furadeira*, *Os Assassinatos da Caixa de Ferramentas* e *Motel Diabólico*. Além do clássico exploitation de Hooper, mais duas produções foram baseadas diretamente na lenda de Gein: um chocante filme de baixo orçamento chamado *Confissões de um Necrófilo* e outra sangrenta produção com um orçamento ainda menor e com o título incrivelmente animado de *Three on a Meathook* [Três em um gancho de carne, em tradução livre].

Com efeito, pode-se argumentar que, na medida em que *Psicose* de Hitchcock foi o protótipo de todos os filmes "slasher" que se seguiram, a figura de Eddie Gein está por trás de todos os psicopatas empunhando facas, machados e motosserras que percorreram as telonas durante a década de 1980, atacando adolescentes excitados em filmes como *Halloween — A Noite do Terror*, *Sexta-Feira 13*, *A Hora do Pesadelo* e todos os seus imitadores e sequências. Se pode existir algo como um psicopata seminal, essa honra duvidosa com certeza deve pertencer a Eddie Gein, o santo padroeiro dos "splatters" e avô do "gore".

Mesmo tantos anos mais tarde, o fascínio público pelo caso continua vivo. Em novembro de 1987, o *Madison Capital Times* publicou um artigo sobre um dos psiquiatras que entrevistou Gein no momento de sua prisão. Com a manchete "Ed Gein, o assassino infame, era 'sensível', diz o psiquiatra", o artigo citava o dr. Leonard Ganser, psiquiatra aposentado do Departamento Estadual de Saúde e Serviços Sociais que descreveu Eddie como "sempre atencioso e cortês", um "homem sensível" que "não queria ofender ninguém".

Em outubro de 1987, o juiz Robert Gollmar morreu aos 84 anos, após uma longa e ilustre carreira, durante a qual presidiu dezenas de julgamentos de homicídios famosos. Mas, como seus obituários deixaram claro, foi por seu papel como juiz no "julgamento de '*Psicose*'" (como chamou o *New York Times*) que ele seria lembrado para sempre.

Nos últimos anos, Eddie foi tema de peças de teatro, documentários e histórias em quadrinhos. No início da década de 1980, um cineasta de Minnesota anunciou seus planos de fazer um filme baseado na história de Gein intitulado *A Nice Quiet Man* [Um homem agradável e tranquilo, em tradução livre]. O produtor insistiu que não seria um "filme de entranhas e sangue", mas sim "um filme com uma mensagem" (a mensagem sendo "que é responsabilidade da sociedade detectar comportamentos bizarros e ajudar aqueles que precisam"). O produtor não tinha esperanças de conseguir uma grande estrela para o papel de Eddie Gein. Para Bernice Worden, ele esperava conseguir Joanne Woodward.

Contudo, a prova mais sucinta e eloquente do permanente fascínio exercido por Gein — de seu status de figura cult contemporânea e ícone imortal da cultura pop — talvez tenha sido um anúncio classificado que apareceu em uma edição de uma publicação chamada *Fangoria*, um revista mensal dedicada exclusivamente ao "horror no entretenimento". O anúncio (que vinha de uma empresa chamada Bates Enterprises) era de uma camiseta serigrafada criada em homenagem ao "cara que deu início a tudo".

A mensagem na camiseta, impressa em letras montadas a partir de sangue, ossos e partes do corpo, dizia: "Ed Gein vive".

Type or Print in Permanent Black Ink

FORM No. VS-12
100M-REV. 1-79

STATE OF WISCONSIN
DEPARTMENT OF HEALTH AND SOCIA

ORIGINAL CERTIFICATE O

Reserved for Coding

LOCAL FILE NUMBER 1537

Race 3

Institution

Occupation

Out of State Residence

DECEASED

DECEDENT NAME First Edward Middle Last Ge

1\. RACE (e.g., White, Black, Hispanic, American Indian, etc.) 4. White

AGE Last Birthday 5a. 77 Years | UNDER 1 YEAR 5b. Mos. Days | UNDER 1 DAY 5c. Hours Mins. | DATE OF 6.

CITY, VILLAGE OR TOWNSHIP OF DEATH 7. Madison

HOSPITAL OR OTHER INSTITUTION 7a. Mendota Men

STATE OF BIRTH (If not in U.S.A., name country) 8. Wisconsin

CITIZEN OF WHAT COUNTRY 9. USA

MARITAL STATUS 10. 1. Married 2. Separated 3. Divorced 4. Never Married (X) 5. Widowed

SOCIAL SECURITY NUMBER 13. 388-28-8860

USUAL OCCUPATION (Give kind of work during most of working life, even if retired) 14a. Farming Labo

RESIDENCE-STATE 15a. Wisconsin

COUNTY 15b. Dane

CITY, VILLAGE OR TOWNSHIP OF RESIDENCE 15c. Madison

PARENT

FATHER-NAME First George Middle Last Gein 16.

MOT 17.

INFORMANT NAME (Type or Print) 18a. William N. Belter

MAILING ADDRESS 18b. P O Box 897

BURIAL

19a. (X) 1. Burial 2. Cremation 3. Entombment 4. Removal 5. Other

CEMETERY OR CREMATORY NAME 19b. Plainfield Village

FUNERAL SERVICE LICENSEE Or Person Acting As Such Signature 20a. William H. Sager

NAME OF FACILITY 20b. Gasperic F.H.

CERTIFICATION

To be Completed by CERTIFYING PHYSICIAN Only

21a. To the best of my knowledge, death occurred at the time, date and place and due to the cause(s) stated.

Signature and Title L. J. Hansen MD

DATE SIGNED 21b. 7 26 1984 Month Day Year

HOUR OF DEATH 21c. 7:45 A.M.

NAME OF ATTENDING PHYSICIAN IF OTHER THAN CERTIFIER (Type or Print) 21d.

To be Completed by MEDICAL EXAMINER

NAME AND ADDRESS OF CERTIFIER (PHYSICIAN, MEDICAL EXAMINER OR CORONER) 23. Leonard Hansen MD 304 Tru

REGISTRAR

24a. Signature ▶ Carl R. Mahnke

CAUSE

25. PART I Conditions if any which gave rise to immediate Cause stating the underlying cause last.

IMMEDIATE CAUSE (ENTER ONLY ONE CAUSE PER L

(a) Respiratory failure

DUE TO, OR AS A CONSEQUENCE OF

(b) Carcinomatosis

DUE TO, OR AS A CONSEQUENCE OF

(c) Carcinoma of Colon

PART II OTHER SIGNIFICANT CONDITIONS-Conditions contributing to death but not related to cause

Schizophrenic Disorder Chronic

Sample UCOD

Accident UCOD

National Safety Council Codes

ACCIDENT

28a. 1. Accident 2. Suicide 3. Homicide 4. Undet. 5. Pend. Invest.

DATE OF INJURY 28b. Month Day Year

HOUR OF INJURY 28c. M

DESC 28d.

INJURY AT WORK 28e. Yes No

PLACE OF INJURY-At home, farm, street, factory, office building, etc. (Specify) 28f.

LOCA 28g.

EXTRAS

ALÉM DE PSICOSE

POSFÁCIO

ED GEIN E A CONSTRUÇÃO DO MONSTRO MODERNO

> "O pequeno buraco era apenas uma rachadura na parede do outro lado, mas ele conseguia ver através dele. (...) Via o suficiente. Deixe as vadias rirem dele. Ele sabia mais sobre elas do que podiam imaginar."
> Robert Bloch, *Psicose*

É difícil conceber que um homem aparentemente comum do remoto estado de Wisconsin, nos Estados Unidos, tenha inspirado três dos maiores filmes de terror já produzidos. Filmes de terror que não apenas foram sucesso de bilheteria e críticas, mas que também redefiniram para sempre o gênero, impactando a forma como o conhecemos hoje. Se você perguntar para qualquer pessoa, fã ou não de terror, se ela já ouviu falar de *Psicose*, *O Massacre da Serra Elétrica* e *O Silêncio dos Inocentes*, é muito provável que a resposta seja sim. Além de seu impacto dentro do gênero, estas três produções são exemplos de títulos reconhecíveis por um público geral, conhecidos até mesmo por pessoas que não gostam do gênero, atingindo um nível de imortalidade cultural e deixando sua marca na história do cinema.

No entanto, se você perguntar para essas mesmas pessoas se elas sabem que *Psicose*, *O Massacre da Serra Elétrica* e *O Silêncio dos Inocentes* foram inspirados em um caso real da década de 1950, a resposta provavelmente vai ser não. Afinal de contas, fora do mundo do true crime e do terror, pouco se fala sobre Edward Theodore Gein e o impacto que seus crimes tiveram na cultura popular. Mas sejamos justos. Ed Gein não é um nome familiar como o de Ted Bundy e Jeffrey Dahmer. Para começo de conversa, ele não foi um assassino em série convencional, o que lhe relegou a uma espécie de categoria própria. Como o livro que você tem em mãos brilhantemente elucidou, Gein não apenas fez um número de vítimas substancialmente menor do que Bundy ou Dahmer, por exemplo, mas também tinha outra mentalidade. Ele não era um sádico sexual que obtinha prazer em torturar ou matar suas vítimas. Na verdade, Gein era predominantemente um ladrão de corpos, muito mais interessado em mulheres que já estavam mortas há algum tempo. No entanto, por mais que seu nome não seja tão famoso quanto o de outros assassinos em série que chocaram o mundo com seus crimes hediondos e são constantemente retomados por documentários, filmes e séries de televisão, Gein é possivelmente aquele que causou o maior impacto na cultura popular e no terror enquanto um gênero de entretenimento.

A incursão de Gein no mundo do terror começou apenas dois anos após seus crimes se tornarem manchete nacional, quando em 1959 um escritor americano chamado Robert Bloch publicou uma pequena e despretensiosa obra chamada *Psicose*. Não demorou muito para que o cineasta britânico Alfred Hitchcock enxergasse o potencial da história e adquirisse seus direitos para uma adaptação cinematográfica. O resto é história e todos sabemos o impacto que a produção de Hitchcock teve no meio audiovisual. Mas ainda há uma pergunta que não quer calar depois de tantas décadas: por que o caso de Ed Gein chamou a atenção de Bloch, de Hitchcock e de tantos artistas que vieram depois?

Talvez a resposta esteja na singularidade de Gein. Não há nenhum outro caso ao qual ele possa ser comparado na história criminal americana. Não há nenhum outro assassino como Ed Gein. Ninguém fez o que ele fez. Seus crimes não chocaram o público apenas pela violência, pelos detalhes macabros e por parecerem ter saído de uma história de terror. Eles perturbaram os Estados Unidos como um todo, estremecendo as bases do utópico sonho americano. De certa forma, os crimes de Gein perturbaram imagens e narrativas consolidadas nos Estados

Unidos pós-Segunda Guerra. Imagens que faziam parte da mentalidade coletiva da época, como o senso de segurança e camaradagem das comunidades pequenas, a confiança entre vizinhos, a família nuclear como um espaço de acolhimento e a santidade do ambiente doméstico. Com seus crimes, ele perturbou essas imagens uma a uma, acertando em cheio o estereótipo do americano comum e implantando a desconfiança entre vizinhos e conhecidos, e abalando o estilo de vida que o país tanto tentava exportar para o resto do mundo. Ed Gein consolidou a base do *monstro moderno*. Muito antes de sequer pensarmos no termo *assassino em série*, ele trouxe a ameaça para a casa ao lado e nos fez ter medo daquilo que jamais imaginávamos ser perigoso, daquilo que era próximo de nós. Foi justamente isso que escritores e cineastas enxergaram nele.* Foi isso que o transformou em uma espécie de figura seminal do terror.

Quando *Psicose* chegou aos cinemas em 1960, o terror americano era habitado por um tipo diferente de monstro. Quase sempre originários de outros lugares, estes antagonistas representavam o Outro estrangeiro, aquele que vinha de longe para perturbar a ordem da civilização ocidental. Eles vinham da Europa Oriental como Drácula; do espaço como os alienígenas de *Vampiros de Almas* ou dos mares japoneses, como o gigantesco Godzilla. Nenhuma dessas ameaças era humana, muito menos americana.

Tudo mudou quando *Psicose* aterrorizou os espectadores e rompeu sistematicamente com todas as suas expectativas. O filme de Alfred Hitchcock mudou a forma como o público entendia o terror, estabelecendo uma narrativa em que o horror surgia de dentro para fora. Uma narrativa em que o horror é encontrado psicologicamente e não fisiologicamente. Norman Bates não é uma criatura morta-viva que desafia as leis da natureza e rasteja para fora de seu túmulo; não é um alienígena com um DNA alterado que vem das estrelas ou algum predador sobrenatural de um território distante. Ele vem da casa ao lado.

* Vale lembrar que a literatura e o cinema não foram os primeiros na indústria do entretenimento a enxergar o "valor" na história de Gein, já que em 1958 seu Ford Sedã foi transformado em um espetáculo itinerante por Bunny Gibbons. No entanto, o cinema de terror foi o primeiro a enxergar o poder de ir além com essa história, utilizando sua base para narrativas ainda mais inacreditáveis.

Assim como Ed Gein, Norman Bates era de carne e osso. Um homem aparentemente comum e inofensivo. Um filho dedicado e gentil. Foi isso que o transformou em o primeiro monstro “verdadeiramente” humano e americano que, como Gein, funcionava como um espelho distorcido do sonho americano.

É claro que grande parte do impacto de *Psicose* vem de sua qualidade como um bom filme de terror. Hitchcock criou um filme elegante e complexo, que viola nossas expectativas e entrega uma das cenas mais emblemáticas da história do cinema. No entanto, o impacto de *Psicose* vai além disso. A história adaptada do romance de Robert Bloch, que por sua vez acompanhou o caso de Ed Gein, também encontrou uma forma de ressoar com ansiedades culturais da época, criticando o véu de normalidade estendido ao redor da cultura americana dos subúrbios e abalando a aparente confiança que o país tinha na prosperidade e no progresso. *Psicose* não apenas criou o monstro moderno, mas também o inseriu no centro da imagem americana de perfeição: na santidade do lar familiar, privado e remoto, o qual por sua vez é revelado como um ambiente estéril, opressivo e claustrofóbico. Ao levar o horror para a casa ao lado, o escondendo nas armadilhas da vida comum, *Psicose* recalculou a rota do que assustava as audiências, criando o molde dos slashers modernos que povoaram as telonas a partir do final dos anos 1970. Marcando uma mudança de atitude dentro do audiovisual, o filme de Hitchcock deu permissão para que os filmes que viessem em seguida explorassem as ilusões de segurança da vida contemporânea, revelando as rachaduras escondidas na existência moderna, que frequentemente ameaçam seu colapso. *Psicose* não apenas inspirou uma sequência de imitações e uma nova geração de cineastas, que por sua vez mudariam novamente o rumo do terror, como também abriu as portas para que produções futuras abordassem o horror da psique humana dentro do espaço presumidamente seguro da família e da comunidade. Tudo isso utilizando como base parte da história de Ed Gein.

Embora a história de Gein esteja enraizada em um espaço-tempo bastante específico, o interior do Wisconsin dos anos 1950, décadas antes de concebermos a popularização da internet e dos podcasts de true crime, ela permaneceu viva na cultura popular após o lançamento de *Psicose* em 1960. Há algo ressonante nela, algo que a faz ser continuamente contada e recontada, assumindo diferentes encarnações com o passar do tempo. De certa forma, o caso adquiriu uma espécie de qualidade arquetípica mítica, tal qual acontece em contos populares que abordam temas e medos universais. Há algo nessas narrativas que exige que elas sejam continuamente reinventadas, justamente por dizerem algo sobre a sociedade que as recebe. A história de Gein se transformou praticamente em um mito, um desses contos populares perversos e sombrios que trazem uma advertência e ganham vida própria, lançando uma sombra na cultura e estabelecendo uma base para narrativas seguintes lidarem com ansiedades e questionamentos das épocas de sua produção.

O tempo passou e a história de Gein ficou ainda mais irresistível para o cinema após a derrubada da censura do Código Hays* em 1968, o que possibilitou que cineastas e roteiristas mergulhassem nos detalhes chocantes do caso para enriquecer suas histórias. Em 1974, um filme de baixo orçamento chamado *O Massacre da Serra Elétrica* utilizou o mito de Ed Gein e o transformou em uma história de como os Estados Unidos estavam destruindo a si mesmos e devorando seus jovens, em uma alusão à Guerra do Vietnã e às inúmeras crises internas pelas quais o país estava passando. O filme dirigido por Tobe Hooper utilizou o *modus operandi* de Gein e sua "casa dos horrores", povoada por objetos macabros e terríveis projetos feitos com pele humana e partes de corpos, para elaborar o espaço vital de um dos grupos de assassinos mais icônicos do mundo do terror: Leatherface e sua família.† Pouco importava o fato de Gein nunca ter usado uma motosserra (ou serra elétrica), *O Massacre da Serra Elétrica* "transportou" sua terrível casa para o interior do Texas para personificar um medo que havia integrado a consciência coletiva por anos: o de que os Estados Unidos estavam se destruindo internamente. Ao transformar cada cômodo daquela residência em um terror sem fim, o filme de Tobe

* O Motion Picture Production Code (MPPC), conhecido como Código Hays, determinava os conteúdos aceitáveis nos filmes produzidos comercialmente nos Estados Unidos, barrando produções com violência explícita, nudez e outros tópicos considerados impróprios.

† O que foi encontrado na casa de Gein rendeu material para diversos outros filmes, como *Confissões de um Necrófilo* e até mesmo *A Casa dos Mil Corpos* nos anos 2000.

Hooper utilizou a base da narrativa de Gein para falar sobre um momento bastante específico de um país fraturado e dividido, que agora não vivia mais o sonho, mas sim o *pesadelo americano*.

O cinema de terror mudou bastante desde o lançamento de *Psicose* e *O Massacre da Serra Elétrica*. A mitologia em torno de Gein também. Desde que Harold Schechter publicou este livro pela primeira vez em 1989, a sombra do Açougueiro de Plainfield nos cinemas continuou se transformando para dialogar com novos contextos. Em 1991, após a saturação dos filmes slasher e o aumento da cobertura midiática de assassinos notórios, *O Silêncio dos Inocentes* levou o terror para uma nova direção, popularizando os enredos envolvendo análises comportamentais e perseguições a assassinos em série. Ao longo de toda a história do terror, o monstro sempre esteve cada vez mais perto do cotidiano do espectador, se esgueirando pelas sombras e frestas, mas *O Silêncio dos Inocentes* deu a última cartada e o trouxe definitivamente para o mundo real. Aqui, o monstro humano assumiu sua faceta mais recente: o assassino em série, o qual substituiu todos os outros monstros e se transformou no grande bicho-papão da década.

No entanto, por mais que Hannibal Lecter seja o assassino em série mais famoso de *O Silêncio dos Inocentes*, foi o personagem de Buffalo Bill quem incorporou parte da mitologia de Ed Gein.* Embora a relação entre Bill e Gein seja geralmente lembrada pelo fato de o assassino cinematográfico usar a pele de suas vítimas e costurar um "traje" de pele humana, ela vai um pouco além disso.† Ambos são indivíduos definidos de acordo com suas lutas por estabelecer uma identidade própria e pela ausência de pertencimento a uma comunidade. Enquanto Bill vivia sozinho com seu cachorro e suas mariposas, Gein vivia isolado na casa que um dia pertenceu à sua mãe. Contudo, Buffalo Bill vai além do mito de Gein e embarca em uma missão para estabelecer uma identidade, um senso de pertencimento. No entanto, em O

* Buffalo Bill é uma mistura de Gein com outros assassinos em série: Ted Bundy, Gary Heidnik e Edmund Kemper.

† É importante lembrar das críticas feitas à construção de Buffalo Bill, que foi apontado por muitos estudiosos e espectadores como carregado de tons homofóbicos e transfóbicos, perpetuando também o tropo do "crossdresser assassino", o qual por sua vez foi baseado no retrato mais "escandaloso" dos crimes de Ed Gein e se tornou bastante comum em filmes de terror desde *Psicose*.

Silêncio dos Inocentes isso não acontece por meio de sua interação com os outros, mas sim por uma jornada solitária que envolve a fabricação de um "eu" com a pele de suas variadas vítimas. É sua inabilidade em encontrar uma identidade comunitária que o torna o Outro. Assim como Ed Gein, Bill perturba a comunidade tradicional e se torna objeto de ódio, um ser abjeto que deve ser eliminado para que a ordem seja enfim restaurada.

Enquanto *Psicose* utilizou o mito de Gein para tecer um comentário sobre o sonho americano e *O Massacre da Serra Elétrica* o incorporou para criticar um país fraturado internamente, *O Silêncio dos Inocentes* levou a história para um contexto cultural, marcado por contradições e excessos, pelo conservadorismo da era Reagan, pela ascensão da cultura *yuppie* e por críticas aos movimentos sociais das décadas anteriores. O assassino em série, um monstro que já era humano desde Norman Bates, passou a personificar aqui um novo estilo de vida cada vez mais individualista e solitário que marcou o final dos anos 1980 e quase toda a década seguinte.

A virada do século não trouxe apenas um novo milênio, mas também novas formas de sociabilidade e expressões culturais, acompanhadas pelo avanço tecnológico e pela expansão da internet. Isso, no entanto, não fez com que os crimes de Ed Gein ficassem no passado. Muito pelo contrário. O quieto e solitário fazendeiro do Wisconsin continuou permeando a construção do monstro moderno na cultura popular, a qual o transformou em um tipo muito peculiar de estrela. Sua relação insalubre com a mãe, por exemplo, recebeu ainda mais atenção na série *Bates Motel*, que teve seu primeiro episódio exibido em março de 2013.

Funcionando como um prólogo de *Psicose*, ambientado nos dias atuais, a série acompanhou a vida de Norman Bates e sua mãe, Norma, anos antes dos fatídicos eventos retratados no filme de Alfred Hitchcock. Estrelada por Vera Farmiga e Freddie Highmore, *Bates Motel* bebeu da história de Gein, especialmente de sua vida ao lado de Augusta, para mergulhar na relação complexa e disfuncional estabelecida entre mãe e filho. Ao longo de suas cinco temporadas, a série destrinchou a descida de Norman à loucura, aprofundando em seus estados dissociativos, na construção de sua personalidade alternativa, conhecida como "Mãe", e outros conflitos que vão além do roteiro original de *Psicose*. Embora as diferenças sejam grandes,* há algo que *Bates Motel* capturou perfeitamente na história de Gein: o quão solitário e disfuncional seu protagonista fica após a morte da mãe e como esse evento é o ponto chave para entender toda a sua perda de contato com a realidade. O Norman Bates de Freddie Highmore se torna ainda mais próximo de Ed Gein, encarnando a tragicidade do monstro moderno.

O tempo irá passar novamente e novas mudanças irão acontecer na sociedade. Entre tantas certezas, é difícil dizer qual será a próxima incursão do mito de Ed Gein na cultura popular. Recentemente, por exemplo, foi anunciado que o produtor Ryan Murphy contaria a história do Açougueiro de Plainfield na terceira temporada de sua série antológica *Monstro*, a qual anteriormente retratou os crimes de Jeffrey Dahmer e dos irmãos Menéndez. Na série, Gein será vivido pelo ator Charlie Hunnam.

Embora *Monstros Reais: Ed Gein* seja o livro definitivo sobre o caso, é nítido como estamos longe de uma representação definitiva de Edward Theodore Gein na cultura popular. Entre tantas adaptações, inspirações e recontagens, entre tantos elementos transportados para filmes de terror de sucesso, talvez o mais importante seja questionarmos por que continuamos tão interessados nessa história macabra. Por que uma história que aconteceu há mais de 60 anos continua chamando nossa atenção se nós já a conhecemos e sabemos seu desfecho. Harold Schechter nos levou até a Plainfield dos anos 1950 e esmiuçou a história de Gein até seu desfecho definitivo: seu falecimento em 1984. Não há nada mais que possa ser descoberto ou revelado neste caso. Então, por que continuamos tão fascinados por ele?

Talvez a resposta esteja no fato de que continuamos falando sobre crimes tão inacreditáveis na tentativa de fornecer sentido a eles. Talvez a resposta esteja nos filmes e séries de televisão, que criaram uma relação simbiótica com a história real de Ed Gein, se retroalimentando ao longo dos anos e não deixando esse trágico evento cair no esquecimento. Ou talvez ela esteja no fato de Ed Gein ter personificado o monstro moderno. Isso possibilitou que sua história transcendesse o

* Gein não matou sua mãe, nem assumiu sua personalidade, por exemplo.

espaço-tempo, saindo do Wisconsin da década de 1950 e permeando a cultura popular ao longo dos anos. Ao materializar o arquétipo do monstro moderno, Gein se transformou em uma sombra, adquirindo um tom imortal e uma habilidade única de transformação. Afinal, como bem sabemos, o monstro muda de acordo com o contexto em que está inserido, dialogando com os medos e as ansiedades coletivas de sua época. De uma forma nunca antes vista, a inacreditável história que aconteceu em Plainfield serviu de base e foi ampliada em enredos de terror que abordaram temas variados, como o sonho americano dos anos 1960, as crises internas dos Estados Unidos na década de 1970 e até mesmo a cultura individualista dos anos 1980. Enredos de terror que, por sua vez, ganharam vida e um legado próprio para além de Gein e seus crimes chocantes.

No fim, talvez a pergunta que realmente devemos fazer seja outra. *Como um quieto e solitário fazendeiro da pequena cidade de Plainfield, no Wisconsin, se transformou no verdadeiro monstro moderno?* A resposta é relativamente simples. Não precisamos voltar para os anos 1950 ou para uma fazenda isolada em uma área rural dos Estados Unidos. A resposta não está muito longe de nós. Na verdade, *ela está em nós*. Ed Gein se transformou no monstro moderno porque ele é como nós. Humano, de carne e osso. Ele pode ser nosso vizinho. Nosso amigo. Nosso colega de trabalho. Nosso filho ou até mesmo nosso irmão. O que Ed Gein mostrou é que o verdadeiro monstro não apenas pode estar ao nosso lado. Ele também pode estar *dentro de nós*. Apenas esperando para ser libertado.

GABRIELA MÜLLER LAROCCA é doutora em história e pesquisadora de cinema de horror. Tradutora de *Ed Gein: Silêncio Psicótico* para a DarkSide® Books, também assinou as traduções de *Fala Comigo, Lon Chaney, Natureza Macabra: Fungos*, e colaborou em projetos como *Possessão*, *Os Doze Macacos* e *Livros de Sangue*.

GALERIA DE IMAGENS

1. Bernice Worden, a última vítima de Eddie Gein. (Wide World Magazine)

2

3

2. A fazenda Gein. (Wide World Magazine) **3.** A cozinha externa, anexada aos fundos da casa de fazenda, onde o corpo de Bernice Worden foi encontrado. (UPI/Bettman Archive)

1, 2 e 3. Registros fotográficos da casa de Ed Gein. (Bettmann/Getty Images)
4. A cozinha de Eddie Gein. (Frank Scherschel, revista *Life* © 1957 Time Inc.)

5. Um dos cômodos pertencentes a Augusta Gein, que seu filho isolara da imundice do resto da casa. (Frank Scherschel, revista *Life* © 1957 Time Inc.) **6.** Ed Gein sendo levado pelo xerife Arthur Schley, perto de Plainfield, Wisconsin, em 1957, depois de admitir ter assassinado duas mulheres e violado túmulos. (John Croft/Star Tribune/Getty Images) **7.** O xerife Arthur Schley escolta Gein para o Fórum do Condado de Waushara. (UPI/Bettman Archive)

1

2

1. Gein em sua audiência preliminar. (Wide World Magazine) **2.** O carro funerário que transporta o caixão de Bernice Worden passa pela loja de ferragens dela na manhã de seu funeral. (Wide World Magazine)

3. A entrada do cemitério de Plainfield, um dos três cemitérios locais saqueados por Gein. (UPI/Bettman Archive) **4.** Pat Danna, o coveiro de Plainfield, ao lado do túmulo saqueado da sra. Eleanor Adams. Logo atrás do lote dos Adams estão os túmulos da mãe e do pai de Eddie Gein. (Wide World Magazine)

1

1. Cartaz anunciando o leilão da propriedade de Eddie Gein. (Sociedade Histórica Estadual de Wisconsin) **2.** Vista aérea da multidão que perambulava pela propriedade Gein no dia do leilão. Visíveis no primeiro plano à direita estão os restos carbonizados da casa de Gein, reduzida a cinzas por um incêndio suspeito dez dias antes. (Wide World Magazine)

3. Exibição do "carro da morte" de Ed Gein. (Milwaukee Journal) **4.** Um Eddie Gein mais velho — e mais robusto — é cercado por repórteres enquanto é conduzido ao Tribunal do Condado de Waushara para o início de seu julgamento em 1968. (Wide World Magazine)

AGRADECIMENTOS

Graças ao apoio e incentivo de muitas pessoas, a escrita deste livro revelou-se uma experiência muito mais agradável do que poderia ter sido, considerando a gravidade do assunto abordado.

Minha pesquisadora, Catharine Ostlin, prestou assistência inestimável em todas as fases do projeto. Seu profissionalismo, energia e generosidade foram muitíssimo importantes. Sou grato a Sacy Prince e Elizabeth Beier, cujo entusiasmo fez com que este livro deixasse de ser apenas uma ideia interessante, assim como ao meu agente, Jonathan Dolger, que me ofereceu o tipo de conselho, auxílio e conforto do qual passei a depender.

Durante o tempo que passei em Wisconsin, todos que conheci me trataram com uma inesgotável bondade. Entre as pessoas por cuja consideração sempre serei grato estão Michael Bemis, da Biblioteca Jurídica do Departamento de Justiça de Wisconsin; Joan e Fred Reid de Plainfield, que abriram sua casa para mim; Irene Hill Bailey, que passou uma tarde inteira relembrando memórias de três décadas antes, apesar da dor evidente que ainda são capazes de causar; o falecido juiz Robert Gollmar, um cavalheiro extremamente gentil, e sua igualmente graciosa esposa, Mildred. Gostaria também de agradecer a Roger Johnson, Floyd e Lyle Reid, ao dr. George Arndt e a Sua Excelência Jon P. Wilcox.

Muitas outras pessoas me ofereceram vários tipos de assistência durante a pesquisa e a redação deste livro, entre elas Nancy Alquist, Howard Bjorklund, Robert Bloch, Mindy Clay, Debra Cohen, Jim Donna, Daniel Dowd, Dominic Frinzi, Jim Hansen, Georgina Harring, Sid Harring, Dawn Hass, Mark Hasskarl, Rick Hayman, Jack Holzheuter, Andrea Kirchmeier, Peggy Klimke, Ann Lund, Dennis McCormick, Linda Merrill, Sally Munger, Roberta Otis, Eugene Perry, John Reid, Jo Reitman, David Schreiner, Darold Strege, Robert E. Sutton e Myrna Williamson. Sou grato a todos eles.

Como sempre, Joanna Semeiks forneceu o apoio mais constante e crucial. Sem ela, este livro simplesmente não poderia e não teria sido escrito.

HAROLD SCHECHTER escreve sobre crimes reais, é especialista em assassinos em série e foi indicado duas vezes ao Edgar Award de melhor livro de true crime. Do autor, a DarkSide® Books já publicou *Serial Killers: Anatomia do Mal*, *Anatomia True Crime dos Filmes*, *Ed Gein* (com Eric Powell), *H.H. Holmes Profile*, *Lady Killers Profile: Belle Gunness* e *Lady Killers Profile: Jane Toppan*. É professor de Literatura Americana e Cultura Popular no Queens College of the City University of New York. Schechter é casado com a poeta Kimiko Hahn e tem duas filhas, a escritora Lauren Oliver e a professora de filosofia Elizabeth Schechter.